A ATUAÇÃO DO STF E O EQUILÍBRIO DO PACTO FEDERATIVO

UM ESTUDO A PARTIR DAS POLÍTICAS PÚBLICAS DE SAÚDE DO ESTADO DO MARANHÃO

RODRIGO MAIA ROCHA

Prefácio
Ingo Wolfgang Sarlet

Apresentação
Flávio Dino

A ATUAÇÃO DO STF E O EQUILÍBRIO DO PACTO FEDERATIVO

UM ESTUDO A PARTIR DAS POLÍTICAS PÚBLICAS DE SAÚDE DO ESTADO DO MARANHÃO

Belo Horizonte

2024

© 2024 Editora Fórum Ltda.

É proibida a reprodução total ou parcial desta obra, por qualquer meio eletrônico, inclusive por processos xerográficos, sem autorização expressa do Editor.

Conselho Editorial

Adilson Abreu Dallari
Alécia Paolucci Nogueira Bicalho
Alexandre Coutinho Pagliarini
André Ramos Tavares
Carlos Ayres Britto
Carlos Mário da Silva Velloso
Cármen Lúcia Antunes Rocha
Cesar Augusto Guimarães Pereira
Clovis Beznos
Cristiana Fortini
Dinorá Adelaide Musetti Grotti
Diogo de Figueiredo Moreira Neto (*in memoriam*)
Egon Bockmann Moreira
Emerson Gabardo
Fabrício Motta
Fernando Rossi
Flávio Henrique Unes Pereira
Floriano de Azevedo Marques Neto
Gustavo Justino de Oliveira
Inês Virgínia Prado Soares
Jorge Ulisses Jacoby Fernandes
Juarez Freitas
Luciano Ferraz
Lúcio Delfino
Marcia Carla Pereira Ribeiro
Márcio Cammarosano
Marcos Ehrhardt Jr.
Maria Sylvia Zanella Di Pietro
Ney José de Freitas
Oswaldo Othon de Pontes Saraiva Filho
Paulo Modesto
Romeu Felipe Bacellar Filho
Sérgio Guerra
Walber de Moura Agra

Luís Cláudio Rodrigues Ferreira
Presidente e Editor

Coordenação editorial: Leonardo Eustáquio Siqueira Araújo / Aline Sobreira de Oliveira
Revisão: Bárbara Ferreira
Capa, projeto gráfico e diagramação: Walter Santos

Rua Paulo Ribeiro Bastos, 211 – Jardim Atlântico – CEP 31710-430
Belo Horizonte – Minas Gerais – Tel.: (31) 99412.0131
www.editoraforum.com.br – editoraforum@editoraforum.com.br

Técnica. Empenho. Zelo. Esses foram alguns dos cuidados aplicados na edição desta obra. No entanto, podem ocorrer erros de impressão, digitação ou mesmo restar alguma dúvida conceitual. Caso se constate algo assim, solicitamos a gentileza de nos comunicar através do *e-mail* editorial@editoraforum.com.br para que possamos esclarecer, no que couber. A sua contribuição é muito importante para mantermos a excelência editorial. A Editora Fórum agradece a sua contribuição.

Dados Internacionais de Catalogação na Publicação (CIP) de acordo com ISBD

R672a	Rocha, Rodrigo Maia
	A atuação do STF e o equilíbrio do pacto federativo: um estudo a partir das políticas públicas de saúde do estado do Maranhão / Rodrigo Maia Rocha. Belo Horizonte: Fórum, 2024.
	201 p. 14,5x21,5cm ISBN impresso 978-65-5518-684-0 ISBN digital 978-65-5518-689-5
	1. Federalismo. 2. Direito à saúde. 3. COVID-19. 4. Supremo Tribunal Federal. I. Título.
	CDD: 342 CDU: 342

Ficha catalográfica elaborada por Lissandra Ruas Lima – CRB/6 – 2851

Informação bibliográfica deste livro, conforme a NBR 6023:2018 da Associação Brasileira de Normas Técnicas (ABNT):

ROCHA, Rodrigo Maia. *A atuação do STF e o equilíbrio do pacto federativo*: um estudo a partir das políticas públicas de saúde do estado do Maranhão. Belo Horizonte: Fórum, 2024. 201 p. ISBN 978-65-5518-684-0.

*À Claudia, Gabriel e Rafael, pelo amor e
compreensão incondicionais.*

AGRADECIMENTOS

A presente obra jamais seria publicada se não fosse a contribuição de inúmeras pessoas que, cada uma à sua maneira, fizeram parte dessa ao mesmo tempo árdua e gratificante jornada, sentindo-me no dever de fazer algumas menções especiais e necessárias.

Primeiramente, meu muito especial agradecimento ao professor Ingo Wolfgang Sarlet pela orientação dedicada e inspiradora durante todo o curso de mestrado da Escola de Direito da PUCRS, sem a qual a pesquisa que culminou nesta obra não teria se materializado.

Agradeço também aos colegas Procuradores e servidores da Procuradoria-Geral do Estado do Maranhão pelo apoio profissional e pessoal, os quais me proporcionaram o imprescindível esteio para a pesquisa empreendida ao longo dos anos de conclusão deste trabalho.

Finalmente, minha especial gratidão ao professor Flavio Dino de Castro e Costa, ao lado de quem tive a honra e a alegria de servir ao povo do estado do Maranhão em seus dois mandatos como governador, o que me proporcionou a inspiração e a determinação imprescindíveis ao desenvolvimento desta obra.

*"A Constituição certamente não é perfeita.
Ela própria o confessa ao admitir a reforma.
Quanto a ela, discordar, sim. Divergir, sim.
Descumprir, jamais. Afrontá-la, nunca."*

Ulysses Guimarães

SUMÁRIO

PREFÁCIO
Ingo Wolfgang Sarlet 13

APRESENTAÇÃO
Flávio Dino 19

CAPÍTULO 1
INTRODUÇÃO 21

CAPÍTULO 2
A FEDERAÇÃO NA CONSTITUIÇÃO DA REPÚBLICA DE 1988 27
2.1 Formas de organização do Estado 27
2.2 O Estado federal e seus elementos fundamentais 32
2.3 Evolução do federalismo no Brasil 41
2.4 Estado Federal na Constituição de 1988 50
2.4.1 Projeções do princípio federativo presentes no texto da Constituição 50
2.4.2 A repartição de competências no atual sistema constitucional brasileiro 55
2.4.3 Divisão de competências e o conceito de federalismo de cooperação: aproximações críticas à luz da ordem jurídico-constitucional brasileira 69
2.4.4 Federalismo e o direito à saúde 74

CAPÍTULO 3
DIREITOS SOCIAIS, SAÚDE E POLÍTICAS PÚBLICAS 81
3.1 Contornos do direito à saúde na Constituição de 1988 81
3.1.1 O direito à saúde enquanto direito fundamental social 88
3.1.2 Direitos fundamentais e políticas públicas: distinções e interconexões 101
3.2 O Sistema Único de Saúde 114

3.2.1	O Sistema Único de Saúde enquanto garantia institucional	118
3.2.2	Princípios informadores e características gerais	121
3.3	O financiamento do Sistema Único de Saúde: impasses e desafios	127

CAPÍTULO 4
A ATUAÇÃO DO STF NA PRESERVAÇÃO DO EQUILÍBRIO DO PACTO FEDERATIVO E SEUS IMPACTOS SOBRE A EFETIVIDADE DAS POLÍTICAS PÚBLICAS DE SAÚDE NO ESTADO DO MARANHÃO 139

4.1	A função do STF no quadro político-institucional brasileiro e a resolução de conflitos entre os integrantes do Estado Federal	140
4.2	Tensões federativas no âmbito das políticas públicas de saúde do estado do Maranhão	154
4.3	Principais decisões do STF com reflexos sobre a efetividade das políticas públicas de saúde do estado do Maranhão entre os anos de 2020 e 2021	161
4.3.1	A Ação Direta de Inconstitucionalidade nº 6341	163
4.3.2	A Ação Cível Originária nº 3.451	173
4.3.3	A Ação Cível Originária nº 3.385	177
4.3.4	A Ação Cível Originária nº 3473	182

CAPÍTULO 5
CONSIDERAÇÕES FINAIS 187

REFERÊNCIAS 193

PREFÁCIO

A doutrina do federalismo e a noção de um Estado Federal constituem, como já tem sido repetidamente lembrado, possivelmente o mais significativo aporte do constitucionalismo e do pensamento político norte-americano tanto para a teoria quanto para a prática do Estado moderno.[1] Com efeito, ao tempo de sua "invenção" e de sua primeira aparição concreta, quando da promulgação da Constituição (Federal) dos Estados Unidos da América, em 1787, o Estado Federal, ou, dito de outro modo, *a forma federativa do Estado, representou uma novidade no âmbito das assim chamadas formas de Estado e suas tipologias*. Apesar do flerte assumido do federalismo (e do Estado Federal) com modelos e teorias já existentes na época, como, por exemplo, a noção de estados compostos e a própria ideia de descentralização político-administrativa, *cuidava-se de algo substancialmente diferente do que existia até então*.

Por outro lado, não se pode olvidar que *a noção de Estado Federal é também uma noção, um conceito, de caráter normativo, que deve ser compreendido a partir da formatação específica tomada por cada Estado Federal em sua concreta ordem constitucional*, ainda que existam elementos comuns que possam ser identificados como sendo determinantes para que um certo Estado possa ser designado de Federal.[2] Também por esta razão *é preciso distinguir o Estado Federal (a Federação)*, na condição de modo concreto e constitucionalmente determinado de organização e estruturação estatal, *do assim chamado federalismo, que é precisamente a ideologia (teoria) que estabelece as diretrizes gerais do modelo federativo de Estado*, bem como do *princípio federalista ou federativo, que, na condição de princípio geral e estruturante, de caráter jurídico-objetivo, transporta a doutrina de base do federalismo para o plano constitucional*.[3]

---

[1] Nesse sentido, dentre tantos, destaca-se a referência de LOEWENSTEIN, Karl. *Teoría de la constitución*, Trad. Alfredo Gallego Anabidarte, p. 354.

[2] Aqui vale referir a preciosa lição de HESSE, Konrad. *Grundzüge des Verfassungsrechts der Bundesrepublik Deutschland*. 20. ed. Heidelberg: C.F. Müller, 1995, p. 96.

[3] Partindo de uma justificação em parte distinta (sustentada na leitura de Maurice Croisat), mas em sentido similar, distinguindo corretamente entre federalismo e federação, v. também REVERBEL, Carlos Eduardo Dieder. *O federalismo numa visão tridimensional do direito*. Porto Alegre: Livraria do Advogado Editora, 2012, p. 21-22.

Com efeito, é no âmbito de uma constituição determinada, que, mediante um conjunto de outros princípios e especialmente regras de caráter organizatório, um Estado Federal em concreto assume sua particular forma e conteúdo, que, contudo, sempre é marcado por um *maior ou menor dinamismo*, tendo em conta que a própria configuração concreta do Estado Federal, por exemplo, no que toca aos ingredientes da auto-organização das unidades federativas, a extensão das respectivas competências etc., costuma sofrer ajustes ao longo do tempo, como bem ilustram diversas reformas federativas realizadas em todo o mundo.

No caso brasileiro também não foi e não tem sido diferente. Embora a divisão do território brasileiro em 12 capitanias hereditárias já tenha sido apontada equivocadamente – como expressão de uma espécie de "vocação federalista",[4] – o fato é que – tendo em conta o caráter unitário do Estado sob a égide da Constituição Imperial de 1824 – foi somente com a primeira Constituição da República dos Estados Unidos do Brasil, de 1891, que se passou a adotar a forma federativa de Estado, a qual, a despeito de algumas importantes modificações ao longo do tempo, foi também consagrada na Constituição Federal de 1988 (doravante apenas CF).

Todavia, é preciso recordar a existência de períodos de forte centralização e autoritarismo, com destaque para a Ditadura do Estado Novo (1937-45) e a Ditadura Militar de 1964-85.[5] Ainda assim, muito embora o processo de centralização e de ingerência da União tenha sido tão agudo que se chegou a afirmar que o constituinte de 1988 recebeu de herança quase um Estado Unitário, o ideário federalista e a correspondente opção pela forma federativa de Estado sobreviveram, tendo sido objeto de recepção e importante reformatação na vigente CF,[6] que, ademais, inovou ao incluir os Municípios na condição de unidades da Federação. A despeito das críticas endereçadas por parte

---

[4] Cf. a lembrança de BARROSO, Luís Roberto. *Direito constitucional brasileiro*: o problema da federação. Rio de Janeiro: Forense, 1982, p. 28.

[5] A respeito dessa trajetória, da Proclamação da República até a Constituição de 1967/69, v., entre outros, especialmente BARROSO, Luís Roberto. *Direito constitucional brasileiro*: o problema da federação, *op. cit.*, p. 32 e ss., BERCOVICI, Gilberto. *Dilemas do estado federal brasileiro*. Porto Alegre: Livraria do Advogado Editora, 2004, p. 31 a 54, bem como, ROCHA, Cármen Lúcia Antunes. *República e federação no Brasil*. Belo Horizonte: Editora Del Rey, 1997, p. 214-36.

[6] Cf. a sugestiva ponderação de ALMEIDA, Fernanda Dias Menezes de. Comentário ao art. 1.º – Federação. *In*: CANOTILHO, J. J. Gomes; MENDES, Gilmar F.; SARLET, Ingo W.; STRECK, Lenio L. (coord.). *Comentários à Constituição do Brasil*, 2. ed., p. 113-114.

de setores importantes da doutrina (*v.g.* José Afonso da Silva), também houve quem tenha saudado efusivamente tal inovação, como foi o caso de Paulo Bonavides, para quem "as prescrições do novo estatuto fundamental de 1988 a respeito da autonomia municipal configuram indubitavelmente o mais notável avanço de proteção e abrangência já recebido por esse instituto em todas as épocas constitucionais de nossa história".[7]

Ainda nesse contexto, verifica-se ser correta a afirmação de Cármen Lúcia Antunes Rocha quando diz que "a Federação não apenas se restaurou com a Lei Fundamental de 1988. Antes, ela se recriou nessa Constituição".[8] Tal recriação implicou *a superação do tradicional modelo dual de Estado Federal (União e Estados-membros) mediante a implantação de uma estrutura tríplice ou de três níveis*, precisamente em face da incorporação dos Municípios como nova dimensão básica.[9]

Além disso, convém recordar que, na condição de princípio fundamental estruturante (artigo 1º, *caput*, CF), a forma federativa do Estado – em especial seus elementos nucleares e princípios sensíveis (artigo 34, inciso VII) e as vedações constitucionais (artigo 19) – integra o catálogo dos limites materiais ao poder de reforma constitucional, nos termos do disposto no artigo 60, §4º, inciso I, CF.

Outra novidade, que, contudo, remanesce controversa quanto ao seu nível de efetividade, mas que não poderia deixar de ser destacada pela sua relevância, foi a aposta do Constituinte de 1987-88 no aperfeiçoamento dos instrumentos de cooperação típicos e necessários a uma federação que mereça ostentar este título. Isso se deu mediante a inserção, no art. 23 da CF, da previsão de uma série de competências legislativas comuns entre a União, Estados, Distrito Federal e Municípios. Todavia, como bem refere Gilberto Bercovici, o problema é que o parágrafo único do dispositivo citado também prevê a edição de lei complementar fixando normas para a cooperação entre os entes da Federação, tendo em mente o equilíbrio do desenvolvimento e do bem-estar em âmbito nacional, lei complementar que até o momento não foi elaborada.[10]

---

[7] BONAVIDES, Paulo. *Curso de direito constitucional*. 13. ed. São Paulo: Malheiros, 2003, p. 311.
[8] ROCHA, Cármen Lúcia Antunes. *República e federação no Brasil, op. cit.*, p. 236-37.
[9] Cf. a correta lembrança de BONAVIDES, Paulo. *Curso de direito constitucional, op. cit.*, p. 312.
[10] BERCOVICI, Gilberto. *Dilemas do estado federal brasileiro, op. cit.*, p. 56.

Isso não significa, contudo, que alguns elementos de tal modelo de cooperação não tenham sido implantados, como se verifica – de modo meramente ilustrativo – em matéria ambiental, inclusive mediante a edição de diplomas legislativos (na forma de lei complementar[11]), mas apenas quer dizer que o Brasil ainda está longe de realizar na dimensão desejável o projeto original do constituinte (também) nessa seara.

Ao longo 35 anos de vigência da CF, houve avanços e retrocessos no que diz respeito aos níveis de centralização, mas também no concernente à aplicação e incremento dos mecanismos de cooperação entre as unidades da federação, destacando-se os problemas que se verificaram durante a trágica e devastadora pandemia de covid-19.

Foi precisamente nesse período que a atuação do Supremo Tribunal Federal (STF) foi decisiva, porquanto em vários momentos indutora, notadamente no pertinente ao combate à pandemia e na seara da saúde, de uma descentralização e da efetivação de mecanismos de cooperação, como se deu, em caráter ilustrativo, quando do julgamento da ADPF nº 672, relatoria do Min. Alexandre de Moraes, em 08.04.2020, onde se assegurou aos governos estaduais, distrital e municipal, no exercício de suas atribuições e no âmbito de seus territórios, a competência para a adoção ou manutenção de medidas restritivas durante a pandemia de covid-19, determinando-se a observância dos artigos 23, II e IX; 24, XII; 30, II e 198, todos da CF, na aplicação da Lei nº 13.979/2020.

É nesse contexto que, feitas algumas considerações sobre o tema, se situa a obra que ora tenho a honra e a alegria de poder prefaciar, da autoria do Mestre em Direito, Procurador do Estado e Professor *Rodrigo Maia Rocha*. O texto, que versa sobre "A atuação do STF e o equilíbrio do pacto federativo, um estudo a partir das políticas públicas de saúde do estado do Maranhão", corresponde à dissertação de mestrado do autor, que tive o privilégio de orientar juntamente com a eminente colega Professora Amanda Thomé, realizada no âmbito

---

[11] Estamos a nos referir à LC nº 140/2011, que, ao regulamentar no plano infraconstitucional a competência executiva (ou material) em matéria ambiental estabelecida no art. 24, VI, VII e VIII, da CF, consagra, no seu art. 3º, como objetivos fundamentais da União, dos Estados, do Distrito Federal e dos Municípios: "proteger, defender e conservar o meio ambiente ecologicamente equilibrado, *promovendo gestão descentralizada, democrática e eficiente*" (inciso I), "garantir o equilíbrio do desenvolvimento socioeconômico com a proteção do meio ambiente, *observando a dignidade da pessoa humana, a erradicação da pobreza e a redução das desigualdades sociais e regionais*" (inciso II), "*harmonizar as políticas e ações administrativas para evitar a sobreposição de atuação entre os entes federativos*, de forma a evitar conflitos de atribuições e garantir uma atuação administrativa eficiente" (inciso III), "garantir a *uniformidade da política ambiental* para todo o País, *respeitadas as peculiaridades regionais e locais*" (inciso IV) (grifos nossos).

do Mestrado Interinstitucional (MINTER) promovido pelo programa de pós-graduação em Direito da PUCRS em parceria com o Centro Universitário Dom Bosco (UNDB), sediado em São Luís do Maranhão.

A dissertação foi defendida com brilho por *Rodrigo* perante banca examinadora presidida pelo signatário e integrada pela coorientadora, Professora Amanda Thomé, e pelos convidados externos, os ilustres colegas e amigos Paulo Ricardo Schier (UNIBRASIL) e Eduardo Dias (UNIFOR), renomados *experts* na temática do trabalho que ora é apresentado ao público.

Na obra, além de, numa primeira parte, apresentar, de modo competente e bem ancorado, os contornos de uma teoria geral do federalismo e da federação, com foco no modelo consagrado pela CF, *Rodrigo* investe (segunda parte) com segurança no direito fundamental à saúde, na conformação e desafios do Sistema Único de Saúde (SUS), em especial no contexto da pandemia de covid-19. Já na terceira parte do texto, *Rodrigo* adentra o núcleo de sua dissertação, apresentando, problematizando e avaliando a atuação do STF – mediante análise das suas principais decisões – no que diz respeito ao equilíbrio do pacto federativo, fazendo-o (e este é mais um aspecto a destacar) com base no caso das políticas públicas de saúde do estado do Maranhão, unidade da federação das mais negativamente afetadas pela omissão e atuação deficiente da União naquela quadra.

Note-se, ainda, que *Rodrigo* logrou iniciar e concluir sua dissertação de modo exitoso justamente num período marcado por grave crise sanitária e instabilidade política e social, acumulando as funções altamente complexas e difíceis de Procurador-Geral do Estado do Maranhão, professor e dedicado discente do programa de pós-graduação em Direito da PUCRS.

Por tudo isso, o que se almeja, ao fim e ao cabo, é que *Rodrigo* e a sua obra encontrem a devida e merecida acolhida, porquanto se trata de trabalho que, ademais de sua seriedade e qualidade, está vocacionado a contribuir para uma boa teoria e práxis de um produtivo e saudável federalismo cooperativo em prol da efetividade dos direitos fundamentais.

Porto Alegre, 30 de outubro de 2023

Ingo Wolfgang Sarlet
Professor titular e coordenador do programa de
pós-graduação em Direito da PUCRS

APRESENTAÇÃO

A obra ora apresentada à comunidade acadêmica e ao público em geral – *A atuação do STF e o equilíbrio do pacto federativo: um estudo a partir das políticas públicas de saúde do estado do Maranhão* – constitui o diagnóstico de um período de crise mundial, que reclamou a atuação contundente do Poder Judiciário, em especial do Supremo Tribunal Federal, na preservação e promoção do pacto federativo, em homenagem ao artigo 1º da Constituição Federal.

Ademais, é um convite à reflexão sobre os limites e possibilidades de formação do que se tem chamado de "jurisprudência de crises", especialmente em relação a uma das temáticas mais caras do constitucionalismo, desde há muito, qual seja, a "questão federal".

É o resultado da exitosa investigação acadêmica realizada por Rodrigo Maia Rocha, no Programa de Pós-Graduação em Direito da PUCRS, no ano de 2022, sob a condução do Professor Dr. Ingo Wolfgang Sarlet, e atesta – além de rigor científico – a louvável capacidade do autor de projetar soluções para problemas reais de emergência sanitária e instabilidade institucional, que se apresentavam ao mesmo tempo que o trabalho era confeccionado, na mais precisa confirmação das palavras do poeta espanhol Antônio Machado: "caminhante, não há caminho, se faz o caminho ao caminhar/ao caminhar se faz o caminho"!

Nesse sentido, revela também a preocupação de Rodrigo, Procurador do Estado do Maranhão, ex-Procurador-Geral do Estado do Maranhão, atualmente juiz eleitoral no TER-MA, em reforçar as razões de legitimidade do Supremo Tribunal Federal na preservação da autonomia dos estados-membros, em proveito da adequada promoção de direitos fundamentais em todos os níveis da federação.

E, como se não bastasse, a obra tem o valor de não nos deixar esquecer a História e o que com ela aprendemos, e, por isso, estimo que receba a merecida acolhida.

Flávio Dino
Ministro do Supremo Tribunal Federal.

CAPÍTULO 1

INTRODUÇÃO

A organização do Estado brasileiro sob a forma de uma federação constitui princípio estruturante dotado de elevada supremacia à luz da Constituição Republicana de 1988, o que se deduz de modo bastante eloquente pela própria intangibilidade do princípio federativo elevado à categoria de cláusula pétrea pelo diploma constitucional em vigor. O modelo de Estado Federal fixado na Constituição de 1988 consagrou a descentralização político-administrativa e a autonomia das unidades políticas integrantes da federação no desempenho das suas competências constitucionais, o que constitui um ponto fundamental de caracterização do próprio princípio federativo. No âmbito de tais competências, é possível identificar um conjunto destas que pressupõe a atuação concertada das unidades federadas visando a reunião de esforços para alcançar objetivos de interesse abrangente da comunidade política, merecendo destaque, nesse sentido, a efetivação dos direitos fundamentais sociais, cuja concretização pressupõe o desenvolvimento de políticas públicas pelos diferentes órgãos do Estado nas múltiplas esferas federativas.

Desse modo, ao delimitar as competências dos entes federados na implementação das denominadas políticas sociais, a Constituição de 1988 estabeleceu um modelo caracterizado essencialmente pela atuação comum na consecução daquelas políticas destinadas especialmente à promoção de direitos fundamentais sociais.

Não obstante o desenho institucional previsto pelo texto constitucional tenha preconizado a cooperação no tocante ao exercício das competências comuns relativas ao desenvolvimento das políticas públicas destinadas à concretização dos direitos fundamentais sociais, como, *v.g.*, saúde, educação, assistência social, a relação entre a União e os entes subnacionais – especialmente os Estados-membros e o Distrito

Federal – tem sido marcada por conflitos na dinâmica do exercício de suas respectivas competências constitucionais, os quais vêm sendo dirimidos pelo Supremo Tribunal Federal (STF) em razão de sua função constitucional de árbitro desses conflitos entre os entes da federação.

Esse cenário, portanto, ensejou a pergunta problema do presente trabalho: de que maneira a atuação do STF tem sido determinante para a concretização de políticas públicas no estado do Maranhão?

Tendo como hipótese que é inequívoca a existência de um impacto significativo no exercício pelo STF da função de árbitro nos conflitos da federação no que tange à implementação das referidas políticas sociais em âmbito nacional e, especialmente, no âmbito regional do estado Maranhão, sendo um instrumento fundamental na manutenção do pacto federativo e na promoção do direito à saúde. Com efeito, a agenda do STF tem sido intensamente ocupada por uma variada gama de litígios entre a União e os entes subnacionais, bem como destes entre si, multiplicando-se tais disputas ao longo da trajetória da Constituição, ocorrendo um aumento expressivo do antagonismo e da tensão institucional entre os membros da federação com o advento da calamidade sanitária decorrente da covid-19, materializada em diversos conflitos submetidos ao exame da Corte.

Lançando-se um olhar específico em direção ao estado do Maranhão, é possível destacar nesse período da pandemia de covid-19 – especialmente nos anos 2020 e 2021 – um conjunto de decisões proferidas no âmbito do STF que, de modo direto ou indireto, influenciaram em alguma medida na capacidade daquele ente subnacional de implementação das suas políticas públicas de saúde destinadas à proteção da vida e da saúde da população daquele estado em face da pandemia.

Por conseguinte, verifica-se a pertinência na análise e na compreensão do sentido e do alcance da função de guardião da federação exercida pelo STF, que se evidencia, sobretudo, em razão do aumento nos últimos anos dos litígios envolvendo a União, os Estados e o Distrito Federal relacionados ao exercício das respectivas competências, os quais são levados ao exame originário daquela Corte versando sobre questões de evidente importância para o desempenho do papel do Estado na sociedade, como sobreleva destacar quanto ao dever fundamental de garantir a eficácia do direito à saúde.

Nesse sentido, apenas para citar alguns casos mais recentes e emblemáticos do estado da arte em relação à litigiosidade que tem marcado especialmente as relações institucionais da União com os

Estados-membros, foram objetos de debate no âmbito do STF temas como a violação ao princípio constitucional implícito da lealdade federativa decorrente do indevido contingenciamento de recursos transferíveis aos Estados e o Distrito Federal para o financiamento de políticas públicas de saúde; discussões em torno da possibilidade da União, através de requisição administrativa, utilizar para seus próprios fins equipamentos médico-hospitalares já adquiridos por entes subnacionais para manejo nos seus respectivos sistemas de saúde; bem como a extensão da autonomia dos entes federados subnacionais. Ademais, a Corte analisou, ainda nesse período, a extensão da autonomia dos entes federados subnacionais com base na técnica constitucional da predominância do interesse para a adoção, nos seus respectivos territórios, de medidas sanitárias de proteção à saúde diante da calamidade sanitária da covid-19, reconhecida no território nacional pela edição da Lei nº 13.979, de 6 de janeiro de 2020.

Em todos os casos apontados, evidencia-se como as tensões institucionais presentes no sistema federativo são capazes de afetar o funcionamento harmônico na consecução dos deveres constitucionais de concretização pelo Estado brasileiro do direito fundamental à saúde. Diante de tais contingências, compete ao STF, no exercício da sua missão constitucional de árbitro dos litígios entre os atores da federação, atuar para solucionar os conflitos capazes de romper a harmonia no convívio institucional, proporcionando por meio da sua jurisdição a solução necessária para a manutenção da integridade e do regular funcionamento do pacto federativo no cumprimento do programa cuja concretização foi cometida ao Estado pelo texto constitucional, o que vai ao encontro dos objetivos presentes na atual Constituição da República, especialmente no que tange a conferir efetividade aos direitos fundamentais sociais.

Inegável se tratar de um debate atual e de manifesta relevância para a reflexão da comunidade jurídica, considerando os objetivos definidos pelo texto constitucional para a atuação das diferentes esferas políticas autônomas dentro do território nacional e a sua capacidade de promover de maneira consistente e eficaz as políticas necessárias para a materialização desses objetivos, notadamente quanto à formulação, implementação e avaliação das políticas públicas destinadas a efetivar o direito fundamental à saúde e suas interconexões com os demais direitos fundamentais. Tarefa que se torna ainda mais prioritária em função da calamidade sanitária causada pela pandemia de covid-19, revestindo-se de grande importância a compreensão acerca do papel desempenhado pelo STF na manutenção do necessário equilíbrio entre os membros da federação acerca do exercício das suas competências constitucionais.

Deve-se destacar, também, que a presente pesquisa poderá fornecer importantes subsídios capazes de influenciar a atuação dos operadores do sistema jurídico a partir das ideias e reflexões que serão apresentadas ao longo do estudo a ser empreendido, o qual poderá conceder respostas para eventuais questionamentos oriundos da sua análise, sobretudo diante do grande interesse que a discussão em torno da organização e do funcionamento do Estado desperta para os atores institucionais de um modo geral, lançando ainda um olhar inovador em relação aos impactos do sistema de justiça sobre as macroestruturas políticas do Estado brasileiro e a consecução dos seus objetivos estabelecidos constitucionalmente, especialmente sobre a efetivação dos direitos fundamentais em suas múltiplas projeções.

O objetivo central do presente trabalho constitui, precisamente, analisar e comentar algumas dessas decisões proferidas no referido período, de modo a verificar se a atuação do STF, com vistas à proteção da integridade dos princípios e valores que servem de alicerce do vínculo federativo tal como traçado pela Constituição, representou um fator relevante para a consecução pelo Maranhão das referidas políticas destinadas à concretização do direito à saúde, em que medida ocorreu e os limites de tal atuação para a efetivação de tais direitos.

Para tanto, o trabalho é estruturado em três seções, a primeira está destinada ao estudo da federação na Constituição Brasileira de 1988, destacando-se a evolução do federalismo no Brasil, as suas características atuais e o sistema de repartição de competência. Na segunda seção, volta-se para uma análise do direito fundamental à saúde e sua correlação com a promoção de políticas públicas, enfatizando a importância do Sistema Único de Saúde (SUS), bem como os impactos da organização federativa do Estado na implementação das políticas públicas de saúde. Para que, na terceira seção, possa ser abordada a função do STF na preservação do pacto federativo e na promoção de políticas públicas do direito à saúde, fazendo uma análise minuciosa das decisões do STF com reflexos sobre a efetividade das políticas de saúde do estado do Maranhão nos anos de 2020 e 2021.

A pesquisa terá um caráter descritivo, uma vez que se voltará para a definição dos conceitos, principalmente os ligados à organização e à distribuição das competências do Estado Federal brasileiro a partir do desenho institucional traçado pela Constituição de 1988 e sua relação com a promoção dos seus deveres constitucionais, especialmente o sistema de direitos fundamentais, que serão utilizados na pesquisa.

O presente trabalho terá ainda um aspecto exploratório na medida em que há a necessidade de investigar o funcionamento do STF no concernente à regulação de conflitos entre a União e os Estados-membros e de como sua atuação impacta a implementação das políticas públicas de saúde. E também será realizada uma pesquisa avaliativa com o intuito de averiguar os impactos da atuação do STF na manutenção do equilíbrio federativo, na efetivação das políticas sociais no estado do Maranhão no período de 2019 e 2020.

Busca-se apresentar ao leitor a disciplina jurídico-constitucional do tema da organização federativa do Estado na Constituição de 1988, suas funções e seus mecanismos de manutenção do seu equilíbrio, comparando-a à medida que os assuntos são abordados e confrontados com o tratamento dado ao tema no Direito estrangeiro, especialmente o norte-americano e o alemão. Assim, o presente estudo se reveste de um conteúdo monográfico e teórico ao passo em que se propõe a atacar um problema abstrato do ramo do estudo jurídico-constitucional. Como técnicas a serem utilizadas no desenvolvimento da pesquisa, serão basicamente a pesquisa bibliográfica e a documental.

No tocante ao método de pesquisa a ser desenvolvido será o hipotético-dedutivo, realizado de forma monográfica, tendo em vista que a investigação partirá de uma hipótese provisória acerca do problema proposto e se desenvolverá no sentido de confirmar ou refutar tal hipótese.

A FEDERAÇÃO NA CONSTITUIÇÃO DA REPÚBLICA DE 1988

2.1 Formas de organização do Estado

O presente tópico objetiva apresentar uma visão panorâmica acerca da instituição jurídico-política representada pelo Estado e suas principais configurações, tendo como foco suas projeções no âmbito jurídico, considerando o objeto desta pesquisa.

Inicialmente, cumpre destacar que o fenômeno histórico da progressiva institucionalização do exercício do poder político – influenciado pelas correntes de pensamento e pelas transformações sociais e econômicas ocorridas, sobretudo, a partir do século XVIII – representou um dos mais relevantes aspectos da modernidade e do seu projeto civilizatório de limitação do poder e da proteção dos direitos individuais, o que culminou no advento do moderno Estado Constitucional.[1] Desse modo, consolidou-se modernamente a concepção de Constituição formal enquanto instrumento responsável pela estruturação jurídica de determinada comunidade política.

Embora o diploma constitucional atenda a diferentes objetivos e apresente conteúdos diversos, haja vista o contexto e as especificidades presentes em cada comunidade que este objetive organizar, revela-se possível – e mesmo desejável, para fins de aprimoramento da compreensão acerca do constitucionalismo e seus mais relevantes contornos – apresentar um esquema classificatório que abranja as funções precípuas das constituições na atual quadra vivenciada em âmbito nacional e internacional de consolidação do Estado Democrático de Direito e seus respectivos corolários.

---

[1] MIRANDA, Jorge. *Teoria do Estado e da Constituição*. 4. ed. Rio de Janeiro: Forense, 2015.

Nesse sentido, adotar-se-á, no presente trabalho, como modelo de classificação o proposto por Sarlet (2020), o qual aponta como principais funções presentes na Constituição a limitação jurídica e controle do poder; ordem e ordenação; organização e estruturação do poder; legitimidade e legitimação da ordem jurídico-constitucional; estabilidade; garantia e afirmação da identidade política; reconhecimento e garantia da liberdade e dos direitos fundamentais; imposição de programas, fins e tarefas ao Estado.[2]

Dentre as tarefas enumeradas, considerando o objetivo específico do presente tópico da pesquisa, discorrer-se-á, ainda que em breves linhas gerais, a respeito das funções desempenhadas pelo texto constitucional de (a) limitação e controle e (b) organização e estruturação do poder do Estado. Com efeito, limitação e controle do exercício do poder constituíram os objetivos fundamentais das disputas históricas que culminaram na ruptura do modelo de Estado absolutista e na ascensão do Estado moderno, sociedade política caracterizada por "[...] atuar a serviço da sociedade, e para ela prestar contas, recebendo constante fiscalização",[3] identificando-se na ordenação jurídica presente na Constituição escrita uma ferramenta por excelência de racionalização e contenção do exercício do poder estatal.

A respeito desse ponto, destaque-se que a função de limitação do poder se materializa fundamentalmente mediante a adoção da técnica de separação ou divisão de poderes e através da garantia dos direitos fundamentais.[4] Em relação à separação de poderes, é importante sublinhar que esta se projeta em três diferentes dimensões: horizontal, vertical e temporal.

A separação horizontal deve ser compreendida como a "[...] divisão e limitação recíproca e da equiparação (igual posição hierárquica das funções no esquema do poder estatal) entre as diversas funções estatais (legislativa, executiva e judiciária), os assim chamados poderes estatais";[5] esquema de divisão clássico dos textos constitucionais modernos.

---

[2] SARLET, Ingo Wolfgang; MITIDIERO, Daniel; MARINONI, Luiz Guilherme. *Curso de direito constitucional*. 9. ed. São Paulo: Saraiva Educação, 2020.

[3] ZIMMERMANN, Augusto. *Teoria geral do federalismo democrático*. 2. ed. Rio de Janeiro: Lumen Juris, 2005. p. 23.

[4] SARLET, Ingo Wolfgang; MITIDIERO, Daniel; MARINONI, Luiz Guilherme. *Curso de direito constitucional*. 9. ed. São Paulo: Saraiva Educação, 2020.

[5] *Ibidem*, n.p.

De outra banda, a separação vertical diz respeito à "[...] distribuição do poder mediante desconcentração (descentralização) no plano territorial, típica do modelo federativo",[6] embora não de modo exclusivo, visto que "[...] mesmo em Estados unitários, existem níveis significativos de descentralização administrativa, que, por sua vez, contribuem para uma (hierarquizada) racionalização e limitação do poder",[7] modalidade de separação que será aprofundada mais adiante, tendo em vista o cerne da presente investigação.

Por fim, considera-se a separação temporal verdadeiro corolário do princípio democrático na medida em que radica na alternância no exercício do poder pelos agentes investidos das funções estatais, configurando-se ainda como garantia de reforço da sua própria legitimidade social.

Por sua vez, o reconhecimento e a proteção dos direitos fundamentais, objetivo central de qualquer diploma constitucional em um Estado Democrático de Direito, constituem importantes balizas definidoras dos limites imanentes à atuação estatal, a qual varia de acordo com a tipologia do direito em questão. Nesse sentido, tal atuação poderá consistir ora numa abstenção – quando se tratar dos chamados direitos de cunho negativo, os quais pressupõem uma esfera de proteção dos indivíduos em face do Estado, como as liberdades clássicas das cartas de direitos do século XVIII – ora numa atuação de forma efetiva, hipótese que se verifica no caso dos direitos de caráter prestacional, como são essencialmente os direitos sociais.[8] Em qualquer hipótese, constitui dever fundamental do Estado conferir máxima proteção e efetividade ao direito tutelado, configurando-se, portanto, em um parâmetro fundamental para a delimitação da atuação deste perante a sociedade.

À luz das múltiplas funções desempenhadas pelas Constituições, abrangendo, segundo a definição proposta por Canotilho (2003), tanto a revelação dos consensos fundamentais da comunidade acerca dos seus valores e princípios como a legitimação da ordem política e de seus representantes; a garantia e a proteção dos direitos e das liberdades, impende destacar, considerando o recorte proposto na presente pesquisa, a sua função de ordenação fundamental e de estruturação do Estado e do poder político.[9]

---

[6] *Ibidem*, n.p.
[7] *Ibidem*, n.p.
[8] *Ibidem*, n.p.
[9] CANOTILHO, José Joaquim Gomes. *Direito constitucional e teoria da Constituição*. Coimbra: Almedina, 2003.

Desse modo, cumpre destacar que a Constituição exerce a relevante função de organização e estruturação do poder político no âmbito do Estado, cabendo-lhe tanto a criação dos órgãos responsáveis pelo desenvolvimento das suas atividades quanto a definição das suas respectivas competências; atividade de cunho organizatório que, conforme Canotilho (2003), não se limita à estruturação de órgãos e à fixação de regras de competência, cabendo ao texto constitucional "[...] definir os princípios estruturantes da organização do poder político (ex.: princípio da separação e interdependência), recortar as relações intercorrentes entre os órgãos de soberania bem como desenhar a repartição entre os mesmos do poder político".[10]

Nesse ponto, afigura-se relevante distinguir, para a melhor compreensão dos contornos do objeto do presente capítulo e sua relevância para a pesquisa empreendida, a organização do poder político mediante a divisão e a limitação recíproca entre as funções estatais (separação horizontal) da organização das funções estatais mediante a descentralização no plano territorial em esferas próprias de competências (separação vertical); o que caracteriza especialmente o modelo federativo de organização estatal,[11] conforme será oportunamente abordado adiante.

Antes de avançar nesse ponto, adquire especial relevância a análise da classificação em relação às formas de organização que o Estado pode adotar, hipótese na qual estes se dividem em Estados simples ou unitários e Estados compostos ou complexos, classificação cujo critério distintivo diz respeito à existência de unidade ou pluralidade de centros de decisão política no âmbito da sociedade política.[12]

Considera-se Estado unitário a categoria na qual o poder político deriva de um único centro de irradiação – poder central – responsável pela direção em toda a sua extensão da sociedade política; por sua vez, é considerado complexo o Estado no qual o poder político emana de mais de uma esfera de decisão política no âmbito desta sociedade. Distinguem-se comumente quatro espécies principais dessa modalidade: união pessoal, união real, confederação e federação.

As duas primeiras são formas tradicionalmente adotadas pelas monarquias e resultam quando dois ou mais Estados estão submetidos

---

[10] Ibidem, p. 1441.
[11] SARLET, Ingo Wolfgang; MITIDIERO, Daniel; MARINONI, Luiz Guilherme. *Curso de direito constitucional*. 9. ed. São Paulo: Saraiva Educação, 2020.
[12] MIRANDA, Jorge. *Teoria do Estado e da Constituição*. 4.ed. Rio de Janeiro: Forense, 2015.

a um único soberano. Na união pessoal, cada Estado conserva sua soberania interna e externa, sendo conectados apenas pela figura do soberano. Por sua vez, na união real, os Estados formam uma única pessoa jurídica de direito público externo e mantêm internamente a sua autonomia administrativa.[13]

Por sua vez, a confederação consiste na associação de Estados soberanos em função da consecução de um objetivo em comum. Já a federação é uma forma de organização política intermediária entre a confederação e o Estado unitário, constituindo uma associação de unidades políticas distintas que traduzem uma unidade política no âmbito do Direito público internacional.[14]

Ainda segundo o autor supracitado, pode-se apontar as seguintes distinções entre as confederações e as federações:

1ª) A Confederação é uma pessoa simples de Direito Público; a federação, mais do que isso, é um verdadeiro Estado perante a comunidade internacional.

2ª) Os membros da Confederação são os Estados soberanos; os membros da federação são apenas autônomos para determinados fins constitucionalmente dispostos.

3ª) A atividade da Confederação volta-se especialmente aos negócios externos; a autoridade da federação abrange os negócios externos e internos.

4ª) Os cidadãos, na Confederação, são nacionais dos respectivos Estados confederados; na federação todos são possuidores de uma mesma nacionalidade decorrente do Estado federal.

5ª) Na Confederação, os Estados estão ligados por um simples tratado, mais próprio do direito internacional; na federação, os Estados estão unidos pelo pacto federativo de direito constitucional, por uma autêntica Constituição formal e rígida.

6ª) Na Confederação, cada Estado se reserva o direito de nulificação, opondo-se livremente às decisões dos órgãos centrais, desde que respeitadoras dos limites de suas competências, são obrigatórias para todos os Estados-membros.

7ª) Na Confederação, o único órgão é o Congresso Confederal, onde as decisões são tomadas como nas reuniões diplomáticas, através da unanimidade dos delegados representantes dos Estados-membros; na federação o poder central divide-se em Legislativo, Executivo e

---

[13] ZIMMERMANN, Augusto. *Teoria geral do federalismo democrático*. 2. ed. Rio de Janeiro: Lumen Juris, 2005.
[14] *Ibidem*.

Judiciário, estando o procedimento de elaboração legislativa não mais subordinado à regra diplomática da unanimidade, mas pela decisão parlamentar majoritária.

8ª) Na Confederação, cada Estado guarda o direito de secessão, podendo ele romper ou tão somente retirar-se do pacto. Na federação a unidade é perpétua, sendo legítimo que a União obrigue coercitivamente a permanência do Estado-membro insurgente.[15]

Feitas essas breves considerações acerca das formas de Estado, passa-se à análise mais pormenorizada acerca do Estado federal, principal foco das reflexões aqui desenvolvidas.

2.2 O Estado federal e seus elementos fundamentais

De início, é importante traçar para a adequada compreensão do tema algumas considerações em torno dos conceitos de federalismo e federação, bem como as necessárias distinções entre as referidas categorias. Nesse sentido, parece acertada a classificação proposta por Reverbel (2012), segundo a qual o termo federalismo se referiria a um aspecto da teoria do Estado que busca abranger "[...] as generalidades do sistema federal, sua rede de valores, pontos de consenso, enfim, os vários aspectos comuns a todo e qualquer sistema que seja estruturado federativamente [...]";[16] já o conceito de federação se refere à análise de uma experiência concreta de Estado organizado de forma federativa em determinado espaço territorial, tratando-se "[...] especificamente dos órgãos componentes da federação e das inter-relações existentes entre eles".[17]

Em suma, ainda segundo o autor, seria adequado afirmar que:

> Enquanto o *federalismo* pode ser considerado o estudo genérico dos aspectos comuns a todo e qualquer sistema federal, a *federação* é o léxico que, além de indicar uma determinada ordem federal, permite variados estudos comparativos entre os Estados que adotam esta forma de Estado.[18]

---

[15] *Ibidem*, p. 29.
[16] REVERBEL, Carlos Eduardo Dieder. *O federalismo numa visão tridimensional do direito*. Porto Alegre: Livraria do Advogado Editora, 2012.
[17] *Ibidem*, n.p.
[18] *Ibidem*, n.p.

Diante de tais ponderações, parece assistir razão a Baracho (1986) ao reconhecer não ser possível a formulação de uma teoria geral acerca do Estado Federal, considerando que os sistemas federativos de cada Estado em particular variam conforme a sua específica estrutura organizatória erigida a partir dos princípios e das regras presentes no respectivo diploma constitucional.[19]

Não obstante, é possível identificar, a partir da análise das diferentes experiências históricas representativas de sistemas federativos de Estado, a presença de alguns elementos nucleares que caracterizam o Estado Federal e o distinguem das demais formas de organização estatal,[20] os quais serão explorados ao longo do presente tópico da pesquisa.

Embora seja possível identificar a presença de elementos inerentes ao princípio federativo em sociedades políticas anteriores, atribui-se o surgimento do Estado Federal, enquanto manifestação concreta de organização do poder estatal, à Constituição norte-americana de 1787,[21] que representaria "[...] o mais significativo aporte do constitucionalismo e do pensamento político norte-americano tanto para a teoria quanto para a prática do Estado moderno".[22]

Com efeito, a institucionalização desse modelo de organização do poder político pela Constituição norte-americana foi ao encontro da necessidade de superação das limitações da confederação; arranjo pactuado após a Proclamação da Independência pelas antigas colônias inglesas que, convertidas em Estados soberanos, reuniram-se sob a forma de um tratado (os artigos da confederação) para a proteção dos seus interesses no âmbito interno e externo; para a consolidação de um governo central capaz de fazer face aos desafios enfrentados pela então nação emergente.

Entre as limitações impostas ao governo central no arranjo confederativo entre os Estados norte-americanos, destacam-se especialmente a instabilidade e a fragilidade inerentes ao seu funcionamento, derivadas,

---

[19] BARACHO, José Alfredo de Oliveira. *Teoria geral do federalismo*. Rio de Janeiro: Forense, 1986.
[20] SARLET, Ingo Wolfgang; MITIDIERO, Daniel; MARINONI, Luiz Guilherme. *Curso de direito constitucional*. 9. ed. São Paulo: Saraiva Educação, 2020.
[21] BARACHO, José Alfredo de Oliveira. *Teoria geral do federalismo*. Rio de Janeiro: Forense, 1986.
[22] SARLET, Ingo Wolfgang; MITIDIERO, Daniel; MARINONI, Luiz Guilherme. *Curso de direito constitucional*. 9. ed. São Paulo: Saraiva Educação, 2020.

sobretudo, da insuficiência dos seus instrumentos de financiamento e da própria autoridade das suas decisões perante os Estados.

> A principal dificuldade enfrentada pelo governo central estava no aprovisionamento de recursos. Além disso, os Estados desprezavam sua autoridade. O insucesso da Confederação estava no fato de que os Estados mantinham sua soberania, entendendo que tal atitude reforçava sua liberdade, sua independência, bem como na possibilidade de dissolução do vínculo confederativo pelo direito de secessão dos Estados.[23]

Em defesa do texto da Constituição de 1787 como instrumento de reformulação da União entre os Estados norte-americanos em contraposição aos artigos da confederação, merece especial destaque a série de artigos publicados por Madison, Hamilton e Jay (1993), os quais forneceram aquelas que até hoje são consideradas as bases do federalismo como forma de organização do Estado, capaz de superar os já destacados problemas apresentados pela confederação,[24] influenciando decisivamente as experiências federativas posteriormente instituídas.

Fruto do engenho dos pais fundadores norte-americanos, a federação desenhada na Constituição de 1787, segundo os autores, buscou promover um arranjo institucional caracterizado pela coexistência dentro de um mesmo território de uma esfera de autonomia para os Estados federados, em paralelo à esfera de poder político exercida pelo governo central – a União, responsável pelo exercício da soberania do Estado e sua representatividade perante a comunidade internacional –, objetivando a concretização dos fins da república, especialmente a preservação da liberdade dos cidadãos pela limitação dos impulsos despóticos inerentes à concentração de poder.[25]

Buscava-se, assim, corrigir uma das mais significativas limitações que o sistema da Confederação apresentava para a atuação de um governo central na consecução do interesse da coletividade, qual seja, a ausência de vinculação dos Estados-membros às normas emanadas da União, as quais demandavam a anuência dos legislativos de cada

---

[23] REVERBEL, Carlos Eduardo Dieder. *O federalismo numa visão tridimensional do direito*. Porto Alegre: Livraria do Advogado Editora, 2012.
[24] *Ibidem*.
[25] MADISON, James; HAMILTON, Alexander; JAY, John. *Os artigos federalistas*. Trad. Maria Luiza X. de A. Borges. Rio de Janeiro: Nova Fronteira, 1993.

uma daquelas unidades para a produção de efeitos; vulnerabilidade sublinhada de modo enfático no Artigo Federalista de número XVI.[26]

> Se a efetivação de uma medida da União exigir a interposição dos legislativos estaduais, basta-lhes apenas não agir, ou agir evasivamente, e a medida será derrotada. Essa negligência do dever pode ser disfarçada sob medidas aparentes, mas inoperantes, de modo a não se revelar e, evidentemente, não despertar no povo nenhum alarme pela segurança da Constituição. (...), Mas, se as leis do governo nacional não exigissem a intervenção dos legislativos estaduais para serem executadas, se viessem a ser exercidas imediatamente sobre os próprios cidadãos, os diversos governos não poderiam bloquear sua ação sem exercer, de forma declarada e violenta, um poder inconstitucional.[27]

É possível inferir, a partir daí, uma das características nucleares do Estado Federal consistente na coexistência dentro do território do Estado de uma pluralidade de centros de poder político dotados de capacidade própria de auto-organização, materializando-se esta através do poder de instituírem suas próprias ordenações jurídicas responsáveis pela sua regulação no âmbito das respectivas esferas de competência, as quais encontram limite, como pontuado por Kelsen (2000), na própria Constituição Federal:

> O Estado federal, a comunidade jurídica total, consiste, assim, na federação, uma comunidade jurídica central, e nos Estados componentes, várias comunidades jurídicas locais. (...) O Estado federal caracteriza-se pelo fato de que o Estado componente possui certa medida de autonomia constitucional, ou seja, de que o órgão legislativo de cada Estado componente tem competência em matérias referentes à constituição dessa comunidade, de modo que modificações nas constituições dos Estados componentes podem ser efetuadas por estatutos dos próprios Estados componentes. Essa autonomia constitucional dos Estados componentes é limitada. Os Estados componentes são obrigados, por certos princípios constitucionais da constituição federal; por exemplo, segundo a Constituição federal, os Estados componentes podem ser obrigados a ter constituições democrático-republicanas.[28]

Importante destacar que essa forma de organização estatal representou, sobretudo, um aporte relevante em relação aos mecanismos de

---

[26] Ibidem.
[27] Ibidem, p. 168.
[28] KELSEN, Hans. *A teoria pura do direito*. São Paulo: Martins Fontes, 2000. p. 453.

controle e limitação do poder político inspirado, em grande medida, na teoria da separação de poderes de Montesquieu, à qual o federalismo agregou a ideia de divisão e controle recíproco entre as unidades federadas, constituindo-se, a partir daí, tanto uma separação horizontal quanto vertical entre os Poderes do Estado, de modo a inibir a concentração de poder e garantir um maior equilíbrio seja entre os Poderes Executivo, Legislativo e Judiciário, seja entre a União e os Estados-membros.[29] O que passa a constituir uma garantia reforçada contra possíveis ameaças às liberdades democráticas.

> Numa república simples, todo o poder concedido pelo povo é submetido à administração de um governo único, e a usurpação é evitada por uma divisão do governo em braços independentes e separados. Na república composta da América, o poder concedido pelo povo é primeiro dividido entre dois governos distintos e depois a porção que coube a cada um é subdividida por braços independentes e separados. Disto provém uma dupla segurança para os direitos do povo. Os diferentes governos vão se controlar um ao outro, ao mesmo tempo em que cada um será controlado por si mesmo.[30]

Aclarando ainda mais o ponto em questão, Zimmermann (2005) destaca que:

> Federalismo e separação de poderes são, enfim, complementares, destarte ambos servirem para a resolução do equilíbrio das forças sociais e a divisão funcional da atividade do Estado. Mas enquanto o primeiro almeja este equilíbrio através da participação mais ativa do cidadão, controlando os governantes e assim evitando a corrupção e ineficiência, o segundo separa as três diferentes funções clássicas do poder estatal, para que este não caia nas mãos de uma única pessoa.[31]

De outra banda, a função limitadora do exercício do poder político presente no cerne da federação se torna especialmente relevante em países marcados pela grande extensão territorial e pela diversidade regional, posto que:

---

[29] BERCOVICI, Gilberto. *Dilemas do Estado federal brasileiro*. Porto Alegre: Livraria do Advogado Editora, 2004.
[30] MADISON, James; HAMILTON, Alexander; JAY, John. *Os artigos federalistas*. Trad. Maria Luiza X. de A. Borges. Rio de Janeiro: Nova Fronteira, 1993. p. 351.
[31] ZIMMERMANN, Augusto. *Teoria geral do federalismo democrático*. 2. ed. Rio de Janeiro: Lumen Juris, 2005. p. 87.

A extensão do território e o crescimento do contingente populacional ajudam no florescimento de interesses e segmentos distintos, refreando ações contrárias aos anseios de liberdade do povo. No fundo, é uma forma democrática de dividir o risco, repartir as decisões, diminuir as incertezas, aumentar a possibilidade de acertos, democratizar e coligar as opiniões, criando um ambiente propício ao desenvolvimento racional institucionalizado da liberdade. A república federativa deveria assumir este papel de sintonia entre extensão territorial e interesses difusos.[32]

Decorre da forma federativa a referida pluralidade de ordenamentos jurídicos, composta pela ordenação do poder central e as ordenações dos entes periféricos – os quais são dotados de grande autonomia político-institucional na federação, posto que detentores das capacidades de autogoverno e de auto-organização – expressa pela possibilidade de elaborarem suas próprias Constituições e leis. Estes não dispõem, todavia, do atributo da soberania, compreendida como a autodeterminação plena e não sujeita a qualquer laço de subordinação tanto no plano interno quanto no plano externo, o qual é exclusivo do Estado Federal como um todo representado na figura do ente central, que constitui a expressão da unidade entre todos os membros da federação na formação de uma ordem nacional,[33] sendo este outro traço característico dessa forma de organização do Estado.

Pode-se apontar, também, como elemento característico da forma federativa de organização do Estado, a existência de uma Constituição Federal que atue como fundamento de validade e conformação das ordens parciais emanadas tanto do poder central quanto dos poderes periféricos, responsável por alicerçar juridicamente o arranjo federativo e regular a atuação dos seus membros, traçando as balizas a serem observadas por estes no âmbito da organização estatal.

Outrossim, a rigidez do diploma constitucional, pressupondo um procedimento mais rigoroso de alteração das suas disposições ou mesmo a sua imutabilidade, como no caso da Carta de 1988, em que a forma federativa constitui cláusula pétrea, representa um fator de grande importância para evitar que os entes federados possam atentar contra os preceitos constitutivos da própria organização federativa do Estado, sendo ainda caraterística recorrente nos textos constitucionais

---

[32] REVERBEL, Carlos Eduardo Dieder. *O federalismo numa visão tridimensional do direito*. Porto Alegre: Livraria do Advogado Editora, 2012.
[33] SARLET, Ingo Wolfgang; MITIDIERO, Daniel; MARINONI, Luiz Guilherme. *Curso de direito constitucional*. 9. ed. São Paulo: Saraiva Educação, 2020.

dos Estados Federais a indissociabilidade do vínculo federativo, sendo vedado o direito de secessão; cláusula comumente presente nos arranjos de natureza confederativa.[34]

Do mesmo modo, a sobreposição de ordens jurídicas diversas, incidentes dentro de um mesmo espaço territorial, impõe a adoção de um sistema de divisão das competências atribuídas aos diferentes entes federados no qual esteja delimitado o domínio de atuação destes no âmbito da organização do Estado; medida que guarda justificativa principalmente diante da necessidade de "[...] favorecer a eficácia da ação estatal, evitando conflitos e desperdício de esforços e recursos".[35]

Tal é a importância da repartição das competências entre os entes federados preconizados pelo modelo de federação adotado pela Constituição de um determinado Estado em particular para a compreensão do seu modo de funcionamento; o qual pode se caracterizar como dotado de maior ou menor centralização do poder estatal; que é esta considerada a verdadeira pedra de toque na configuração da estrutura de poder do Estado Federal.

> A Constituição Federal como responsável pela repartição de competências, que demarca os domínios da federação e dos Estados-membros, imprimirá ao modelo federal que ela concebeu ou a tendência centralizadora, que advirá da amplitude dos poderes da União, ou a tendência descentralizadora, que decorrerá da atribuição de maiores competências aos Estados-membros.[36]

Do ponto de vista da configuração do esquema de divisão de competências entre os membros da federação, pode-se agrupar dois modelos essenciais que traduzem concepções distintas quanto ao modo de desenvolvimento da dinâmica nas relações entre os entes federados no que tange à consecução dos seus objetivos fixados constitucionalmente: o federalismo competitivo ou dual e o federalismo cooperativo.

O denominado federalismo competitivo ou dual remonta ao modelo clássico de organização federativa do Estado e que tem como fonte a Constituição norte-americana de 1787, o qual se caracteriza fundamentalmente por uma separação rigorosa e mutuamente

---

[34] MENDES, Gilmar Ferreira; BRANCO, Paulo Gustavo Gonet. *Curso de Direito Constitucional*. 12. ed. rev. e atual. São Paulo: SaraivaJur, 2017.

[35] *Ibidem*, p. 851.

[36] HORTA, Raul Machado. *Direito Constitucional*. 3. ed. Belo Horizonte: Del Rey, 2002. p. 308.

excludente entre a esfera de competência do poder central representado pela União e a do poder local dos Estados-membros.[37]

Tal modelo de organização do sistema de competências, segundo Almeida (2013), fora fortemente influenciado pelas ideias inerentes à visão do Estado, extraídas a partir do liberalismo político e econômico em sua concepção clássica, identificada essencialmente com a teoria do *laissez-faire*, o que se traduziu, segundo a autora, numa "[...] inibição à autoridade reguladora do Governo Federal, em escala nacional, de matérias de cunho social e econômico que se entendeu devessem permanecer sob o controle do poder estadual".[38]

Posteriormente, o quadro das transformações sociais e econômicas do início do século XX alterou substancialmente a concepção acerca do papel do Estado na sociedade, demandando uma intervenção do poder central em domínios até então tradicionalmente ocupados pelos entes periféricos, além de uma conjugação de esforços dos membros da federação em determinadas áreas de modo a proporcionar o bem-estar coletivo.

Mesmo nos Estados Unidos, a Crise de 1929 e as medidas implementadas pela União para o seu enfrentamento, através do chamado *new deal*, representaram – não obstante o embate inicialmente travado na Suprema Corte daquele país quanto à legitimidade constitucional do avanço da intervenção da União sobre temas sociais e econômicos até então atribuídos à esfera dos Estados-membros – um marco na superação da visão típica do federalismo clássico de que a atuação dos entes federados deverá ocorrer tão somente em suas respectivas esferas apartadas de competência, dando lugar à concepção de que a satisfação do interesse coletivo pressupõe um campo de atuação conjunta e interdependente por parte de todos os atores político-institucionais que integram o Estado Federal.[39]

Operou-se, a partir dessa nova perspectiva acerca do papel do Estado na sociedade, o advento do denominado federalismo de cooperação, o qual apresenta como traço marcante a atuação conjunta dos entes federados no sentido de alcançar os objetivos do Estado, como destacado por Reverbel (2012), segundo o qual "[...] a inter-relação

---

[37] REVERBEL, Carlos Eduardo Dieder. *O federalismo numa visão tridimensional do direito*. Porto Alegre: Livraria do Advogado Editora, 2012.
[38] ALMEIDA, Fernanda Dias Menezes de. *Competências na Constituição de 1988*. 6. ed. São Paulo: Atlas, 2013. p. 21.
[39] GERKEN, Heather K. Federalism 3.0. *California La W Review*, v. 105, n. 1695, 2017.

das instâncias de poder, bem como a colaboração delas é mecanismo marcante deste modelo. O desenvolvimento de mecanismos de aproximação, cooperação, auxílio e ajuda dos governos (central e locais) são supervalorizados".[40]

Ainda no tocante aos elementos característicos da federação, revela-se fundamental para a estabilidade e a preservação do arranjo federativo nos moldes estabelecidos pelo texto da Constituição do respectivo Estado atribuir a determinado ator institucional a responsabilidade em assegurar a observância dos comandos presentes no diploma constitucional pelas unidades federadas, cabendo-lhe arbitrar conflitos e sustar leis e atos emanados em desacordo com os referidos comandos. Tarefa a ser desempenhada por um Tribunal da federação, tendo em vista as características próprias do Poder Judiciário; órgão vocacionado à interpretação da Constituição e das leis; ponderação esboçada por Madison, Hamilton e Jay (1993) no Artigo Federalista de número 78.

> A interpretação das leis é o domínio próprio e particular dos tribunais. Uma Constituição é de fato uma lei fundamental, e como tal deve ser vista pelos juízes. Cabe a eles, portanto, definir seus significados tanto quanto o significado de qualquer ato particular procedente do corpo legislativo. Caso ocorra uma divergência irreconciliável entre ambos, aquele que tem maior obrigatoriedade e validade deve, evidentemente, ser preferido. Em outras palavras, a Constituição deve ser preferida ao estatuto, a intenção do povo à intenção de seus agentes.
>
> Esta conclusão não supõe de modo algum uma superioridade do poder judiciário sobre o legislativo. Supõe apenas que o poder do povo é superior a ambos, e que, quando a vontade do legislativo, expressa em suas leis, entra em oposição com a do povo, expressa na Constituição, os juízes devem ser governados por esta última e não pelas primeiras. Devem regular suas decisões pelas leis fundamentais, não pelas que não são fundamentais.[41]

Desse modo, a preservação do equilíbrio e da harmonia no âmbito da federação pressupõe a existência de uma Corte Suprema capaz de impor a sua autoridade sobre todos os entes federados no exercício da tarefa de guardiã do texto constitucional.

---

[40] REVERBEL, Carlos Eduardo Dieder. *O federalismo numa visão tridimensional do direito*. Porto Alegre: Livraria do Advogado Editora, 2012.

[41] MADISON, James; HAMILTON, Alexander; JAY, John. *Os artigos federalistas*. Trad. Maria Luiza X. de A. Borges. Rio de Janeiro: Nova Fronteira, 1993. p. 481.

No Estado federal, as Cortes Constitucionais têm a missão de garantir o equilíbrio das competências nacionais e dos Estados-membros, reparando qualquer exorbitância de uns com os outros. As mais recentes experiências federais têm consagrado às Cortes constitucionais para melhor preservação das garantias consagradas na lei fundamental, dando atribuição a este órgão de resolver os conflitos de distribuição de competências entre as esferas de cada um dos componentes da comunidade federativa.[42]

Por fim, é apontada ainda como característica essencial da ideia de federação a possibilidade de participação dos entes subnacionais na "formação da vontade federal", o que "[...] essencialmente importa a participação na produção legislativa de âmbito nacional e na escolha do chefe do Poder Executivo".[43]

Tal participação tem ainda uma importante projeção na figura do Senado Federal, espaço de representação paritária dos Estados-membros, os quais possuem igual número de representantes naquela Casa Legislativa, bem como através da possibilidade de apresentação por estes de emendas ao texto da Constituição Federal;[44] o que completa o conjunto das possibilidades de partilha do poder político nacional com as unidades subnacionais do Estado Federal, medida que se impõe "[...] necessária, caso contrário existiria uma subordinação e não colaboração, circunstância que desfiguraria a federação".[45]

Feitas tais considerações acerca das características essenciais do fenômeno político-institucional do Estado Federal, cumpre lançar um olhar em relação a como se deu a evolução dessa modalidade de organização do Estado no âmbito da realidade constitucional brasileira.

2.3 Evolução do federalismo no Brasil

Considerando o objeto da presente abordagem, reputa-se relevante para a compreensão do tema explorar, ainda que em linhas breves, o desenvolvimento especificamente da forma federativa de

---

[42] BARACHO, José Alfredo de Oliveira. Teoria geral do constitucionalismo. *Revista de Informação Legislativa*, Brasília, v. 23, n. 91, p. 33, jul./set. 1986a.

[43] SARLET, Ingo Wolfgang; MITIDIERO, Daniel; MARINONI, Luiz Guilherme. *Curso de direito constitucional*. 9. ed. São Paulo: Saraiva Educação, 2020.

[44] MENDES, Gilmar Ferreira; BRANCO, Paulo Gustavo Gonet. *Curso de Direito Constitucional*. 12. ed. rev. e atual. São Paulo: SaraivaJur, 2017.

[45] BARACHO, José Alfredo de Oliveira. Teoria geral do constitucionalismo. *Revista de Informação Legislativa*, Brasília, v. 23, n. 91, p. 50, jul./set. 1986a.

organização do Estado ao longo do histórico constitucional brasileiro. O Brasil conheceu a federação enquanto forma de organização do Estado a partir da Proclamação da República, tendo essa opção sido formalizada no bojo do texto da Constituição de 1891, muito embora os ideais de descentralização do poder imanentes ao federalismo já se faziam presentes desde o período imperial.

A Constituição Imperial de 1824 era unitarista e as províncias não possuíam qualquer traço de autonomia, sendo criado pelo império o instituto dos presidentes das províncias designados pelo Imperador e mesmo as legislações sobre assuntos locais eram remetidas ao presidente das províncias, que poderia ou não encaminhar para a chamada Assembleia Geral. A Carta Imperial também era silente sobre a repartição de receitas entre o Governo-Geral, as Províncias e os Municípios.

Com efeito, a centralização do poder nas mãos do Imperador gerou insatisfação nas províncias, que, inspiradas no modelo norte-americano, pontificavam um modelo federal de Estado, a exemplo da Confederação do Equador em Pernambuco; conquanto tais movimentos tenham sido sufocados pelo Império, ocasionou um processo de enfraquecimento da figura do Imperador e a perda de força política, o que culminou na abdicação de Pedro I.[46]

Após a abdicação e durante o período regencial, em certa medida, houve abertura à descentralização do poder mediante o fortalecimento político das províncias, sendo exemplo emblemático, nesse sentido, a aprovação do Ato Adicional de 1834, o qual promoveu aumento do número dos representantes das Assembleias Provinciais, determinou o estabelecimento das Assembleias Legislativas como órgãos de intervenção dos cidadãos nos negócios provinciais e a eleição de seus membros por meio de voto direto censitário. Tal movimento, contudo, fora suplantado em 1840, pela aprovação da Lei de Interpretação, a Lei nº 105, de 1840, a qual retomou a linha de centralização política anulando os avanços do Ato Adicional, sendo o Segundo Reinado marcado pela continuidade do movimento centralizador pelo governo imperial.[47]

---

[46] BERCOVICI, Gilberto. *Dilemas do Estado federal brasileiro*. Porto Alegre: Livraria do Advogado Editora, 2004.
[47] ZIMMERMANN, Augusto. *Teoria geral do federalismo democrático*. 2. ed. Rio de Janeiro: Lumen Juris, 2005.

Com a queda do regime monárquico e a Proclamação da República, materializou-se através da Constituição de 1891, a um só tempo, uma nova forma de governo – republicano – e uma nova organização para o Estado sob o manto da federação, incorporando em grande medida as características do diploma constitucional norte-americano de 1787.

> Os autores do Anteprojeto da Constituição, notadamente Rui Barbosa, voltaram-se para o modelo norte-americano e de lá importaram a República, o Federalismo, o Presidencialismo e as técnicas inerentes às novas instituições. A primeira Constituinte republicana foi instalada solenemente no dia 15 de novembro de 1890, ou seja, no primeiro aniversário da Proclamação da República e, após três meses de trabalho, a primeira Constituição republicana foi aprovada. Assim, no dia 24 de fevereiro de 1891, foi promulgada a *Constituição da República dos Estados Unidos do Brasil*.[48]

Importante destacar que, conquanto claramente inspirada na Constituição dos Estados Unidos de 1787, a Carta da Primeira República de 1891 foi gestada a partir de um contexto bastante distinto, vez que enquanto naquele país houve de fato uma reunião de Estados que abriram mão de sua soberania para constituir o Estado Federal, no caso do Brasil a federação decorreu de um esforço no sentido de descentralizar o poder político e constituir unidades periféricas autônomas a partir de um Estado unitário e profundamente centralizado.

> [...] a unidade preexistiu à federatividade; Estados-membros não deliberaram, foi o Brasil que deliberou adotar a descentralização e, melhor diríamos, a multiplicidade de centralização, que em tanto importou a liberdade, deixada aos Estados-membros, de asfixiarem os Municípios. Não se partiu de 'liga de amizade para defesa comum, segurança de liberdades (dos Estados-membros) e bem-estar geral', mas da *unidade mesma*.[49]

Desse modo, adotou-se como paradigma para a divisão do poder político no âmbito do Estado Federal, desenhado na Carta de 1891, o modelo clássico de federalismo dual – composto a partir de poderes

---

[48] ALMEIDA, Fernanda Dias Menezes de. Art. 1º. *In*: CANOTILHO, J. J. et al. *Comentários à Constituição do Brasil*. 2. ed. São Paulo: Saraiva Educação, 2018.
[49] MIRANDA, Pontes de. *Comentários à Constituição de 1946*. v. 1. 2. ed. São Paulo: Max Limonad, 1953. p. 294.

enumerados da União e poderes reservados aos Estados-membros –, não havendo, nesse caso, previsão de efetiva cooperação entre os entes federados. Quando muito, eventual auxílio federal era restrito aos casos de calamidade pública e sem que houvesse critérios objetivos na destinação de recursos da União para os Estados-membros, o que acentuou as desigualdades regionais, visto que os entes subnacionais dotados de maior poderio político-econômico detinham prioridade na distribuição de benefícios oriundos do poder central.[50]

Nesse sentido, a República Velha nunca colocou em prática as diretrizes federativas e republicanas dispostas na Constituição de 1891; ao contrário, "[...] o que se presencia ao longo de toda República Velha é o simples controle oligárquico, o afastamento da participação popular, a debilidade da autonomia municipal, a realização de uma [...] recentralização do poder político nas capitais dos grandes Estados da federação",[51] resultando na eclosão de diversas crises, as quais tiveram seu ponto culminante na Revolução de 1930, que demarcou o fim daquele ciclo político no país.

Fruto das transformações políticas e sociais do primeiro pós-guerra e inspirada em diplomas constitucionais formulados sob a égide do Estado social – notadamente, a Carta mexicana de 1917 e a alemã de 1919 – a Constituição de 1934 deu continuidade à trajetória do federalismo pátrio; dessa vez, sob uma feição cooperativa, pelo menos em nível formal, sendo estabelecida pela primeira vez a previsão de competência concorrente entre os entes federados.[52]

Acerca desse novo paradigma sobre a divisão de competências dos entes federados prevista na Carta de 1934, pontua-se que:

> A revisão da técnica clássica de repartição de competências vai despontar na Constituição Federal de 1934, quando se registrou o adensamento da competência da União, com a perda de substância legislativa dos Estados. O mecanismo compensatório da legislação estadual supletiva ou complementar é criação originária da Constituição Federal de 1934, que inseriu essa legislação na competência privativa dos Estados (art. 7º, III). Com efeito, o texto de 1934, para compensar novos poderes

---

[50] BERCOVICI, Gilberto. *Dilemas do Estado federal brasileiro*. Porto Alegre: Livraria do Advogado Editora, 2004.
[51] ZIMMERMANN, Augusto. *Teoria geral do federalismo democrático*. 2. ed. Rio de Janeiro: Lumen Juris, 2005. p. 307.
[52] BERCOVICI, Gilberto. *Dilemas do Estado federal brasileiro*. Porto Alegre: Livraria do Advogado Editora, 2004.

da União, deslocou matérias da competência privativa da União para o domínio comum da legislação federal e da legislação estadual supletiva ou complementar, que descaracterizou a privatividade originária, admitindo a dupla atividade legislativa, federal e estadual, sobre as mesmas matérias. [...] Fixou-se, em linha de princípio, que as leis estaduais, nos casos de sua competência supletiva ou complementar, atendendo às peculiaridades locais, poderiam suprir as lacunas ou deficiências da legislação federal, sem dispensar as exigências desta última.[53]

Importante sublinhar também que a Constituição de 1934 trouxe um aporte relevante na adoção de instrumentos destinados à preservação do equilíbrio e da cooperação no âmbito do pacto federativo. Notadamente, a previsão da imunidade tributária recíproca entre os entes federados e a existência de uma coordenação entre os Poderes na federação destinada à boa governança e à continuidade administrativa; função a cargo do Senado Federal, órgão de representação paritária dos Estados-membros e, portanto, mais adequado à garantia da participação dos entes subnacionais no processo decisório dentro do Estado Federal.[54]

Com o advento do Estado Novo e a instauração do período ditatorial no governo de Getúlio Vargas, a Constituição de 1934 deu lugar à Constituição Outorgada de 1937, que, apesar de formalmente ter mantido a federação, tinha como característica marcante a centralização e a concentração de poderes pelo chefe do Executivo federal.

A manutenção expressa da forma federativa não foi empecilho para assegurar, conforme o próprio preâmbulo constitucional, a 'unidade nacional'. O art. 9º da Constituição de 1937 elevou as interventorias à alçada constitucional, sendo que a limitação de seu aspecto de intervenção adveio apenas com a Lei Constitucional n. 09, de 28 de fevereiro, de 1945, às vésperas do fim do Estado Novo. Ainda além, a Constituição atribuiu ao presidente da República a competência para expedir decretos-lei, cujo conteúdo normativo seria idêntico àquele das normas aprovadas pelo parlamento. A competência legislativa dos estados foi sensivelmente reduzida (art. 18), bem como criou-se uma nova tipologia normativa, qual seja aquela da lei estadual delegada pela União, cuja entrada em vigor estaria condicionada não apenas

---

[53] HORTA, Raul Machado. *Direito Constitucional*. 3. ed. Belo Horizonte: Del Rey, 2002. p. 315.
[54] SALDANHA, Daniel Cabaleiro. *Organização do estado brasileiro*: o modelo do federalismo oligárquico. Belo Horizonte: Letramento/Casa do Direito, 2019.

à aprovação pelo parlamento estadual, mas também à aprovação do Governo Federal (art. 17). Foram mantidas as competências tributárias dos estados-federados, com ressalva de que, em caso de eventual bitributação, prevaleceriam os impostos federais.[55]

Com o fim da ditadura do Estado Novo, em 1945, e restabelecida a normalidade democrática no país, promulgou-se a Constituição de 1946, diploma constitucional considerado acentuadamente democrático, tendo em vista o histórico político brasileiro, buscando conciliar os interesses liberais com as garantias dos direitos sociais, preocupação presente no constitucionalismo brasileiro desde a Constituição de 1934. Aos Municípios, fora conferida certa medida de autonomia sobre temas de interesse local, demarcando um movimento descentralizador.[56]

No que tange ao sistema de repartição de competências entre os entes federados, retomou-se a técnica de divisão inaugurada pela Constituição de 1934, fixando-se a competência concorrente entre União e Estados-membros, porém de natureza não cumulativa, cabendo ao ente central a edição de normas gerais e aos Estados-membros a elaboração de normas supletivas ou complementares.[57]

O golpe militar desferido em 1964 mergulhou novamente o Brasil num ambiente autoritário, sendo os diplomas constitucionais do período marcados pela centralização do poder político e a restrição à autonomia dos entes periféricos. Zimmermann (2005) sintetiza as características essenciais das Constituições de 1967 e 1969 da seguinte maneira:

> [Elas] desfecharam um duro golpe no federalismo, transformando o Estado brasileiro em uma realidade muito mais unitária do que verdadeiramente federativa. Toda uma série de competências antes pertencentes aos Estados e Municípios foram então trazidas ao âmbito federal e os poderes do Presidente da República excessivamente reforçados. Desta feita, a competência legislativa do Executivo foi levada ao seu extremo através dos decretos-leis, que se transformaram numa poderesa arma diante de expressões subjetivas tais como "urgência e interesse público relevante". Os militares reduziram a liberdade

---

[55] Ibidem, p. 175.
[56] ZIMMERMANN, Augusto. *Teoria geral do federalismo democrático*. 2. ed. Rio de Janeiro: Lumen Juris, 2005.
[57] MIRANDA, Pontes de. *Comentários à Constituição de 1946*. v. 1. 2. ed. São Paulo: Max Limonad, 1953.

individual e frequentemente suspenderam direitos e garantias constitucionais, naquilo que se revela a face mais autoritária deste regime de força.[58]

Nesse mesmo sentido, pode-se afirmar que o regime militar foi marcado por uma forte centralização dos poderes na União, tornando os entes federados completamente dependentes desta e, conquanto previsto formalmente no texto constitucional, as vigas mestras do Estado Federal anteriormente sublinhadas foram completamente solapadas. Adotou-se, à época, o chamado "federalismo de integração".

Esse "novo" modelo de federalismo estaria baseado na integração nacional e, para que essa finalidade fosse alcançada com mais celeridade e eficácia, os mecanismos de promoção do desenvolvimento deveriam ser centralizados na União, pois apenas assim seriam alcançados o desenvolvimento econômico e a segurança coletiva. Em suma, o discurso em questão tentava escamotear a total ausência de um federalismo efetivo no período ditatorial, visto que os entes federados não possuíam quaisquer traços de autonomia, posto que havia uma relação quase de total submissão ao Governo Central.[59]

A lenta reabertura política que culminou na convocação da Assembleia Nacional Constituinte de 1987/88 teve como fator decisivo a ampla mobilização da sociedade civil – constituindo um marco importante desse processo a campanha pelas eleições diretas entre 1983/84, que, apesar de derrotada, acelerou o sentido de urgência no processo de redemocratização do país –, a qual, somada ao desgaste acumulado ao longo dos anos pelo regime militar, galvanizou as forças políticas numa ampla pactuação entre setores do próprio regime e da oposição no sentido do restabelecimento de uma ordem jurídico-constitucional fundada em bases democráticas.[60]

Concluídos os trabalhos da Assembleia, deu-se a promulgação da Constituição Federal em 5 de outubro de 1988, a qual de plano confere grande proeminência ao princípio federativo em seu texto, o que é demonstrado de modo bastante eloquente tanto pela sua presença

---

[58] ZIMMERMANN, Augusto. *Teoria geral do federalismo democrático*. 2. ed. Rio de Janeiro: Lumen Juris, 2005. p. 325.
[59] BERCOVICI, Gilberto. *Dilemas do Estado federal brasileiro*. Porto Alegre: Livraria do Advogado Editora, 2004.
[60] SARMENTO, Daniel. *Direitos fundamentais e relações privadas*. 2. ed. Rio de Janeiro: Lumen Juris, 2010.

de destaque no pórtico do diploma como também pela sua inclusão como cláusula pétrea.

> A Constituição Federal de 1988 estampa a forma federativa já no nome atribuído ao Estado brasileiro, qualificado como República Federativa já no preâmbulo do texto constitucional. Em seu art. 1º, a Constituição refere-se à 'união indissolúvel dos Estados, Municípios e do Distrito Federal', que constituem um Estado Democrático de Direito. Sob a ótica deontológica, o federalismo foi erigido à condição de princípio constitucional, dotado de força normativa vinculante. Aliás, para além de ser elevado à alçada constitucional, o princípio federativo foi assumido como cláusula pétrea da Constituição Federal de 1988, nos termos de seu art. 60, §4º, inciso I, bloqueando, inclusive, qualquer alternativa política à sua instituição, porquanto dotado de força esterilizadora, não apenas jurídica, mas também política.[61]

Contudo, ao lançar uma visão panorâmica em relação ao esquema de repartição dos poderes do Estado, preconizado no texto da Carta de 1988, pode-se apontar certa ambivalência, pois, se por um lado manteve uma trajetória presente no constitucionalismo pátrio de concentração das competências legislativas na figura da União – deixando, assim, pouca margem à atuação dos demais entes federados –, de outra banda, promoveu uma maior descentralização administrativa e de receitas em prol dos entes subnacionais.[62] Buscando, ainda, o fortalecimento da cooperação entre as unidades políticas da federação mediante a previsão de competências materiais comuns em seu art. 23; inovação em relação à qual ainda pairam muitas dúvidas quanto a sua efetividade,[63] o que será explorado com maior profundidade em tópico específico do presente trabalho.

Por fim, não se pode deixar de destacar, entre as novidades trazidas ao esquema organizatório do poder do Estado pela Constituição de 1988, a inclusão dos Municípios como unidades políticas componentes do Estado Federal, o que inaugurou na história do federalismo a organização federativa em três níveis.

---

[61] SALDANHA, Daniel Cabaleiro. *Organização do estado brasileiro*: o modelo do federalismo oligárquico. Belo Horizonte: Letramento/Casa do Direito, 2019. p. 212.

[62] SARMENTO, Daniel. *Direitos fundamentais e relações privadas*. 2. ed. Rio de Janeiro: Lumen Juris, 2010.

[63] SARLET, Ingo Wolfgang; MITIDIERO, Daniel; MARINONI, Luiz Guilherme. *Curso de direito constitucional*. 9. ed. São Paulo: Saraiva Educação, 2020.

Os entes municipais, em 1988, foram alçados a um novo patamar. Antes tidos como unidades administrativas, a Constituição de 1988 tornou-os integrantes da federação, atribuindo-lhes personalidade jurídica política de direito público. Bem por isso, ao lado da União e dos Estados, foram-lhes reservados patrimônio (bens dominiais), competências materiais e legislativas (art. 30 da Constituição de 1988). Mais do que isso, os prefeitos municipais e vereadores foram considerados, na plenitude da expressão, agentes políticos, sujeitos ao regime remuneratório e previdenciário que lhes é típico, bem como qualificados como sujeitos ativos potenciais de crime de responsabilidade. Nesse passo, foi inaugurado no país um sistema federativo sem precedentes mundiais – o federalismo de três níveis. Nacional, regional e local passaram a se articular politicamente para compor o quadro político-jurídico brasileiro.[64]

De todo modo, analisado o quadro geral das disposições organizatórias do poder estatal contidas na Constituição Federal de 1988, acertada a avaliação de Horta (2002), segundo a qual:

> O federalismo constitucional de 1988 exprime uma tendência de equilíbrio na atribuição de poderes e competências à União e aos Estados. Afastou-se das soluções centralizadoras de 1967 e retomou, com mais vigor, soluções que despontaram na Constituição de 1946, para oferecer mecanismos compensatórios, em condições de assegurar o convívio entre os poderes nacionais-federais da União e os poderes estaduais-autônomos das unidades federadas. As bases do federalismo de equilíbrio estão lançadas na Constituição de 1988.[65]

Feitas tais considerações, cumpre analisar no item seguinte e de maneira verticalizada as disposições da Constituição de 1988, a partir das quais se projeta a materialização do princípio federativo no ordenamento jurídico brasileiro.

---

[64] SALDANHA, Daniel Cabaleiro. *Organização do estado brasileiro*: o modelo do federalismo oligárquico. Belo Horizonte: Letramento/Casa do Direito, 2019. p. 213.
[65] HORTA, Raul Machado. *Direito Constitucional*. 3. ed. Belo Horizonte: Del Rey, 2002. p. 448.

2.4 Estado Federal na Constituição de 1988

2.4.1 Projeções do princípio federativo presentes no texto da Constituição

Faz-se necessário, neste momento, analisar os elementos distintivos da forma federativa de organização do poder do Estado presentes no modelo de federação desenhado no Brasil mediante o texto da Constituição Federal de 1988. Antes de iniciar tal análise, convém distinguir, para a adequada compreensão do tema, o conceito de federalismo do de federação, sendo o primeiro utilizado em referência a um aspecto da teoria política, que busca reunir "[...] as generalidades do sistema federal, sua rede de valores, pontos de consenso, enfim, vários aspectos comuns a todo e qualquer sistema que seja estruturado federativamente [...]"; enquanto o segundo se refere a uma determinada realidade constitucional situada no tempo e no espaço concretamente considerada, versando sobre:

> Arranjos institucionais possíveis que permitem o deslocamento de competências do centro à periferia e da periferia ao centro. Trata especificamente dos órgãos componentes da federação e das inter-relações existentes entre eles. Todo este arcabouço associativo provém de uma ordem constitucional de um estado qualquer.[66]

Feitas tais ponderações de natureza epistemológica, é possível identificar, em vários pontos do diploma constitucional vigente, disposições cujo cerne remete a aspectos fundamentais do federalismo, muito especialmente à preservação da autonomia dos seus membros somada à ideia de unidade de atuação na concretização do interesse nacional preconizado pela comunidade política, extraídos a partir do texto da Constituição.

Tais disposições traduziriam o chamado "compromisso federativo" presente na "Constituição materialmente federal", os quais abrangeriam, segundo o autor: a pluralidade dos membros da federação; a repartição de competências entre esses membros; a autonomia constitucional dos entes subnacionais (Estados e Municípios); a possibilidade da intervenção federal nos casos expressos no texto constitucional; a organização bicameral do Poder Legislativo; a indissolubilidade do

---

[66] REVERBEL, Carlos Eduardo Dieder. O federalismo numa visão tridimensional do direito. Porto Alegre: Livraria do Advogado Editora, 2012.

vínculo federativo; a existência de uma Corte Suprema para a defesa da Constituição; a previsão e a repartição de competências em matéria tributária; e a previsão de uma organização dual do Poder Judiciário, mediante a coexistência em paralelo de órgãos jurisdicionais da União e dos Estados-Membros; cumprindo analisar, ainda que brevemente, cada um desses elementos.[67]

Um aspecto do vínculo federativo que merece especial destaque e que o distingue das demais formas de organização estatal consiste, precisamente, na ausência do direito de secessão – diferentemente, *v.g.*, da confederação, em que é admitido, de um modo geral, o desligamento do vínculo pelos seus integrantes – sendo, portanto, indissolúvel o vínculo federativo.[68]

A fim de assegurar tal indissolubilidade, o Constituinte originário erigiu à categoria de cláusula pétrea, ao lado de outros limites materiais ao poder de reforma da Constituição, previsto no art. 60, §4º, a forma federativa de Estado, sendo vedada qualquer medida que sequer tenda à sua abolição, ainda que de forma remota.

> Assim, por exemplo, a autonomia dos Estados federados assenta na capacidade de auto-organização, de autogoverno e de autoadministração. Emenda que retire deles parcela dessas capacidades, por mínima que seja, indica tendência a abolir a forma federativa de Estado.[69]

Segundo o art. 18 da Constituição de 1988, constituem unidades políticas integrantes da organização federativa brasileira a União, os Estados, os Municípios e o Distrito Federal. A União constitui a unidade federativa composta a partir da reunião das unidades políticas periféricas representadas pelos Estados-membros e, no caso do Brasil, também pelos Municípios, possuindo *status* de pessoa jurídica de Direito Público interno, que com estes não se confunde e a quem compete exercer o atributo da soberania do Estado, além de seus bens próprios discriminados no art. 20 da Constituição. Já no plano da sua atividade legiferante, "[...] edita tanto leis nacionais – que alcançam todos os habitantes do território nacional e outras esferas da federação

---

[67] HORTA, Raul Machado. *Direito Constitucional*. 3. ed. Belo Horizonte: Del Rey, 2002. p. 513.
[68] MENDES, Gilmar Ferreira; BRANCO, Paulo Gustavo Gonet. *Curso de Direito Constitucional*. 12. ed. rev. e atual. São Paulo: SaraivaJur, 2017.
[69] SILVA, José Afonso da. *Curso de direito constitucional positivo*. São Paulo: Malheiros, 2017. p. 69.

– como leis federais – que incidem sobre os jurisdicionados da União, como os servidores federais e o aparelho administrativo da União".[70]

Os Estados-membros, enquanto entes federados periféricos, dispõem de autonomia constitucional materializada a partir das suas capacidades de auto-organização, autolegislação, autogoverno e de autoadministração,[71] possuindo também bens próprios atribuídos pelo art. 26 do diploma constitucional. Por fim, impende destacar que, segundo a dicção do art. 25, §1º, são reservadas aos Estados as competências que não lhes tenham sido vedadas, sendo correta a afirmação de que "na partilha federativa das competências, aos Estados cabem os poderes remanescentes, aqueles que sobram da enumeração dos poderes da União (arts. 21 e 22, especialmente) e dos indicados aos Municípios (art. 30)".[72]

Os Municípios foram erigidos à categoria de ente federado pela Constituição de 1988, sendo igualmente dotados das capacidades de auto-organização – fazendo-o através da respectiva Lei Orgânica –, autolegislação, autogoverno e autoadministração, logo, encontrando-se no mesmo patamar das demais pessoas políticas que integram a federação.

Embora haja vozes dissonantes apontando a impropriedade da inclusão dos Municípios no rol dos membros de uma autêntica federação sob a afirmação de que a autonomia atribuída constitucionalmente, por si só, seria insuficiente para elevá-los a tal *status*, sobretudo em razão de outras limitações impostas especificamente a tais entes, o texto da Carta de 1988 não deixa dúvidas quanto à inclusão do Município na categoria de membro integrante da organização federativa do Estado, inclusive assegurando-lhe as garantias inerentes a essa condição.[73]

Por fim, integra ainda o rol das entidades federativas admitidas no diploma constitucional – dotadas de plena autonomia por gozarem das capacidades de auto-organização, autolegislação, autogoverno e autoadministração – o Distrito Federal; ente criado para abrigar a sede da União Federal e que exerce cumulativamente competências tanto dos Estados-membros quanto dos Municípios, dentro das limitações

---

[70] MENDES, Gilmar Ferreira; BRANCO, Paulo Gustavo Gonet. *Curso de Direito Constitucional*. 12. ed. rev. e atual. São Paulo: SaraivaJur, 2017. p. 855.
[71] SILVA, José Afonso da. *Curso de direito constitucional positivo*. São Paulo: Malheiros, 2017.
[72] SILVA, José Afonso da. *Curso de direito constitucional positivo*. São Paulo: Malheiros, 2017. p. 618.
[73] SARLET, Ingo Wolfgang; MITIDIERO, Daniel; MARINONI, Luiz Guilherme. *Curso de Direito Constitucional*. 9. ed. São Paulo: Saraiva Educação, 2020.

previstas pelo próprio diploma constitucional, *v.g.*, a impossibilidade do seu desmembramento em Municípios.[74] Quanto à repartição das competências entre os membros da federação, dada a relevância do tema para o presente estudo, será explorada no item seguinte da pesquisa.

Dando continuidade à análise dos elementos característicos do chamado compromisso federativo no texto da Constituição de 1988, cumpre destacar a garantia da indissolubilidade do seu vínculo – o qual constitui limite material expresso à reforma do texto constitucional, não admitindo proposta sequer tendente a abolir a federação (art. 60, §4º, I) –, cuja proteção se materializa através de uma série de salvaguardas discriminadas pelo próprio diploma constitucional, merecendo destaque aquela que é seguramente a mais drástica medida no campo político-institucional da federação: a intervenção federal, ferramenta prevista no art. 34 da Constituição em hipóteses taxativas e que restringe a esfera de autonomia do ente federado àquelas hipóteses excepcionais.

Dentre essas hipóteses, importa mencionar a previsão contida no inciso VII do art. 34, a qual "[...] busca resguardar a observância dos chamados princípios constitucionais sensíveis. Esses princípios visam assegurar uma unidade de princípios organizativos tida como indispensável para a identidade jurídica da federação, não obstante a autonomia dos Estados-membros para se auto-organizarem".[75] São eles: a) forma republicana, sistema representativo e regime democrático; b) direitos da pessoa humana; c) autonomia municipal; d) prestação de contas da administração pública, direta e indireta; e) aplicação do mínimo exigido da receita resultante de impostos estaduais, compreendida a proveniente de transferências, na manutenção e no desenvolvimento do ensino e nas ações e nos serviços públicos de saúde.

Ainda objetivando a manutenção do equilíbrio e da coerência no âmbito das relações interfederativas, o Constituinte fixou no art. 19 da Carta de 1988 um conjunto de vedações aplicáveis a todos os membros do Estado Federal – União, Estados-membros e Municípios – de observância obrigatória por estes, os quais se relacionam à manutenção da laicidade do Estado, à obrigação em conferir fé aos documentos públicos e à vedação na criação de distinções entre brasileiros ou preferências entre si.[76]

---

[74] MENDES, Gilmar Ferreira; BRANCO, Paulo Gustavo Gonet. *Curso de Direito Constitucional*. 12. ed. rev. e atual. São Paulo: SaraivaJur, 2017.
[75] *Ibidem*, p. 857.
[76] SARLET, Ingo Wolfgang; MITIDIERO, Daniel; MARINONI, Luiz Guilherme. *Curso de direito constitucional*. 9. ed. São Paulo: Saraiva Educação, 2020.

Igualmente fundamental à existência do vínculo federativo, visto que representa condição sem a qual não se materializa a sustentabilidade das pessoas políticas que compõem a federação, o sistema de repartição das competências tributárias traçada na Constituição de 1988 inclui dois aspectos centrais: a discriminação pela fonte, estando elencados de modo taxativo os tributos de competência da União, dos Estados-membros, dos Municípios e do Distrito Federal (que reúne as competências dos demais entes subnacionais) nos arts. 153, 155 e 156, bem como a discriminação pelo produto, segundo a qual as entidades integrantes da federação repartem suas receitas próprias com as demais dentro dos parâmetros de divisão estabelecidos nos arts. 157 a 162.[77]

O perfil da federação brasileira na Carta de 1988 conta ainda com a existência do Poder Legislativo bicameral no âmbito da União, o qual se divide na Câmara dos Deputados – composta pelos representantes do povo eleitos proporcionalmente em cada Estado e no Distrito Federal (art. 45) – e no Senado Federal, composto por três representantes de cada Estado e do Distrito Federal eleitos de forma majoritária (art. 46), cuja função precípua de representação da vontade e dos interesses dos Estados-membros remonta aos primórdios das estruturas federativas de Estado.

> A dogmática federalista firmou a tese da necessidade do Senado no Estado Federal como câmara representativa dos Estados federados. Fundada nisso é que a Constituição de 1988, tal como as anteriores republicanas, declara que o Senado Federal compõe-se de representantes dos Estados e do Distrito Federal, elegendo, cada um, três Senadores (com dois suplentes cada), pelo princípio majoritário, para um mandato de oito anos, renovando-se a representação de quatro em quatro anos, alternadamente, por um e dois terços (art. 46).[78]

Impende destacar o modelo de organização do Poder Judiciário nos moldes previstos pela Carta de 1988, a qual conferiu a este proeminência e relevância institucional sem precedentes no constitucionalismo pátrio, especialmente o STF, órgão de cúpula do Poder Judiciário com abrangência sobre todo o território nacional e competências definidas no art. 102 da Constituição, cabendo-lhe, sob a perspectiva da organização federativa, arbitrar os conflitos de qualquer natureza entre os membros da federação e a conformação destes às balizas constitucionalmente

---

[77] SILVA, José Afonso da. *Curso de direito constitucional positivo*. São Paulo: Malheiros, 2017.
[78] *Ibidem*, p. 515.

fixadas para o exercício das suas funções, no esquema de organização do poder estatal, fazendo-o "[...] para a manutenção da paz e da integridade do Estado como um todo".[79]

Por fim, de acordo com Streck e Mendes (2019), a organização federativa do Estado projeta ainda efeitos sobre a estruturação do Poder Judiciário através da já tradicional divisão dos ramos da jurisdição em Justiça Estadual e Justiça Federal.

> A Constituição de 1988, seguindo modelo construído desde a adoção, em 1891, do sistema federativo de origem norte-americana, repartiu competências jurisdicionais entre a União e os Estados, reservando, por critério temático, certas competências à Justiça Federal (art. 109). Não obstante, é importante ressaltar que, conforme entendimento consolidado e também já perfilhado pelo Supremo Tribunal Federal (ADI n. 3.367/DF, Rel. Min. Cezar Peluso, DJ 17.3.2006), o Poder Judiciário não é federal, nem estadual, mas um poder de âmbito nacional (...).[80]

Desse modo, feita a apresentação das mais significativas projeções decorrentes do vínculo federativo presentes no texto da Constituição, passar-se-á a analisar com mais detalhamento o sistema de divisão das competências das unidades políticas integrantes da federação traçadas pelo Constituinte de 1988.

2.4.2 A repartição de competências no atual sistema constitucional brasileiro

Conforme sublinhado anteriormente no presente estudo, o sistema de divisão das competências entre as unidades políticas que compõem a federação exerce um papel central no funcionamento das relações interfederativas e na própria consecução dos objetivos do Estado traçados pela Constituição, constituindo elemento essencial às noções de limitação do poder estatal e de eficiência no funcionamento das estruturas institucionais do poder político que são inerentes ao Estado Federal.

---

[79] MENDES, Gilmar Ferreira; BRANCO, Paulo Gustavo Gonet. *Curso de Direito Constitucional*. 12. ed. rev. e atual. São Paulo: SaraivaJur, 2017. p. 853.
[80] STRECK, Lenio Luiz. Entre o ativismo e a judicialização da política: a difícil concretização do direito fundamental a uma decisão judicial constitucionalmente adequada. *Espaço Jurídico Journal of law [EJJL]*, Santa Catarina – UNOESC, v. 17, n. 3, dez. 2016. Disponível em: https://periodicos.unoesc.edu.br/espacojuridico/article/view/12206/pdf. Acesso em: 22 maio 2022.

De um modo geral, a Carta de 1988 adotou, em relação ao sistema de divisão de competências da organização federativa brasileira, o princípio da predominância do interesse, de acordo com o qual compete à União dispor sobre os temas que afetem o interesse nacional. Por sua vez, caberia aos Estados-membros dispor sobre assuntos que envolvam interesses de caráter regional; por fim, pertenceria à esfera de competência dos Municípios as questões afeitas ao interesse local. No que pese a utilidade na adoção do princípio em questão, o próprio autor admite a dificuldade em distinguir, em dadas situações concretas, a natureza dos interesses em jogo – se de caráter nacional, regional ou tão somente local –, devendo-se admitir *cum grano salis* sua incidência.[81]

Especificamente no que tange à repartição de competências tal como definida pela atual conformação do sistema federativo brasileiro, pode-se afirmar que "[...] a Constituição Federal de 1988, com relação à repartição geral de competências materiais e legislativas, criou um complexo sistema em que coexistem atribuições privativas, comuns, concorrentes e suplementares destinadas à União, Estados, Distrito Federal e Municípios".[82]

Tal sistema de repartição das competências legislativas e materiais ou administrativas entre os integrantes do Estado Federal brasileiro pode ser resumido nos seguintes termos:

> A nossa Constituição adota esse sistema complexo que busca realizar o equilíbrio federativo, por meio de uma repartição de competências que se fundamenta na técnica da *enumeração dos poderes da União* (arts. 21 e 22), com *poderes remanescentes para os Estados* (art. 25, §1º) e *poderes definidos indicativamente para os Municípios* (art. 30), mas combina, com essa reserva de campos específicos (nem sempre exclusivos, mas apenas privativos), possibilidades de delegação (art. 22, parágrafo único), áreas comuns em que se preveem atuações paralelas da União, Estados, Distrito Federal e Municípios (art. 23) e setores concorrentes entre União e Estados em que a competência para estabelecer políticas gerais, diretrizes gerais ou normas gerais cabe à União, enquanto se defere aos Estados e até aos Municípios a competência suplementar.[83]

---

[81] SILVA, José Afonso da. *Curso de direito constitucional positivo*. São Paulo: Malheiros, 2017.

[82] LEBRÃO, Roberto Mercado. *Federalismo e políticas públicas sociais na Constituição de 1988*. 2010. 163 f. Dissertação (Mestrado em Direito) – Faculdade de Direito, Universidade de São Paulo, São Paulo, 2010. p. 90. Disponível em: https://www.teses.usp.br/teses/disponiveis/2/2133/tde-14092011-090653/publico/Roberto_Lebrao_diagramacao.pdf. Acesso em: 15 maio 2022.

[83] SILVA, José Afonso da. *Curso de direito constitucional positivo*. São Paulo: Malheiros, 2017. p. 483.

Embora geralmente a análise do modelo constitucional de repartição de competências federativas da Carta de 1988 faça alusão aos poderes concernentes à União, aos Estados e mesmo aos Municípios, não se pode olvidar da posição ocupada pelo Distrito Federal no âmbito da federação e, por conseguinte, das normas relativas à sua competência, o qual, por força de disposição constitucional expressa (art. 32, §1º), detém a competência em matéria legislativa tanto dos Estados quanto dos Municípios.

Lançando uma visão mais detalhada sobre a divisão das competências na Constituição de 1988 sob o ângulo da sua distribuição entre os membros da federação, pode-se classificar as competências em: a) exclusivas, quando atribuídas a determinado ente com a total eliminação da participação dos demais (art. 21); b) privativas, consideradas específicas de determinado ente, admitindo-se, todavia, a delegação à pessoa política diversa (art. 22, parágrafo único); c) comuns, as quais admitem a atuação cumulativa de mais de uma unidade da federação sobre o mesmo tema (art. 23); d) concorrentes, de natureza normativa e nas quais os membros da federação podem dispor sobre o mesmo assunto, cabendo ao poder central a edição de normas gerais, sendo permitido aos entes subnacionais suplementar a legislação nacional para atender às suas peculiaridades naquilo que não contrariar as regras gerais.[84]

Particularmente, no tocante às competências comuns e concorrentes, sua presença no constitucionalismo pátrio tem raízes na Carta de 1934, tendo sofrido ainda o atual diploma constitucional, nesse ponto, influência da Lei Fundamental alemã de 1949, diplomas constitucionais que preconizavam uma concentração maior de esforços das pessoas políticas na concretização dos objetivos do Estado social.

> O modelo descrito não esconde suas fontes mais próximas de inspiração. Nele assoma, como nota marcante, o fato de se pretender tirar melhor partido da utilização das competências concorrentes. E, como se sabe, no Brasil a Constituição de 1934, no exterior a Constituição alemã de 1949, são os textos que maiores subsídios poderiam oferecer a esse propósito. Da Constituição de 1934, por exemplo, terá vindo a ideia de um rol de competências comuns a mais de uma esfera, sendo que o cotejo entre o artigo 23 da atual Constituição e o artigo 10 da de 1934 mostra ter havido

---

[84] *Ibidem.*

a absorção, pelo artigo 23, do próprio conteúdo do rol que o artigo 10 abrigava. Mas o sistema de partilha de competências, como um todo, mais se aproxima do sistema alemão, com a previsão das competências legislativas e não legislativas da União em artigos distintos; com a separação, também, das competências comuns legislativas e não legislativas; com a previsão de delegação de competências legislativas da União aos Estados pelo legislador federal; com a repartição vertical da competência legislativa concorrente, cabendo as normas gerais à União e a legislação suplementar aos Estados.[85]

Feitas tais considerações de natureza geral acerca do esquema organizatório de competências no Estado Federal, cumpre, a seguir, lançar um olhar específico sobre as espécies de competências desenvolvidas pelos integrantes da organização federativa, passando-se a abordar para esse fim, respectivamente, as competências legislativas e as competências materiais desempenhadas pelos membros da federação.

Por competência legislativa, conforme é possível intuir a partir da sua própria designação, deve-se compreender o atributo inerente a todas as pessoas políticas que integram a organização federativa, como já mencionado em linhas anteriores, concernente à capacidade de elaboração de suas respectivas leis, compondo um âmbito de ordenação própria em cada esfera federativa. Por sua vez, a competência legislativa pode ser privativa, assim considerada aquela que é "[...] por sua natureza, monopolística e concentrada no titular dessa competência",[86] tratando-se no caso de uma divisão horizontal do poder de autolegislação entre os membros da federação, passando-se a lançar um olhar a seguir sobre a competência privativa de cada um destes no texto da Constituição de 1988.

Em relação à União, sua competência privativa em matéria legislativa encontra guarida em um extenso rol de 29 incisos presentes no art. 22 da Constituição – que, por sua vez, não se esgotam no aludido dispositivo, podendo-se encontrar outras hipóteses de competência privativa da União em outros trechos do diploma constitucional –, versando sobre diversos temas cuja normatização pode ser considerada de relevância nacional, *v.g.*, direito civil, penal, comercial, sistema monetário, nacionalidade, cidadania e naturalização, apenas para

---

[85] ALMEIDA, Fernanda Dias Menezes de. *Competências na Constituição de 1988*. 6. ed. São Paulo: Atlas, 2013. p. 60.
[86] HORTA, Raul Machado. *Direito Constitucional*. 3. ed. Belo Horizonte: Del Rey, 2002. p. 353.

destacar alguns breves exemplos. Cabe ressaltar que o parágrafo único do referido artigo permitiu a delegação aos Estados da capacidade de legislar sobre questões específicas relacionadas às matérias presentes nos seus incisos mediante lei complementar.

Nesse caso, cumpre destacar que:

> A transferência da competência de legislar da União para os Estados será submetida, por força da exigência de "questões específicas", à especificação do conteúdo da legislação transferida e à estipulação dos termos de seu exercício, aplicando-se à transferência de competência legislativa interestatal as regras que condicionam a delegação legislativa do Congresso ao Presidente da República (art. 68, §2º), considerando a natureza limitada e controlada de uma e outra forma de transferência de competência legislativa.[87]

Com relação à competência privativa reservada aos Estados, manteve-se, no texto da Constituição de 1988, a regra tradicional dos poderes remanescentes ou residuais, fixando-se por via de exclusão, uma vez que compete aos Estados legislar sobre todas as matérias que não forem enumeradas como sendo próprias da União e dos Municípios (art. 25, §1º), estando ainda limitada pelas vedações constitucionais ao exercício de competências pelas unidades federadas.[88]

É imprescindível ressaltar que tais critérios de divisão de competências privativas entre a União e Estados-membros têm sofrido intensas críticas, notadamente por caracterizarem uma supremacia da União no exercício de tais competências e, a um só tempo, uma redução significativa do âmbito de atuação legislativa própria pelos Estados-membros, o que termina por culminar na centralização da federação, contrariando o próprio compromisso federativo em sua essência.

> Ao verificarmos as matérias do extenso rol de 29 incisos e um parágrafo do art. 22 da CF/88, é facilmente perceptível o desequilíbrio federativo no tocante à competência legislativa entre União e Estados-membros, uma vez que há a previsão de quase a totalidade das matérias legislativas de maior importância para a União. (...) Além disso, a tradicional interpretação política e jurídica que vem sendo dada ao artigo 24 do texto constitucional, no sentido de que nas diversas matérias de competência concorrente entre União e Estados, a União pode discipliná-las quase integralmente, temos o resultado da diminuta competência

---

[87] Ibidem, p. 354.
[88] SILVA, José Afonso da. *Curso de direito constitucional positivo*. São Paulo: Malheiros, 2017.

legislativa dos Estados-membros; gerando a excessiva centralização nos poderes legislativos na União, o que caracteriza um grave desequilíbrio federativo.[89]

Somando-se às críticas quanto à concentração excessiva de competências no âmbito do poder central, Almeida (2013) destaca a impropriedade técnica consistente na inclusão no rol das competências privativas da União de disposições que, pela sua natureza, deveriam constar do dispositivo relativo às competências concorrentes entre os entes federativos, tais como as diretrizes de política nacional de transportes (inciso IX) e as diretrizes e bases da educação nacional (inciso XXIV), "[...] falha técnica que registramos não é isenta de consequências práticas, podendo levar, como já levou, a interpretação errônea da Constituição, em detrimento da competência legislativa dos Estados".[90]

Ainda no terreno das competências privativas, impende destacar a competência dos municípios para legislarem sobre temas de interesse local cuja definição nem sempre é simples, repise-se, conforme se depreende do art. 30, inciso I, o que se revela um critério aberto de fixação das competências municipais, além de um conjunto de competências delineadas em rol expresso presente nos demais incisos do referido artigo, de maneira, "[...] pode-se dizer das competências reservadas dos Municípios, que parte delas foi enumerada e outra parte corresponde a competências implícitas, para cuja identificação o vetor será sempre o interesse local".[91]

Por derradeiro, em relação ao Distrito Federal, por sua particular natureza já referida aqui em linhas anteriores, este exerce competências legislativas pertencentes tanto aos Estados-membros quanto aos Municípios (art. 32, §1º), havendo que se proceder, conforme o caso, a certos ajustes, *v.g.*, em relação à competência para legislação sobre organização do Poder Judiciário e do Ministério Público, cuja atribuição é atribuída constitucionalmente à União.[92]

---

[89] MORAIS, Carlos Blanco de. A justiça constitucional e suas relações de tensão com os demais poderes do Estado. *In*: CREMONESE, Cleverton; PESSOA, Paula (org.). MARINONI, Luiz Guilherme; SARLET, Ingo Wolfgang (coord.). *Processo Constitucional*. São Paulo: Thomson Reuters Brasil, 2019. p. 155.

[90] ALMEIDA, Fernanda Dias Menezes de. *Competências na Constituição de 1988*. 6. ed. São Paulo: Atlas, 2013. p. 88.

[91] *Ibidem*, p. 98.

[92] SARLET, Ingo Wolfgang; MITIDIERO, Daniel; MARINONI, Luiz Guilherme. *Curso de direito constitucional*. 9. ed. São Paulo: Saraiva Educação, 2020.

Já no tocante às chamadas competências legislativas concorrentes, encontra-se diante daquilo que se convencionou denominar de "condomínio legislativo" entre os integrantes da federação, visto que estes em relação às hipóteses enumeradas expressamente na Constituição deverão legislar de forma concomitante, adotando-se, diversamente das competências privativas, uma repartição vertical da capacidade de legislar sobre os temas inseridos no seu rol.[93]

Com efeito, trata-se na hipótese de deveres estatais cuja centralidade para a sociedade justifica a concentração de esforços na produção legiferante pelos membros da federação, sendo este um aporte relevante da Constituição de 1988 no sentido de conferir maior expressão à participação dos entes subnacionais na formação da ordem jurídico-institucional e, por via de consequência, resulta no fortalecimento do vínculo federativo.[94] Nesse sentido, elenca o art. 24 da Carta de 1988, em seus dezesseis incisos, uma série de temas em relação aos quais União, Estados-membros e Distrito Federal poderão atuar de modo concorrente no exercício da respectiva competência legislativa, dentre os quais podem se destacar educação, proteção e defesa da saúde, responsabilidade por danos ao meio ambiente e proteção à infância e juventude, apenas para citar algumas hipóteses.

Analisando-se o esquema de repartição das competências legislativas concorrentes, pode-se afirmar que se trata, como afirmado anteriormente, de uma divisão vertical de natureza não cumulativa, visto que os domínios de exercício das aludidas competências possuem um campo específico de delimitação em relação a cada uma das entidades federativas.[95]

Nesse sentido, dispõe o texto constitucional que a competência legislativa concorrente da União se circunscreverá à edição de normas gerais (art. 24, §1º); de outra banda, os Estados-membros, bem como o Distrito Federal, por óbvio, detêm a denominada competência suplementar, a qual se desmembra, segundo a doutrina, em complementar – na qual poderá efetuar o detalhamento das normas gerais editadas pela União, densificando-se condições para a aplicação em sua respectiva esfera (art. 24, §2º) – e supletiva, em que poderá ser exercida

---

[93] TAVARES, André Ramos. *Curso de Direito Constitucional*. 18. ed. São Paulo: SaraivaJur, 2020. p. 1150.
[94] ALMEIDA, Fernanda Dias Menezes de. *Competências na Constituição de 1988*. 6. ed. São Paulo: Atlas, 2013.
[95] TAVARES, André Ramos. *Curso de Direito Constitucional*. 18. ed. São Paulo: SaraivaJur, 2020.

de modo pleno a competência legislativa acerca de determinado tema diante da omissão da União na edição de normas gerais (art. 24, §3º), suspendendo-se a eficácia das leis editadas em tais circunstâncias quando do advento das normas gerais elaboradas pela União e naquilo que lhe for contrário (art. 24, §4º), devendo-se compreender como regra inerente a esse sistema de divisão o respeito ao âmbito legislativo de cada esfera, não podendo a União, por conseguinte, legislar sobre questões específicas, tampouco poderão os Estados dispor sobre normas gerais, ressalvada a hipótese de competência supletiva.[96]

Ainda no tocante ao arranjo constitucional das competências legislativas concorrentes, também merece destaque a chamada competência suplementar dos Municípios prevista no art. 30, inciso II, da Constituição, a qual: "Trata-se de uma possibilidade de especificar a legislação federal e estadual sobre a matéria. Impõem-se duas condições: 1ª) a presença do interesse local e 2ª) a compatibilidade com a legislação federal e estadual".[97]

Questão que avulta de importância em função de suas implicações para o equilíbrio federativo, merecendo o devido enfrentamento para que se possa concluir, a contento, a abordagem em relação às competências legislativas concorrentes, diz respeito à própria definição do âmbito de incidência das chamadas normas gerais editadas pela União, de modo a conciliar a unidade de direção sobre a disciplina dos temas contidos no âmbito da legislação concorrente sem que se venha a cercear a atuação dos entes subnacionais em dispor sobre tais assuntos, levando-se em consideração as peculiaridades regionais e locais, constituindo a preservação da diversidade. Outrossim, um valor relevante no contexto da federação, pelo que merece especial cautela a construção de uma definição nesse sentido.

> O grande problema que se coloca, a propósito, é o da formulação de um conceito de normas gerais que permita reconhecê-las, na prática, com razoável segurança, já que a separação entre normas gerais e normas que não tenham esse caráter é fundamental. De fato, no campo da competência concorrente não cumulativa, em que há definição prévia do campo de atuação legislativa de cada centro de poder em relação a uma mesma matéria, cada um deles, dentro dos limites definidos,

---

[96] ALMEIDA, Fernanda Dias Menezes de. *Competências na Constituição de 1988*. 6. ed. São Paulo: Atlas, 2013.

[97] TAVARES, André Ramos. *Curso de Direito Constitucional*. 18. ed. São Paulo: SaraivaJur, 2020. p. 1.169.

deverá exercer a sua competência com exclusividade, sem subordinação hierárquica. Com a consequência de que a invasão do espaço legislativo de um centro de poder por outro gera a inconstitucionalidade da lei editada pelo invasor.[98]

Conquanto ainda remanesça grande diversidade de posições em torno dessa seara, para que se possa encerrar a discussão em torno do tema em face da delimitação contida no presente trabalho, aderiu-se à posição adotada por Sarlet, que apresenta síntese sobre a questão, formulando-a nos seguintes termos:

> (...) a doutrina e a jurisprudência do STF, em que pese a ausência de consenso e mesmo a diversidade de entendimentos, permitem, pelo menos em termos de orientação basilar, afirmar que normas gerais, para o efeito da compreensão do sistema de competências concorrentes, são normas que estabelecem princípios e diretrizes de natureza geral e aberta (dotadas, portanto, de maior abstração), sem adentrar pormenores e esgotar o assunto legislado, apresentando caráter nacional e destinadas à aplicação uniforme e homogênea a todos os entes federativos, de modo a não lhes violar a autonomia e efetivamente reservar-lhes um espaço adequado para a atuação de sua competência suplementar.[99]

Ao lado das competências legislativas, as entidades federativas desempenham ainda as chamadas competências materiais, administrativas ou de execução; conceito que engloba todas as tarefas desempenhadas pelas entidades federativas diversas da função de autolegislação.[100] Nesse sentido, conforme já referido em linhas anteriores, a Constituição estabeleceu as competências materiais da União no art. 21 e seus incisos, o qual não esgota, contudo, as hipóteses de competências materiais exclusivas do poder central, identificando-se ao longo do texto constitucional outros dispositivos prevendo o exercício de tais competências, como se infere, *v.g.*, da redação dos artigos 164, 176 e 177.

Em relação aos Estados-membros, o anteriormente mencionado art. 25, §1º, reserva a este ente federado competências materiais remanescentes ou residuais, ratificando-se, nesse ponto, as considerações aduzidas anteriormente no tocante às competências

---

[98] ALMEIDA, Fernanda Dias Menezes de. *Competências na Constituição de 1988*. 6. ed. São Paulo: Atlas, 2013. p. 130.
[99] SARLET, Ingo Wolfgang; MITIDIERO, Daniel; MARINONI, Luiz Guilherme. *Curso de direito constitucional*. 9. ed. São Paulo: Saraiva Educação, 2020.
[100] SILVA, José Afonso da. *Curso de direito constitucional positivo*. São Paulo: Malheiros, 2017.

legislativas privativas; outrossim, quanto às competências materiais privativas dos Municípios e do Distrito Federal, faz-se remissão ao disposto nos arts. 30 e 32 da Constituição Federal, respectivamente.

Ainda em relação às competências materiais ou de execução, merece especial destaque, considerando o objeto da presente pesquisa, a análise das chamadas competências de natureza comum, previstas no art. 23 da Carta de 1988. Tal modalidade consistiria "[...] num campo de atuação comum às várias entidades, sem que o exercício de uma venha a excluir a competência de outra, que pode assim ser exercida cumulativamente".[101]

Trata-se no caso de hipóteses nas quais o Constituinte, ao fixar os parâmetros de atuação das entidades federativas, conclamou-as para a realização de um esforço conjunto e permanente na concretização daqueles objetivos reputados de grande relevância social, independente de quaisquer limitações e divisões no tocante ao exercício das respectivas competências político-administrativas,[102] o que expressaria a cooperação federativa preconizada pela Constituição de 1988.[103]

Desse modo, pelo vislumbre dos temas enumerados nos incisos do art. 23 da Constituição, é correto afirmar que se buscou por meio da reunião de esforços de todos os atores político-institucionais da federação a concretização daqueles objetivos em função da sua significativa dimensão social.

> [...] é bem nítida a preocupação com o atendimento de objetivos, principalmente de índole social, que a todos interessam. É o que deixa transparecer a previsão de competência comum para cuidar da saúde e assistência pública, da proteção e garantia das pessoas portadoras de deficiência (inciso II); para proporcionar os meios de acesso à cultura, à educação e à ciência (inciso V); para fomentar a produção agropecuária e organizar o abastecimento alimentar (inciso VIII); para promover programas de construção de moradias e a melhoria das condições habitacionais e de saneamento básico (inciso IX); para combater as causas da pobreza e os fatores de marginalização, promovendo a integração social dos setores desfavorecidos (inciso X); para estabelecer e implantar política de educação para a segurança do trânsito (inciso XII).[104]

---

[101] *Ibidem*, p. 485.
[102] ALMEIDA, Fernanda Dias Menezes de. *Competências na Constituição de 1988*. 6. ed. São Paulo: Atlas, 2013.
[103] HORTA, Raul Machado. *Direito Constitucional*. 3. ed. Belo Horizonte: Del Rey, 2002. p. 355.
[104] ALMEIDA, Fernanda Dias Menezes de. *Competências na Constituição de 1988*. 6. ed. São Paulo: Atlas, 2013. p. 115.

Tal modelo de atuação concentrada das diferentes unidades políticas em prol da consecução de objetivos sociais relevantes traçados pela Constituição de 1988 – Carta marcadamente compromissória e dirigente – avulta de importância, sobretudo, no contexto social brasileiro marcado por profundas desigualdades regionais, para quem estruturar o Estado ignorando as mencionadas diferenças regionais poderia acentuar ainda mais a notória desigualdade social que campeia no Brasil.[105]

Desse modo, as competências comuns presentes no texto da Constituição teriam como finalidade precípua assegurar que os entes federados atuem em várias frentes e de modo conjunto para efetivar especialmente os direitos sociais previstos em seu texto, o que constituiria a razão de ser do próprio federalismo cooperativo, posto que a concretização, em especial de tais direitos, demandaria a referida atuação conjunta das unidades federativas.

> O Federalismo Cooperativo se justifica pelo fato de que, em um Estado intervencionista e voltado para a implementação de políticas públicas, como o estruturado pela Constituição de 1988, as esferas subnacionais não têm mais como analisar e decidir, originalmente, sobre inúmeros setores da atuação estatal, que necessitam de um tratamento uniforme em escala nacional. Isto ocorre principalmente com os setores econômicos e sociais, que exigem uma unidade de planejamento e direção. Antes, portanto, de o Estado Social estar em contradição com o Estado federal, o Estado Social influi de maneira decisiva no desenvolvimento do federalismo atual, sendo o federalismo cooperativo considerado como o federalismo adequado ao Estado Social.[106]

Destarte, é possível inferir que o modelo de Estado de bem-estar social evocado pelo Constituinte de 1988 teve importantes implicações sobre o modo de organização do poder estatal. Porquanto a opção por um federalismo de cooperação em torno daqueles objetivos socialmente relevantes para a comunidade política traduziu, de modo eloquente, a sua centralidade para a organização federativa, destacando-se posições como a de Tavares (2013), que alude à existência de um verdadeiro federalismo social subjacente aos contornos do Estado Federal adotado a partir da Constituição de 1988.

---

[105] BERCOVICI, Gilberto. *Dilemas do Estado federal brasileiro*. Porto Alegre: Livraria do Advogado Editora, 2004.
[106] *Ibidem*, p. 57.

O federalismo social é o reconhecimento de que a estrutura federativa demanda um desenho próprio de responsabilidades na consecução dos direitos fundamentais, capaz de comprometer as entidades federativas no compromisso constitucional com a realização de direitos prestacionais de cunho social, econômico e cultural.

O federalismo social significa que o modelo de organização do Estado não é imune à preocupação com os direitos fundamentais, especialmente aqueles que demandam do Estado uma atuação positiva que envolve custos operacionais, econômicos e custos de arranjo político.

O tema do planejamento ingressa, aqui, como um elemento essencial. Esse planejamento, que propicia a perseguição racional do desenvolvimento, deve envolver um cálculo federativo.[107]

Importante destacar nesse ponto a observação de Bercovici (2004), segundo a qual o modelo de cooperação entre as entidades federativas, preconizado pelo art. 23 da Constituição de 1988, tem um alcance mais abrangente que uma atividade de coordenação; em que cada unidade federada exerce suas atribuições no ritmo da sua própria agenda político-institucional através de decisões separadas, desde que respeitadas as diretrizes constitucionais, como na hipótese do art. 24.[108]

Segundo o autor, a cooperação propriamente dita a que alude o art. 23 tem como pedra de toque precisamente o exercício da competência de modo conjunto pelas entidades federativas, o que importa em uma participação destas na execução cumulativas das tarefas fixadas pelo Constituinte mediante uma relação de interdependência e corresponsabilidade pela produção dos resultados perseguidos:

> [...] não existindo supremacia de nenhuma das esferas na execução destas tarefas, as responsabilidades também são comuns, não podendo nenhum, dos entes da federação se eximir de implementá-las, pois o custo político recai sobre todas as tarefas de governo. A cooperação parte do pressuposto da estreita interdependência que existe em inúmeras matérias e programas de interesse comum, o que dificulta (quando não impede) a sua atribuição exclusiva ou preponderante a um determinado ente, diferenciando, em termos de repartição de competências, as competências comuns das competências concorrentes e exclusivas.[109]

---

[107] TAVARES, André Ramos. *Curso de Direito Constitucional*. 11. ed. São Paulo: Saraiva, 2013. p. 245.

[108] BERCOVICI, Gilberto. *Dilemas do Estado federal brasileiro*. Porto Alegre: Livraria do Advogado Editora, 2004.

[109] *Ibidem*, p. 60.

Para fixar as bases constitucionais da cooperação interfederativa, previu o parágrafo único do art. 23 da Constituição que leis complementares fixarão normas para a realização da cooperação entre União, Estados, Distrito Federal e Municípios, tendo em vista o equilíbrio do desenvolvimento e do bem-estar em âmbito nacional. Cabe aqui sublinhar brevemente que a redação atual do parágrafo único decorreu de modificação promovida pela Emenda nº 53 de 2006, sendo que o dispositivo tal como formulado pelo Constituinte originário falava em "lei complementar" de modo singular, o que leva a concluir que o Constituinte reformador achou por bem ampliar as possibilidades da cooperação entre as entidades federativas em diplomas legais diversos, sendo "[...] razoável que se trate sempre de lei complementar da União, não sendo o caso de cada ente federado editar leis complementares destinadas precisamente a assegurar mecanismos de cooperação e integração entre as unidades da federação".[110]

O dispositivo em questão possui, indiscutivelmente, um papel fundamental para a materialização da cooperação entre os membros da federação em torno daqueles objetivos que pressupõem o esforço conjunto destes, pelo que se aderiu integralmente à posição de Almeida (2013), segundo a qual será através das respectivas leis complementares que serão traçadas as balizas político-institucionais de definição das tarefas, mediante as quais se executará a colaboração interfederativa.

> (...) pensamos que às leis complementares previstas no artigo 23, parágrafo único, caberá fixar as bases políticas e as normas operacionais disciplinadoras da forma de execução dos serviços e atividades cometidos concorrentemente a todas as entidades federadas. Dirão, por exemplo, como as Administrações federal, estaduais, municipais e do Distrito Federal deverão colaborar reciprocamente para que não ocorra a dispersão de esforços que o constituinte quer ver conjugados.
>
> Estabelecerão o Norte para a especificação do que compete a cada esfera política na prestação dos mesmos serviços objeto de competência comum. De fato, isto é muito importante para que, levando-se em conta as reais possibilidades administrativas e orçamentárias dos diversos parceiros, não se atribua a algum deles, em nome de uma responsabilidade solidária, tarefa que não possa cumprir. Assim é que – tomando-se por hipótese os serviços de saúde – atentaria contra os princípios da razoabilidade e da proporcionalidade exigir-se de um Município sem recursos técnicos e financeiros suficientes o fornecimento

---

[110] SARLET, Ingo Wolfgang; MITIDIERO, Daniel; MARINONI, Luiz Guilherme. *Curso de direito constitucional*. 9. ed. São Paulo: Saraiva Educação, 2020.

à população de remédios ou tratamento médico cujo alto custo e alta complexidade estejam além da reserva do possível. Especificarão ainda as leis anunciadas no artigo 23, parágrafo único, que instrumentos de ação administrativa poderão ser utilizados para ensejar o exercício mais vantajoso das competências comuns.[111]

Cumpre aqui sublinhar que o dever de colaboração entre os membros da federação encontra ainda assento no chamado princípio da lealdade federativa; mandamento fundamental para a organização do Estado e o comando implícito no texto da Constituição de 1988, o qual tem sua gênese no Direito alemão e foi amplamente incorporado pela doutrina e jurisprudência brasileiras contemporâneas – inclusive no âmbito do STF, como será abordado em capítulo específico –, possuindo como vetor fundamental a diretriz de que, mesmo quando respeitadas todas as normas constitucionais que regulam as relações entre ente central e os entes subnacionais, o sistema federativo só pode funcionar a contento se todos os seus integrantes agirem de acordo com um núcleo essencial de lealdade recíproca, o que importa inclusive na prestação de efetivo apoio em caso de necessidades prementes de quaisquer dos integrantes da federação.[112]

Como projeção do referido princípio, derivam algumas premissas essenciais para a sua efetivação, entre as quais importa sublinhar a existência de obrigações recíprocas que transcendem aquelas explicitadas no texto constitucional e a presença de limitações ao exercício pelos entes da federação das suas respectivas competências conferidas pela Constituição, tendo como baliza a lealdade e o respeito aos interesses concretos de uns para com os outros no sentido de promover a unidade e a harmonia no âmbito da República Federativa.

Contudo, em que pese o referido modelo de colaboração entre as entidades da federação ter representado um indiscutível fortalecimento na busca da consolidação de uma unidade entre os atores político-institucionais em torno da concretização dos objetivos fundamentais do Estado – especialmente, a efetivação dos direitos fundamentais em

---

[111] ALMEIDA, Fernanda Dias Menezes de. *Competências na Constituição de 1988*. 6. ed. São Paulo: Atlas, 2013. p. 119.

[112] ZAGO, Mariana Augusta dos Santos. *Federalismo no Brasil e na Alemanha*: estudo comparativo da repartição de competências e de execução. 2016. 95 f. Tese (Doutorado em Direito) – Faculdade de Direito do Largo do São Francisco, Universidade de São Paulo, 2016. Disponível em: https://teses.usp.br/teses/disponiveis/2/2134/tde-04102016-181431/publico/ZAGOFederalismonoBrasilenaAlemanha_versaoreduzida.pdf. Acesso em: 29 jul. 2020.

suas múltiplas dimensões –, não se pode olvidar no presente trabalho, tendo em vista os seus objetivos, de tecer considerações críticas sobre a própria eficiência do arranjo institucional proposto no que tange ao alcance daqueles objetivos, tarefa que será objeto do tópico seguinte.

2.4.3 Divisão de competências e o conceito de federalismo de cooperação: aproximações críticas à luz da ordem jurídico-constitucional brasileira

O Estado Federal, nos moldes estabelecidos pela Constituição de 1988, insere-se na categoria do denominado federalismo de cooperação, expressão que não é isenta de críticas, como aquelas formuladas por Sarlet (2020),[113] constituindo a principal delas a de que uma organização federativa sempre pressupõe, em alguma medida, uma cooperação entre os seus membros integrantes, pelo que constituiria tal expressão verdadeira redundância.

Advertência semelhante é formulada por Awazu (2012), para quem "[...] a cooperação é um traço essencial em qualquer federação", devendo-se no caso "[...] distinguir entre cooperação no Estado Federal e federalismo por cooperação",[114] caracterizando-se este por pressupor uma atuação coordenada e conjunta dos integrantes da federação na consecução de objetivos de elevado alcance social, assim reconhecidos pelo próprio diploma constitucional, tais como os enumerados em seu art. 23, através da intervenção direta do Estado sobre a sociedade.

Ressalte-se o fato de que tal intervenção preconizada pela Carta de 1988 exterioriza-se, fundamentalmente, por intermédio de políticas públicas – ações estatais cujos conteúdo e alcance serão abordados de modo mais pormenorizado no capítulo seguinte do presente estudo –, implementadas de modo coordenado e conjunto em todo o território nacional pelas diferentes esferas federativas. O que demanda níveis de cooperação entre os integrantes da federação especialmente mais intensos que aqueles inerentes a todo e qualquer arranjo federativo, algo que se revela, portanto, "[...] ainda mais necessário no contexto de

---

[113] SARLET, Ingo Wolfgang; MITIDIERO, Daniel; MARINONI, Luiz Guilherme. *Curso de direito constitucional*. 9. ed. São Paulo: Saraiva Educação, 2020.

[114] AWAZU, Luís Alberto de Fischer. *A importância da sustentabilidade do pacto federativo no Brasil e sua relação com o desenvolvimento nacional*. 2012. 198 f. Dissertação (Mestrado em Direito do Estado) – Faculdade de Direito, Universidade de São Paulo, São Paulo, 2012. p. 114.

um Estado Social, de caráter intervencionista e voltado à consecução de políticas públicas, especialmente na área econômica e social, exigindo certa unidade de planejamento e direção".[115]

Assentadas tais premissas, cumpre indagar se, transcorridas mais de três décadas de promulgação da Carta de 1988, logrou-se alcançar efetivamente a tão almejada cooperação no âmbito da organização federativa em prol dos objetivos centrais que pressupõem um mais elevado grau de concertação na atuação dos seus membros.

Mirando-se a evolução da cooperação em relação à implementação das políticas públicas nas áreas em que se exige o concurso do conjunto dos entes federativos, identificou-se que "[...] o que a literatura registra no momento pós-Constituição é um processo de descentralização tanto na área de saúde, quanto de educação e assistência social, porém em ritmos e condições bastante diferenciados".[116]

Efetivamente, o fenômeno ocorrido na experiência das relações desenvolvidas entre as entidades federativas foi o de que "nas décadas de 80 e 90, acirrou-se a competição interfederativa, devido a muitos fatores, mas principalmente pela retração da União em formular planos nacionais e regionais de desenvolvimento, e de sua capacidade de investimento".[117]

Como meio de promover uma maior aderência à colaboração interinstitucional entre os membros da organização federativa, a Constituição Federal de 1988 poderia ter estabelecido de modo mais detalhado no capítulo das competências comuns os possíveis instrumentos de integração interfederativa no exercício de tais competências, fazendo-se tão somente uma remissão no parágrafo único do art. 23 à edição de leis complementares que disciplinariam a cooperação entre os entes federados, as quais não foram promulgadas até o presente momento, de um modo geral; o que representa demonstração eloquente da ausência de instrumentos eficazes de pactuação das relações entre as pessoas políticas.

---

[115] SARLET, Ingo Wolfgang; MITIDIERO, Daniel; MARINONI, Luiz Guilherme. *Curso de direito constitucional*. 9. ed. São Paulo: Saraiva Educação, 2020.

[116] ABRUCIO, F. L.; FRANZESE, C. Federalismo e Políticas Públicas: uma relação de reciprocidade no tempo. In: ENCONTRO ANUAL DA ANPOCS, 33, 2009. Anais... Caxambu, 2009. p. 28.

[117] AWAZU, Luís Alberto de Fischer. *A importância da sustentabilidade do pacto federativo no Brasil e sua relação com o desenvolvimento nacional*. 2012. 198 f. Dissertação (Mestrado em Direito do Estado) – Faculdade de Direito, Universidade de São Paulo, São Paulo, 2012. p. 118.

Isso resulta na:

> [...] falta de uma política nacional coordenada [...] que fazem com que determinados programas e políticas públicas sejam realizados por mais de uma esfera governamental e outros por nenhuma. Falta de coordenação e cooperação esta que, emblematicamente, revela-se na ausência da lei complementar prevista no parágrafo único do artigo 23 da Constituição.[118]

Desse modo, acerca do estado da arte do chamado federalismo de cooperação na organização federativa brasileira, conclui o autor que:

> A guerra fiscal, a questão do endividamento dos Estados, a "descentralização por ausência" de políticas sociais e a reconcentração das receitas tributárias na esfera federal demonstram a existência de uma crise do pacto federativo brasileiro. O discurso oficial de que a Constituição de 1988 descentralizou receitas, mas não encargos é falso [...] A crise fiscal é, hoje, vista como elemento central dos problemas do federalismo do país. Realmente o problema fiscal é de fundamental importância, mas ele não explica nem resolve, por si só, os impasses do federalismo brasileiro. O real problema da descentralização ocorrida pós-1988 é a falta de planejamento, coordenação e cooperação entre os entes federados e a União, ou seja, a falta de efetividade da própria Constituição e do federalismo cooperativo nela previsto.[119]

Embora a ausência de leis complementares disciplinando as bases de uma atuação cooperativa entre as entidades federativas represente um óbice relevante para a concretização dessa atuação, não se pode perder de vista o fato de que o próprio diploma constitucional prevê instrumentos que – uma vez superados os bloqueios derivados da ausência da necessária pactuação política em torno dos objetivos traçados pela Constituição – seriam capazes de estabelecer uma dinâmica interinstitucional capaz de dar vazão ao ideal cooperativo preconizado para a organização federativa.

No plano jurídico, o federalismo oferece instrumentos que merecem ser trabalhados na perspectiva de materialização da força simbólica de seu arcabouço normativo. Na CF, de modo explícito ou implícito, exsurgem

---

[118] BERCOVICI, Gilberto. *Dilemas do Estado federal brasileiro*. Porto Alegre: Livraria do Advogado Editora, 2004. p. 63.
[119] *Ibidem*, p. 72.

as figuras institucionais de planejamento, gestão e financiamento, articuladas em matriz de competências-responsabilidades; os instrumentos de colaboração, como consórcios, convênios de cooperação; os de pactuação – comitês verticais e horizontais interfederativos, e as conferências no âmbito dos sistemas unificados; e os instrumentos redistributivos: fundos de participação, políticas compensatórias, incentivos fiscais e equalização tributária.[120]

Por sua vez, a superação dos impasses institucionais que têm dificultado a implementação efetiva de uma cooperação entre os membros da federação, no que se refere ao dever jurídico-constitucional de atuar conjuntamente em prol daqueles objetivos sociais relevantes, galvanizados na Carta de 1988, poderia ser mais bem equacionada pela adoção de alguns incrementos, a título de *lege ferenda*, sobre o esquema constitucional de competências comuns e concorrentes. Ideia encampada por Almeida (2013), que, embora reconheça o avanço que o sistema atual de repartição de competências constituiu para o equilíbrio das relações interfederativas, aponta algumas propostas que, em sede de revisão constitucional, poderiam aprimorar o funcionamento do sistema, tendo em vista a consecução dos seus objetivos.

> 1) Embora no esquema do federalismo cooperativo, que se adapta às exigências do Estado providencialista, seja inevitável um comando nacional mais decidido por parte da União, em regra só devem competir à autoridade federal os poderes que só possam ser bem exercidos por quem representa a unidade do Estado federal no plano externo e, no plano interno, pode articular as soluções para problemas que afetam o todo ou mais de um Estado. Nesse sentido, cabe ainda rever as competências da União, pois, dentre elas, poderiam algumas, com proveito, ser transferidas para a órbita da competência concorrente ou mesmo para a órbita dos poderes privativos das demais entidades federadas.
>
> 2) A compatibilização do princípio autonômico, que rege o federalismo, com os princípios informadores do planejamento, voltado à racionalização da ação política global, demanda a participação das entidades federadas na elaboração dos planos nacionais e regionais a cargo da

---

[120] PIRES, R. R. C. Implementando desigualdades? Introdução a uma agenda de pesquisa sobre agentes estatais, representações sociais e (re)produção de desigualdades. *In*: IPEA – INSTITUTO DE PESQUISA ECONÔMICA APLICADA. *Boletim de Análise Político-Institucional*: implementação de políticas e desigualdades, n. 13. Brasília: IPEA, out. 2017. p. 72. Disponível em: http://www.ipea.gov.br/portal/images/stories/PDFs/livros/livros/livro_catedras_patrono_brasil_web.pdf. Acesso em: 15 maio 2022.

União. Daí a proposta de se tornar obrigatória a audiência dos Estados e dos organismos regionais ou municipais interessados, quando da feitura daqueles planos.

3) A repartição de competência é tema nuclear do federalismo, devendo, em princípio, ser tratada direta e exclusivamente pelo constituinte. Uma vez que se adotou, no entanto, a técnica de delegação de competências legislativas privativas da União a critério do legislador infraconstitucional, deveria o constituinte ao menos excluir da possibilidade de delegação certas matérias que, por sua natureza, devem permanecer com o poder central. Da mesma forma, seria conveniente prever expressamente a possibilidade de uma delegação desigual de competências entre os Estados, em atenção às disparidades estaduais, prestando-se a delegação, nesses termos, a uma desejável flexibilização do federalismo brasileiro.

4) Havendo a Constituição separado em artigos distintos as competências legislativas privativas da União e as competências legislativas concorrentes, configura uma impropriedade técnica arrolar entre as competências privativas da União a de editar normas gerais sobre certas matérias. Na consideração de que esta falha não é isenta de consequências práticas, podendo levar a interpretação errônea da Constituição, em detrimento da competência suplementar dos Estados, convém fazer constar no elenco de competências legislativas privativas da União apenas aquelas matérias em relação às quais a União legisla em plenitude, passando-se para o elenco das competências legislativas concorrentes todas as matérias em relação às quais a normatividade geral incumbe à União e as especificidades às demais entidades federadas.

5) A competência legislativa suplementar do Município é questão que ficou mal resolvida na Constituição, sendo que o laconismo desta cria dificuldades para a compatibilização, principalmente, da legislação municipal suplementar com a legislação estadual suplementar. Conviria, portanto, que o constituinte melhor sistematizasse o procedimento a seguir na espécie, cuidando mais pormenorizadamente da competência legislativa suplementar do Município no mesmo dispositivo em que trata dessa modalidade de competência em relação aos Estados e ao Distrito Federal.[121]

Desse modo, pode-se inferir pelas aproximações críticas aqui desenvolvidas que, embora a atual Constituição tenha idealizado a plena concertação de esforços entre todos os atores político-institucionais da organização federativa, visando assegurar à efetividade das intervenções sobre a sociedade características do modelo de Estado de bem-estar

---

[121] ALMEIDA, Fernanda Dias Menezes de. *Competências na Constituição de 1988*. 6. ed. São Paulo: Atlas, 2013. p. 148-149.

social proposto pelo Constituinte, a realidade vivenciada pós-1988 se revelou bastante aquém daquela ideal e com resultados bastante díspares a depender da política pública desenvolvida, destacando-se exemplos de articulação interinstitucional relativamente bem-sucedida, como as implementadas no âmbito das políticas de saúde, e, em sentido oposto, casos em que se configurou uma reduzida capacidade de coordenação interfederativa, como no exemplo das políticas de segurança pública.[122]

Contudo, isso não significa, a partir deste estudo, que a opção presente na Carta de 1988 não tenha representado um aporte positivo para o equilíbrio e a eficiência na dinâmica das relações interfederativas, considerando-se o histórico do constitucionalismo pátrio, ao contrário. Todavia, como destacado, poderia o Constituinte ter estabelecido, de modo mais detalhado e assertivo, no próprio texto da Constituição, a definição de instrumentos destinados a fomentar a colaboração entre as unidades da federação, de modo a superar os bloqueios institucionais derivados de impasses políticos e ideológicos presentes no ambiente democrático que contribuem para a baixa aderência à atuação conjunta por parte das pessoas políticas.

Desse modo, impende reconhecer que o federalismo de cooperação desenhado pela Constituição de 1988 ainda não logrou alcançar os objetivos que lhe são inerentes, havendo, contudo, grande potencial para a sua concretização através dos instrumentos já existentes no ordenamento jurídico-constitucional brasileiro; o que dependerá, em grande medida, da capacidade de pactuação entre atores político-institucionais que exercem o poder estatal.

2.4.4 Federalismo e o direito à saúde

O federalismo de cooperação está intimamente relacionado com a noção de descentralização como um tema primordial no processo de democratização vivenciado pela sociedade brasileira no pós-1988. Assim sendo, em busca de reagir à concentração de decisões, recursos financeiros e capacidades de gestão no plano federal durante os governos militares, concentraram-se esforços em transferir capacidades

---

[122] ABRUCIO, F. L.; FRANZESE, C.; SANO, H. Trajetória recente da cooperação e coordenação no federalismo brasileiro: avanços e desafios. *In*: CARDOSO JR, José C.; BERCOVICI, Gilberto (org.). *República, democracia e desenvolvimento*: contribuições ao Estado brasileiro contemporâneo. 1. ed. v. 10. Brasília: IPEA, 2013.

fiscais e decisões políticas para as autoridades subnacionais, bem como transferir para outras esferas de governo a gestão e a implementação de determinadas políticas públicas.[123]

De outra banda, o processo de democratização também buscava promover e proteger um Estado de bem-estar social preocupado com direitos até então relegados a segundo plano. Sendo assim, almejando o rompimento com o regime autoritário e uma caminhada rumo à democracia, o Constituinte originário se voltou para a elaboração de uma nova ordem constitucional pautada no respeito e no compromisso com os direitos e garantias fundamentais, bem como voltada às questões políticas, sociais e econômicas, cuja finalidade seria a construção de uma sociedade mais plural e inclusiva, tendo como fundamento central o princípio da dignidade da pessoa humana.[124]

Marcada pelo cunho programático, dirigente e compromissório, a Constituição de 1988 não se limitou apenas "em organizar o Estado e elencar direitos negativos para limitar o exercício dos poderes estatais. Vai muito além disso, prevendo direitos positivos e estabelecendo metas, objetivos, programas e tarefas a serem perseguidos pelo Estado e pela sociedade".[125]

Destarte, a concretização do Estado Social é tarefa que se revela de extrema complexidade, uma vez que gera custos elevadíssimos ao Estado. Nesse cenário, exige-se uma intervenção estatal no mercado para garantir uma justiça social na atividade econômica. Por essa razão, o Constituinte de 1988 apostou em delinear um extenso rol de competências administrativas dos entes federados,[126] considerando que:

> [...] é absolutamente compreensível que o texto constitucional aborde um demorado rol de competências administrativas aos entes políticos, justamente para que seja capaz de descortinar os permeios da justiça social no Brasil, retratando a complexa teia de responsabilidades político-administrativas dos entes federados, afinal, "a repartição de competências constitui peça fundamental na organização do Estado Federal".[9]

---

[123] MADEIRA, Lígia Mori. Federalismo e institucionalização de políticas públicas de direitos humanos no Brasil pós-democratização. *In*: DEMARCO, Diogo Joel (org.). *Gestão pública, município e federação*. Porto Alegre: UFRGS, 2015. p. 76.
[124] SOUSA NETO, Cláudio Pereira; SARMENTO, Daniel. *Direito constitucional*: teoria, história e métodos de trabalho. 2. ed. Belo Horizonte: Fórum, 2017.
[125] *Ibidem*, p. 171.
[126] CAVALCANTE, Denise Lucena; LIMA, Raimundo Márcio Ribeiro. Ilusão do pacto federativo cooperativo e os custos dos direitos sociais. *Nomos – Revista do Programa de Pós-Graduação em Direito – UFC*, Ceará, v. 35, n. 1, p. 15, jan./jun. 2015.

Nesse ponto, o artigo 23, da CF/88, cumpre o papel de prescrever algumas premissas básicas sobre a divisão das competências administrativas dos entes federados, até mesmo para estabelecer os contornos da atuação funcional dos organismos centrais e descentralizados da própria organização política do Estado. [...] Então é possível então afirmar a elementar tese de que as competências administrativas expressam a dimensão político-administrativa dos desígnios constitucionais destinados a consagrar os objetivos fundamentais da República Federativa do Brasil (artigo 3º, da Constituição Federal), até porque tais objetivos não poderiam ser impostos indistintamente aos atores políticos e econômicos da sociedade.[127]

Ocorre que, no Brasil, as evidentes desigualdades regionais de bem-estar e desenvolvimento econômico são fatores de grande relevância para a compreensão do pacto federativo, posto que desencadeiam uma grande tensão sobre as relações políticas e tendem a gerar constantes pressões, as quais ocasionam uma situação de instabilidade no federalismo brasileiro.[128]

Assim sendo, se no plano das ideias a Constituição de 1988 almejava a superação das amarras centralizadoras do sistema político ditatorial, na prática não foi isso que ocorreu, tendendo para uma reconcentração de poderes políticos institucionais e financeiros no âmbito do governo da União, baseada nas perdas relativas à arrecadação tributária nacional por Estados e Municípios e um cenário de maior vinculação orçamentária, o que desencadeava a redução da sua autonomia, principalmente nas áreas da educação e saúde.[129]

Nesse contexto, pode-se chegar a algumas conclusões:

a) não há Estado Social sem fluxo econômico e, claro, sem uma correspondente atividade financeira compatível com os inevitáveis custos das prestações sociais, isto é, não há como admitir um regime de socialidade assentado, tão somente, na fundamentalidade dos direitos, mas, sobretudo, na exigibilidade deles em função dos condicionantes político e econômicos de uma sociedade; (b) inexiste pacto federativo cooperativo, ainda que permeado num engendrado sistema de repartição de competências e de receitas tributárias, quando existe ente federados num inevitável regime de sujeição financeira e, assim, corporificando

---

[127] *Ibidem*, p. 15.
[128] MONTEIRO NETO, Aristides (org.). Governos estaduais no federalismo brasileiro: capacidades e limitações governativas em debate. *In*: IPEA. *Texto para discussão 1894*. Brasília: Rio de Janeiro: IPEA, 2014. p. 22.
[129] *Ibidem*, p. 31-37.

intoleráveis obstáculos político-econômicos de transformação social por meio da prestação dos serviços públicos, tal como denuncia a parca qualidade e quantidade dos serviços públicos ofertados à sociedade pelos Municípios; (c) a discussão sobre o federalismo fiscal não se limita à mera definição dum sistema de repartição fiscal, mas também sobre os encargos a serem suportados por cada ente político, ou seja, sobre o dimensionamento das competências administrativas e, consequentemente, o nível de descentralização na prestação dos serviços públicos (...).[130]

No tocante ao direito à saúde, tema afeto ao presente trabalho, nota-se que a promoção e a proteção desse direito encontram óbices nas contradições entre uma realidade de centralização de recursos e um ideal de federalismo cooperativo. Por conseguinte, a dificuldade em aplicação dos mínimos estabelecidos pela Constituição para as ações e os serviços de saúde somada à problemática da desvinculação de receitas da União afetam as políticas públicas de saúde como fatores limitantes, as quais ainda estão atreladas à carência de infraestrutura nos diferentes níveis de complexidade do sistema de saúde.[131]

Tal cenário restou ainda mais evidente no contexto pandêmico. O ano de 2020 ficou e ficará marcado pela pandemia de covid-19, a qual submeteu a teste os indivíduos, a estrutura dos sistemas de saúde, o grau de confiança nas autoridades, a liderança política e solidariedade comunitária.[132] Por outro lado, a pandemia demanda altos níveis de esforço coordenado e a cooperação efetiva entre governos centrais e subnacionais: os primeiros com a função de coordenar as ações de modo a facilitar uma resposta articulada; os segundos responsáveis pelas medidas críticas de contenção, assistência à saúde, serviços sociais, desenvolvimento econômico e investimento político.[133]

Ocorre que, no cenário brasileiro, notou-se um total descompasso de funções entre os governos centrais e subnacionais, o que deixou

---

[130] CAVALCANTE, Denise Lucena; LIMA, Raimundo Márcio Ribeiro. Ilusão do pacto federativo cooperativo e os custos dos direitos sociais. *Nomos – Revista do Programa de Pós-Graduação em Direito – UFC*, Ceará, v. 35, n. 1, p. 15, jan./jun. 2015. p. 22.
[131] SARLET, Ingo Wolfgang; FIGUEIREDO, Mariana Filchtiner. O direito fundamental à proteção e promoção da saúde no Brasil: principais aspectos e problemas. *In*: RÉ, A. I. M. R (org.). *Temas aprofundados Defensoria Pública*. 2. ed. v.1. Salvador: Juspodivm, 2014. p. 143-144.
[132] CAÚLA, C.; MANZI, L. C. T. M. Transferências constitucionais e Federalismo Cooperativo. *In*: SCAFF, F. F.; TORRES, H. T.; BATISTA JÚNIOR, O. A.; DERZI, M. A. M. (org.). *A crise do federalismo em estado de pandemia*. v. 1. Belo Horizonte: Letramento, 2021.
[133] *Ibidem*.

ainda mais evidente a crise do federalismo cooperativo. Diante disso, tem-se que:

> A crise decorrente da pandemia da covid- 19 tem evidenciado que há uma acentuada descentralização de despesas e centralização de receitas. Em consequência, a autonomia financeira dos entes menores vem sendo gradativamente debilitada, de modo que se veem obrigados a se valer da "política dos pires nas mãos" para cumprir com suas obrigações constitucionais. Com a autonomia fragilizada, os Estados, DF e Municípios perdem forças para se contrapor ao Governo Federal, que tem adotado postura negacionista e se omitido no planejamento nacional. Tal contraposição pode ser vista como elementar para a própria reafirmação da autonomia dos entes federados, bem como, para o aperfeiçoamento do Estado Democrático.[134]

É bem verdade que a pandemia fortaleceu e enalteceu as problemáticas de proteção e promoção do direito à saúde no âmbito da federação brasileira. Sabe-se que, consoante o artigo 196 da Constituição, a saúde corresponde a um "[...] direito de todos e dever do Estado, garantido mediante políticas sociais e econômicas que visem à redução do risco de doença e de outros agravos e ao acesso universal e igualitário às ações e serviços para sua promoção, proteção e recuperação".[135]

Nota-se, portanto, a complexidade na efetivação desse direito fundamental, a qual escancara a crise do federalismo cooperativo, isso porque:

> Governos estaduais sujeitos a recorrentes crises fiscais e, em muitos casos, com abandono da agenda da saúde não conseguem cumprir o papel estratégico e essencial de coordenar as políticas regionais em nome de maior equalização. Governos municipais dispõem de capacidades fiscais, de governo e de recursos de atenção à saúde bastante díspares em todos os estados e nas grandes regiões. A competição por recursos e a imposição de barreiras de acesso a outros municípios são rotinas no SUS e contribuem para minimizar os efeitos positivos de um grande número de experiências municipais em termos de boas políticas e de cooperação regional. A fragilidade dos colegiados regionais de

---

[134] GONÇALVES, André Almeida et al. Entre a cooperação e o negacionismo, o federalismo resiste. In: SCAFF, Fernando Facury; TORRES, Heleno Taveira; DERZI, Misabel Abreu Machado; BATISTA JÚNIOR, Onofre Alves (org.). A crise do federalismo em estado de pandemia. v. 1. Belo Horizonte, MG: Letramento; Casa do Direito, 2021. p. 161-162.

[135] RIBEIRO, José Mendes; MOREIRA, Marcelo Rasga. A crise do federalismo cooperativo nas políticas de saúde no Brasil. Saúde em debate, v. 40, 2016. p. 14-15.

pactuação de políticas – com suas diferentes denominações segundo as sucessivas portarias ministeriais e os decretos presidenciais – não permite a imposição de regras às próprias vizinhanças. Dimensões efetivamente cooperativas estão por ser demonstradas adequadamente frente às dimensões competitivas por recursos financeiros, profissionais e blindagem ou desincentivo de acesso de cidadãos aos serviços do SUS nos maiores centros urbanos. Além disso, as vantagens da descentralização radical de políticas, como às de saúde, em países com grandes populações, áreas e enormes desigualdades regionais, como o Brasil, ainda estão por ser demonstradas.[136]

Nesse contexto, faz-se imprescindível perquirir as nuances do direito à saúde na Constituição de 1988 e do próprio sistema que o operacionaliza, qual seja, o SUS, para que se compreendam efetivamente as particularidades e os desafios do federalismo de cooperação na promoção e na proteção desse direito, principalmente, em tempos pandêmicos.

---

[136] *Ibidem.*

DIREITOS SOCIAIS, SAÚDE E POLÍTICAS PÚBLICAS

O presente capítulo tem como objetivo compreender o papel das políticas públicas na concretização dos direitos sociais; em especial do direito à saúde, tema deste trabalho. Assim sendo, inicialmente, serão analisadas as características constitucionais do direito à saúde; após isso, será discutida a relação entre as políticas públicas e a efetivação dos direitos fundamentais; e, por fim, compreender a estrutura do principal meio de concretização do direito à saúde – o SUS – e os impactos que o federalismo tem na sua execução.

3.1 Contornos do direito à saúde na Constituição de 1988

Para a devida compreensão do objeto deste trabalho, qual seja, o impacto da atuação do STF na efetividade das políticas de saúde do estado do Maranhão, é necessário entender qual a configuração que o constituinte originário dedicou ao direito à saúde. E, apesar de não se tratar da finalidade desta pesquisa discutir as particularidades dos direitos sociais, é inviável analisar o direito à saúde sem uma exposição do contexto jurídico-constitucional que permitiu a constitucionalização desses direitos.

Com efeito, a constitucionalização dos direitos sociais foi intensificada notadamente no período Pós-Primeira Guerra Mundial, revestindo-se naquela ocasião inaugural, contudo, de feição meramente proclamatória. Somente após a Segunda Guerra Mundial na Europa e, no caso da América Latina, no período pós-ditaduras militares,[137] que os direitos sociais se converteram, de fato, em uma política de Estado.[138]

---

[137] No Brasil, a Constituição de 1934 foi a primeira a incluir direitos sociais, dispondo de um capítulo específico para a Ordem Econômica e Social (arts. 115/147), especialmente

O direito à saúde, especificamente, tornou-se uma preocupação do Estado durante a Revolução Industrial do século XIX em razão da combinação do êxodo rural sem precedentes e da falta de infraestrutura das cidades, fatores que contribuíram para que a população reivindicasse melhores condições sanitárias de vida. Foi somente durante o século XX que a proteção sanitária passou a ser compreendida como responsabilidade do Estado, de modo que o desenvolvimento dessa função prestacional estatal e da sociedade ampliou a proteção do direito à saúde, instituindo-se os sistemas públicos de previdência e seguridade social.[139]

Os períodos históricos indicados constituem verdadeiros marcos da evolução na forma de pensar o Estado e a sua relação com a sociedade civil. Para Novais (2010), a ampliação da proteção dos direitos sociais tem ligação direta com a dimensão moderna do princípio da dignidade humana. A partir do século XX, verifica-se uma preocupação maior do Direito em não apenas garantir liberdades, mas também garantir que os indivíduos possuam o mínimo de dignidade para poderem usufruir das suas liberdades.[140]

A Constituição brasileira de 1988 foi inovadora[141] em relação aos direitos sociais, reforçando seu regime jurídico ao positivá-los como

---

em relação a direitos trabalhistas. As Constituições de 1937, 1946 e 1967/69 seguiram a destinação de um capítulo específico para a Ordem Econômica e Social, embora a justiça social fosse compreendida como um princípio da ordem econômica (MENDES, 2021). Em relação, especificamente, ao direito à saúde, os textos constitucionais faziam apenas referência ao determinar a competência da União para legislar sobre o direito. Embora Silva (2017) ressalte que essa previsão constitucional tenha como finalidade a organização administrativa no combate às endemias e epidemias.

[138] NOVAIS, Jorge Reis. *Direitos sociais*: teoria jurídica dos direitos sociais enquanto direitos fundamentais. 2. ed. Lisboa: Coimbra Editora, 2010.

[139] FIGUEIREDO, Mariana Filchtiner. *Direito Fundamental à Saúde*: parâmetros para sua eficácia e efetividade. Porto Alegre: Livraria do Advogado, 2007.

[140] Nesse sentido, Silva (2016) define que a garantia dos direitos sociais possibilita o exercício pleno dos direitos de liberdade. Para Bonavides (2005), há uma relação intrínseca entre o princípio da igualdade, em seu aspecto material, e os direitos sociais, pois as constitucionalizações dessa espécie de direito impõem que o Estado iguale situações sociais desiguais.

[141] No plano internacional, as Constituições tratam os direitos sociais de três formas: (a) os contempla como direitos constitucionais, mas com força normativa restrita; (b) rejeita completamente sua natureza de direito fundamental; ou (c) são positivados na Constituição meramente como finalidade estatal (SARLET, 2020). No mesmo sentido, Barroso (2020) afirma que "a Constituição brasileira não faz qualquer distinção quanto à natureza do direito – se individual, político, social ou difuso. Nisso, ela difere de outras, como a alemã – que sequer prevê direitos sociais –, a portuguesa e a espanhola, que expressamente instituem tratamento diverso para os direitos de índole liberal e os sociais" (BARROSO, 2020, n.p).

direitos fundamentais.[142] Diferentemente dos textos constitucionais anteriores, a proteção e a promoção ao direito à saúde não ficaram restritas somente como objeto de organização administrativa. O direito à saúde tem uma posição de destaque no texto constitucional, sendo consagrado como um direito social no art. 6º[143] e integrante da seguridade social ao lado da previdência e da assistência social, conforme o art. 194 e detalhadamente a partir do art. 196.

Desse modo, a forma como é percebido o direito à saúde no ordenamento jurídico pátrio foi significativamente alterada pela Constituição Federal de 1988, sobretudo em relação ao conceito de saúde. Antes, meramente relacionado com ausência de doença, o direito à saúde teve seu âmbito de proteção ampliado, passando a compreender não só o aspecto curativo, mas também os aspectos de proteção e promoção, encontrando-se atualmente associado ao bem-estar físico, mental e social, entendimento que se encontra em consonância ao preconizado pela Organização Mundial de Saúde (OMS), que define saúde como "um estado de completo bem-estar físico, mental e social e não somente ausência de afecções e enfermidades".[144] [145]

Nesse sentido, a definição de direito a saúde está prevista no art. 196 da Constituição, com a seguinte redação: "A saúde é direito de todos e dever do Estado, garantido mediante políticas sociais e econômicas que visem à redução do risco de doença e de outros agravos e ao acesso universal e igualitário às ações e serviços para sua promoção, proteção e recuperação".[146] O Constituinte optou por deixar o conteúdo do direito à saúde em aberto,[147] mas é possível extrair do art. 196 dimensões de proteções preventiva, curativa e promocional.

---

[142] Apesar da divergência doutrinária sobre a fundamentalidade de alguns direitos sociais, temática que será abordada no próximo tópico.

[143] Que inaugura o capítulo II do Título I da Constituição Federal destinado aos Direitos sociais, com a seguinte disposição: Art. 6º São *direitos sociais* a educação, *a saúde*, [..] (grifos nosso).

[144] FIGUEIREDO, Mariana Filchtiner. *Direito Fundamental à Saúde*: parâmetros para sua eficácia e efetividade. Porto Alegre: Livraria do Advogado, 2007. p. 81.

[145] SARLET, Ingo Wolfgang; FIGUEIREDO, Mariana Filchtiner. O direito fundamental à proteção e promoção da saúde no Brasil: principais aspectos e problemas. In: RÉ, Aluísio Iunes Monti Ruggeri (org.). *Temas aprofundados da defensoria pública*. v.1. Salvador: Juspodivm, 2014.

[146] BRASIL. [Constituição (1998)]. *Constituição da República Federativa do Brasil*. Brasília, DF: Senado Federal, 1988.

[147] Segundo Sarlet (2020), essa característica do direito à saúde impõe que seu objeto seja analisado a partir do caso concreto.

A dimensão preventiva está relacionada com a expressão "redução de risco de doença e proteção" e tem como finalidade a criação de medidas que evitem o surgimento de doenças ou danos à saúde, seja na esfera individual seja na pública, o que justifica o estabelecimento de deveres de proteção.[148] A dimensão curativa é realizada na medida em que se garante aos indivíduos acesso a meios que possibilitem a cura da doença que os atinge ou pelo menos uma melhoria na qualidade de vida. Por fim, a dimensão promocional tem uma clara ligação com a expressão "busca da qualidade de vida" e sua concretização ocorre por meio de ações estatais que visam melhorar as condições de vida e de saúde das pessoas.[149]

Figueiredo (2007) destaca que o conceito de qualidade de vida – finalidade do aspecto promocional do direito à saúde – é multidimensional, isto é, possui uma dimensão individual razoavelmente subjetiva, visto que se trata de ter uma vida boa e também um aspecto coletivo que determina que a qualidade de vida não está vinculada meramente a um caráter econômico, mas também a bens políticos, culturais e demográficos.

É necessária, portanto, para que a qualidade de vida seja de fato exercida, a disponibilidade, especialmente por parte do Estado, de estabelecimentos, bens e serviços voltados para a saúde e que sejam acessíveis tanto física quanto economicamente. Além disso, é importante frisar que a garantia do direito à saúde também está relacionada com o progresso científico, de modo que é necessário assegurar que todos possam usufruir dos benefícios do progresso científico; sobretudo, quando se tratar de medicamentos e equipamentos hospitalares.[150]

Desse modo, a esfera de proteção do direito à saúde é composta por um complexo de prestações e ações que perpassam pela execução de outros inúmeros direitos. O art. 3º da Lei nº 8.080, a Lei Orgânica da Saúde, ilustra essa característica.

> Art. 3º Os níveis de saúde expressam a organização social e econômica do País, tendo a saúde como determinantes e condicionantes, entre outros, a alimentação, a moradia, o saneamento básico, o meio ambiente,

---

[148] Há uma forte relevância dos princípios de precaução e de prevenção nessa dimensão do direito à saúde.
[149] SARLET, Ingo Wolfgang; FIGUEIREDO, Mariana Filchtiner. Art. 196 e ss. *In*: CANOTILHO, J. J. et al. *Comentários à Constituição do Brasil*. 2. ed. São Paulo: Saraiva Educação, 2018.
[150] FIGUEIREDO, Mariana Filchtiner. *Direito Fundamental à Saúde*: parâmetros para sua eficácia e efetividade. Porto Alegre: Livraria do Advogado, 2007. p. 81.

o trabalho, a renda, a educação, a atividade física, o transporte, o lazer e o acesso aos bens e serviços essenciais.

Parágrafo único. Dizem respeito também à saúde as ações que, por força do disposto no artigo anterior, se destinam a garantir às pessoas e à coletividade condições de bem-estar físico, mental e social.[151]

Sarlet afirma que "[...] o direito à saúde é um bem fortemente marcado pela interdependência com outros bens e direitos fundamentais", pois a garantia do direito à saúde é também, direta ou indiretamente, a garantia de outros direitos fundamentais.[152] Identifica-se, desse modo, um vínculo entre a garantia da saúde e da efetivação do princípio da dignidade humana, sobretudo em relação à garantia do mínimo existencial,[153] que é um desdobramento do último.[154]

Para Torres (2009), os contornos do direito à saúde são estabelecidos pelo mínimo existencial.[155] Isto significa que "há um direito às condições mínimas de existência humana digna que não pode ser objeto de intervenção do Estado e que ainda exige prestações estatais positivas".[156] Assim, a proteção e a promoção do direito à saúde não exigem do Estado apenas prestações materiais de saúde, mas também a efetivação de outros bens jurídicos tão relevantes quanto o direito à saúde e o desenvolvimento de outros setores da sociedade civil que promovam uma qualidade de vida, que está vinculada à noção de dignidade humana e mínimo existencial.

---

[151] BRASIL. Ministério da Saúde. *Lei nº 8.080, de 19 de setembro de 1990*. Dispõe sobre as condições para a promoção, proteção e recuperação da saúde, a organização e o funcionamento dos serviços correspondentes e dá outras providências. Diário Oficial da União, Ministério da Saúde, Brasília, DF: D.O.U, 1990.

[152] Alguns exemplificados no artigo supracitado.

[153] O princípio do mínimo existencial impõe que seja assegurado aos direitos fundamentais sociais um rol mínimo de direitos vitais básicos que são indispensáveis a uma vida digna, pois sem a garantia desse mínimo não seria possível o pleno exercício dos direitos de liberdade.

[154] SARLET, Ingo Wolfgang; MITIDIERO, Daniel; MARINONI, Luiz Guilherme. *Curso de direito constitucional*. 9. ed. São Paulo: Saraiva Educação, 2020.

[155] De modo diverso, GONÇALVES, C. (2006, p. 177-186) defende que os direitos fundamentais sociais não devem ser estruturados dentro de uma abordagem de mínimo social, mas sim como necessidades humanas básicas. Ou seja, os direitos sociais não podem ser compreendidos como condição necessária para o exercício dos direitos de liberdade, pois possuem importância e fundamentalidade própria, de caráter objetivo e universal: saúde física e autonomia. Assim, os direitos sociais reivindicam uma normatividade que possibilita não apenas garantir um mínimo nas prestações, mas a universalizar, a médio e a longo prazo, essas prestações em grupos específicos.

[156] TORRES, Ricardo Lobo. *O direito ao mínimo existencial*. [s.l.]: Renovar, 2009. p. 8.

Destarte, todas as pessoas são titulares do direito à saúde. O próprio texto constitucional deixa claro que a titularidade do direito à saúde é universal. Sarlet (2020) salienta que "[...] vige o princípio da universalidade, de acordo com o qual, ainda mais quando se trata de direitos com forte vínculo com a dignidade da pessoa humana e com o direito à vida, todas as pessoas são, na condição de pessoas humanas, titulares dos direitos sociais".[157] Essa titularidade pode ter uma dimensão individual ou coletiva. A dimensão individual já foi reconhecida e aceita perante o Supremo Tribunal Federal, na AGR-RE nº 287.286/RS, na qual o relator da ação (ministro Celso de Mello) defendeu que o direito à saúde é um direito público subjetivo assegurado constitucionalmente e que estabelece uma relação jurídica obrigacional entre Estado e indivíduo.[158]

No mesmo sentido, Sarlet e Figueiredo (2018) apontam que o próprio texto constitucional deixa clara a titularidade universal do direito à saúde, o que não significa que seja possível negar a condição de direito individual (subjetivo), pois é possível até mesmo "priorizar, no campo da efetivação do direito à saúde, uma tutela processual coletiva";[159] o que justifica a imposição de limitações de comportamentos, desde que tenham como finalidade preservar a saúde de todos. Desse ideal, pode-se extrair o entendimento de que, apesar do caráter individual que o direito de saúde possa assumir, ninguém poderá induzir outrem a adoecer ou mesmo impedir alguém de alcançar o próprio bem-estar.[160]

Nesse diapasão, a dimensão coletiva do direito à saúde é concretizada a partir de políticas públicas sociais e econômicas:

> [...] não há um direito absoluto a todo e qualquer procedimento necessário para a proteção, promoção e recuperação da saúde, independentemente da existência de uma política pública que o concretiza. Há um direito público subjetivo a políticas públicas que promovam, protejam e recuperem a saúde.[161]

---

[157] SARLET, Ingo Wolfgang; MITIDIERO, Daniel; MARINONI, Luiz Guilherme. *Curso de direito constitucional*. 9. ed. São Paulo: Saraiva Educação, 2020.
[158] MENDES, Gilmar Ferreira. Direitos Sociais. In: MENDES, Gilmar Ferreira; BRANCO, Paulo Gustavo Gonet. *Curso de Direito Constitucional*. São Paulo: Saraiva Educação, 2021.
[159] FIGUEIREDO, Mariana Filchtiner. *Direito Fundamental à Saúde*: parâmetros para sua eficácia e efetividade. Porto Alegre: Livraria do Advogado, 2007. p. 88.
[160] SARLET, Ingo Wolfgang; FIGUEIREDO, Mariana Filchtiner. Art. 196 e ss. In: CANOTILHO, J. J. et al. *Comentários à Constituição do Brasil*. 2. ed. São Paulo: Saraiva Educação, 2018.
[161] MENDES, Gilmar Ferreira. Direitos Sociais. In: MENDES, Gilmar Ferreira; BRANCO, Paulo Gustavo Gonet. *Curso de Direito Constitucional*. São Paulo: Saraiva Educação, 2021.

Repise-se que o direito à saúde abrange tanto a titularidade individual[162] quanto a transindividual, seja no aspecto coletivo seja no difuso. Além disso, ao mesmo tempo em que confirma a titularidade universal do direito à saúde, o art. 196 da Constituição Federal aponta o Estado como o seu destinatário principal.[163] Outrossim, o dever de desenvolver e aplicar as políticas públicas destinadas à sua implementação deve ter como objetivos a redução de doenças, a promoção, a proteção e a recuperação da saúde, de acordo com o que está expresso no art. 196 da Constituição Federal, devendo essa obrigação estatal desenvolver-se em sintonia com o sistema de competências comuns dos entes federados (art. 23, II, da CRFB/88).[164]

Desse modo, parece correta a conclusão de que

[...] a ideia de dever fundamental evidencia o vínculo com o princípio da solidariedade, no sentido de que toda a sociedade torna-se responsável pela efetivação e proteção do direito à saúde de toda e de cada um, no âmbito da responsabilidade compartilhada (*shared responsibility*) [...].[165]

O art. 2º, §2º, da Lei nº 8.080 torna isso claro ao dispor que: "a saúde é um direito fundamental do ser humano, devendo o Estado prover as condições indispensáveis ao seu pleno exercício. §2º O dever do Estado não exclui o das pessoas, da família, das empresas e da sociedade".[166] Nesse sentido, os particulares também possuem um dever fundamental em relação ao direito à saúde, mas, nesse caso, é um dever de respeito em relação à saúde de terceiros e à sua própria saúde. Com base nesse dever e na irrenunciabilidade da dignidade da pessoa humana e dos direitos fundamentais, é possível, em certas ocasiões, uma intervenção estatal com o objetivo de proteger a pessoa de si mesma (como ocorre, *v.g.*, nas hipóteses de internação compulsória).[167]

---

[162] A tutela individual do direito à saúde será abordada em outro momento.
[163] Isso, contudo, não obsta a eficácia dos direitos e deveres do direito à saúde entre os particulares.
[164] MENDES, Gilmar Ferreira. Direitos Sociais. *In*: MENDES, Gilmar Ferreira; BRANCO, Paulo Gustavo Gonet. *Curso de Direito Constitucional*. São Paulo: Saraiva Educação, 2021.
[165] SARLET, Ingo Wolfgang; FIGUEIREDO, Mariana Filchtiner. Art. 196 e ss. *In*: CANOTILHO, J. J. et al. *Comentários à Constituição do Brasil*. 2. ed. São Paulo: Saraiva Educação, 2018.
[166] BRASIL. Ministério da Saúde. *Lei nº 8.080, de 19 de setembro de 1990*. Dispõe sobre as condições para a promoção, proteção e recuperação da saúde, a organização e o funcionamento dos serviços correspondentes e dá outras providências. Diário Oficial da União, Ministério da Saúde, Brasília, DF: D.O.U, 1990.
[167] SARLET, Ingo Wolfgang; FIGUEIREDO, Mariana Filchtiner. Art. 196 e ss. *In*: CANOTILHO, J. J. et al. *Comentários à Constituição do Brasil*. 2. ed. São Paulo: Saraiva Educação, 2018.

Em razão disso e de expressa previsão constitucional (art. 196), o direito à saúde é um direito-dever, pois sua efetivação tem uma relação muito próxima com os deveres fundamentais, sobretudo com a criação de normas e políticas públicas que visem a regulamentação e a organização do SUS, bem como normas penais que visem proteger direitos jurídicos, tais como vida, integridade física, meio ambiente ou a própria saúde pública, mesmo que por meio de normas administrativas, especialmente no âmbito da vigilância sanitária e epidemiológica.[168]

3.1.1 O direito à saúde enquanto direito fundamental social

Os direitos fundamentais são divididos pela doutrina clássica em direitos de liberdade e direitos sociais. Segundo esta, a diferença estrutural entre um e outro residiria essencialmente no tipo de obrigação que impõem ao Estado, posto que enquanto os primeiros implicam a restrição à atuação estatal de modo a proteger o indivíduo dos abusos por este perpetrados, os segundos implicam a realização pelo Estado de prestações positivas com escopo de proporcionar a fruição de determinados bens. Contudo, ao contrário dessa visão dogmática, os direitos fundamentais possuem inúmeras facetas, pois um mesmo direito pode apresentar tanto a dimensão positiva quanto a dimensão negativa, ou seja, podem exigir tanto um fazer ou um não fazer estatal, conforme as circunstâncias do caso concreto.

Assim sendo, compreende-se que, no Estado Social Democrático de Direito (modernamente também considerado Estado Socioambiental e Democrático de Direito, tendo em vista a centralidade do direito ao meio ambiente ecologicamente equilibrado na Constituição e suas imbricações com os demais bens jusfundamentais), os direitos sociais possuem o mesmo grau evolutivo dos direitos de liberdade na medida em que houve um avanço na forma de compreender a finalidade do Estado e a sua relação com a sociedade, de modo que o âmbito de proteção dos direitos sociais foi ampliado com o escopo de garantir os deveres de respeito, proteção e promoção; ideal que corresponde com

---

[168] SARLET, Ingo Wolfgang; FIGUEIREDO, Mariana Filchtiner. O direito fundamental à proteção e promoção da saúde no Brasil: principais aspectos e problemas. *In*: RÉ, Aluísio Iunes Monti Ruggeri (org.). *Temas aprofundados da defensoria pública*. v.1. Salvador: Juspodivm, 2014.

a multifuncionalidade dos direitos fundamentais e a dimensão atual que o princípio da dignidade humana passou a ter nos ordenamentos jurídicos.[169]

Nessa mesma linha, a distinção clássica entre direitos sociais e direitos de liberdade é um aspecto meramente dogmático sobre direitos fundamentais e indiferente quanto ao sistema jurídico-constitucional. Ou seja, essa classificação dos direitos fundamentais pode guardar certa relevância no plano teórico, mas no plano fático e normativo, contudo, é mais relevante compreender o tipo de norma e o dever estatal a ela vinculados do que a estrutura do direito em si.[170]

Canotilho (2003) entende que os direitos fundamentais podem desempenhar quatro tipos de funções: função de defesa ou de liberdade; função de prestação social; função de proteção perante terceiros e/ou função de não discriminação. A função de defesa é usualmente vinculada aos direitos de liberdade,[171] pois trata da proteção dos indivíduos perante o Estado, seja instituindo competências negativas para os Poderes Públicos, seja exigindo omissões desses Poderes. A função de prestação social é o direito dos indivíduos exigirem uma ação do Estado e está intimamente relacionada com a ideia de direitos prestacionais originários ou derivados, tema que será mais bem abordado adiante.[172] Assim, Figueiredo (2007) subdivide os direitos de prestação em amplos e sentido estrito. O primeiro são aqueles relativos a procedimentos ou atos organizacionais e que visam a proteção ou a eficácia de um direito determinado. O segundo são as prestações sociais propriamente ditas.[173]

Por sua vez, a função de proteção perante terceiros determina que os direitos fundamentais, além de funcionarem como uma forma de proteção perante eventuais abusos do poder estatal, protegem também os indivíduos perante lesão de terceiros. A função de não discriminação está intimamente associada com o princípio da igualdade, especialmente em seu aspecto material.[174]

---

[169] NOVAIS, Jorge Reis. *Direitos sociais*: teoria jurídica dos direitos sociais enquanto direitos fundamentais. 2. ed. Lisboa: Coimbra Editora, 2010.
[170] *Ibidem*.
[171] Embora não se esgote nesses direitos.
[172] CANOTILHO, José Joaquim Gomes. *Direito constitucional e teoria da Constituição*. Coimbra: Almedina, 2003.
[173] FIGUEIREDO, Mariana Filchtiner. *Direito Fundamental à Saúde*: parâmetros para sua eficácia e efetividade. Porto Alegre: Livraria do Advogado, 2007.
[174] CANOTILHO, José Joaquim Gomes. *Direito constitucional e teoria da Constituição*. Coimbra: Almedina, 2003.

Figueiredo (2007) entende que, diante das particularidades próprias do constitucionalismo brasileiro, especialmente a ausência de distinção entre direitos de liberdade e direitos sociais, a forma mais adequada de classificar os direitos fundamentais sociais no ordenamento jurídico brasileiro é a partir da função principal que exerçam. Em sentido semelhante, Queiroz (2006) argumenta[175] que essa diferença clássica entre os direitos é uma questão meramente dogmática, pois tanto um quanto o outro podem ter expectativas positivas ou negativas. A separação em direito social ou direito de liberdade não afeta a natureza fundamental desses direitos.

Além disso, a problemática da existência ou não de fundamentalidade dos direitos sociais é uma questão erroneamente importada por parte da doutrina brasileira, pois essa discussão tem origem em ordenamentos em que a Constituição não situa tais direitos enquanto fundamentais, o que não é o caso da Constituição brasileira.[176] No caso do constitucionalismo brasileiro, não cabe discutir se os direitos sociais possuem ou não fundamentalidade, haja vista que o texto constitucional de 1988 os reconheceu como direitos fundamentais. A questão que deve ser discutida é a consequência desse reconhecimento no sistema jurídico-constitucional,[177] uma vez que é correto inferir que

> [...] tanto os direitos de defesa, quanto os direitos a prestação formam o sistema unitário e aberto dos direitos fundamentais na ordem constitucional brasileira. Se entre ambos os tipos se verifica certa tensão, pode-se também afirmar que a relação aí existente não é de antagonismo, mas de complementaridade.[178]

---

[175] QUEIROZ, Cristina. *Direitos Fundamentais Sociais*: funções, âmbito, conteúdo, questões interpretativas e problemas de justiciabilidade. Coimbra: Coimbra Editora, 2006.

[176] NOVAIS, Jorge Reis. *Direitos sociais*: teoria jurídica dos direitos sociais enquanto direitos fundamentais. 2. ed. Lisboa: Coimbra Editora, 2010.

[177] Para Queiroz (2006, p. 213), a inclusão dos direitos sociais no rol de direitos fundamentais tem como finalidade conduzir o Estado ao hábito de implementar políticas públicas sociais, de tal modo que a própria sociedade pressionará o legislador a criar normas para proteger e garantir esses direitos. A autora afirma que: "Os direitos fundamentais sociais constituem compromissos constitutivos dos cidadãos expressos em 'decisões políticas fundamentais' na Constituição, que não é apenas a Constituição do Estado, mas a Constituição do Estado e da Sociedade, numa palavra, a ordem fundamental de uma 'comunidade jurídica bem ordenada'" (sic).

[178] FIGUEIREDO, Mariana Filchtiner. *Direito Fundamental à Saúde*: parâmetros para sua eficácia e efetividade. Porto Alegre: Livraria do Advogado, 2007. p. 42.

Um equívoco comum em relação ao estudo dos direitos sociais é associá-lo somente ao seu aspecto prestacional, carecendo de atuação legislativa para ser efetivado. Contudo, os direitos sociais também possuem um aspecto defensivo, de modo que um mesmo direito poderá tanto exigir um fazer como não fazer do Estado. Desse modo, é importante determinar antecipadamente que, no ordenamento jurídico brasileiro, a fundamentalidade dos direitos sociais é fato incontestável diante da previsão do próprio texto constitucional, bem como a estrutura do direito em si (se positivo ou negativo) não é fator determinante para estabelecer a função do direito, tendo em vista a multifuncionalidade atribuída a todos os direitos fundamentais.

Por consequência, podem-se estabelecer, desde já, duas características sobre o direito à saúde: dupla fundamentalidade e aplicabilidade imediata. A fundamentalidade material é evidenciada pela forte interdependência que esse direito possui com outros bens jurídicos tão relevantes quanto o direito à vida, à integridade física etc.; enquanto a formal decorre da previsão constitucional.

Sua aplicabilidade imediata está prevista no art. 5º, §1º,[179] possuem aplicação imediata, mesmo que ocorra de forma limitada. Sarlet (2009) entende que a potência dessa aplicabilidade vai depender da forma da positivação do direito e das características do direito em si. Ou seja, dizer que todos os direitos fundamentais serão aplicados a todos não é o mesmo que dizer que será aplicado da mesma forma, pois, mesmo quando carente da atuação legiferante, ainda assim poderá gerar efeitos jurídicos.[180]

Além disso, a aplicabilidade imediata que dispõe o dispositivo supracitado tem duas consequências em relação aos órgãos estatais. A primeira é que vinculam os direitos sociais diretamente aos órgãos públicos; e a segunda é que impõem a estes a tarefa de maximizar a eficácia dos direitos fundamentais, em especial dos direitos sociais.[181]

---

[179] *In verbis*: §1º As normas definidoras dos direitos e garantias fundamentais têm aplicação imediata.

[180] O autor afirma: "Assim, ainda que se possa falar, no caso de alguns direitos sociais, especialmente em virtude do modo de sua positivação no texto constitucional, em uma maior relevância de uma concretização legislativa, essa peculiaridade não afasta o dever de se atribuir também às normas de direitos sociais uma máxima eficácia e efetividade, obrigação cometida a todos os órgãos estatais, no âmbito de suas respectivas competências, dever ao qual se soma o dever de aplicação direta de tais normas por parte dos órgãos do Poder Judiciário" (SARLET, 2009, n.p.).

[181] SARLET, Ingo Wolfgang. Os direitos fundamentais sociais na ordem constitucional brasileira. *RPGE*, Porto Alegre, v. 5, n. 55, 2002.

E nesse sentido, o dever de organizar e procedimentalizar um Sistema Único de Saúde é uma amostra da dimensão prestacional em sentido amplo adquirida por esse direito.[182]

Como já destacado, o Estado é o destinatário principal desses deveres fundamentais, embora, como também mencionado, não seja o único por força da Lei do Sistema Único de Saúde (Lei nº 8.080, art. 2º, §2º). Ou seja, o SUS – como principal meio de efetivação do direito à saúde – vincula tanto a atuação do Estado quanto dos particulares. Nesse sentido, pode-se dizer que o princípio da solidariedade norteia a concretização do direito à saúde pelo Estado (em suas diferentes dimensões federativas, sublinhe-se) e pela sociedade.[183]

Novais (2010) divide os deveres estatais em três: dever de respeito, dever de proteção e dever de promoção.[184] O dever de respeito está relacionado com o dever de não interferência do Estado na fruição dos direitos fundamentais, inclusive do acesso individual. O dever de proteção[185] diz respeito ao papel do Estado como defensor dos direitos fundamentais das agressões ou ameaças, tanto do próprio Estado quando dos particulares, de entidades internacionais, de eventualidades naturais, contingências, riscos de desastres naturais, tecnológicos, derivados de atividades nocivas, perigosas, quanto – em uma perspectiva paternalista de Estado – proteger os direitos sociais do indivíduo, inclusive de ações dele mesmo.[186] Por fim, o dever de promoção está relacionado com um acesso igualitário e efetivo de direitos fundamentais. Em regra, são as obrigações que mais geram

---

[182] SARLET, Ingo Wolfgang; MITIDIERO, Daniel; MARINONI, Luiz Guilherme. *Curso de direito constitucional*. 9. ed. São Paulo: Saraiva Educação, 2020.

[183] SARLET, Ingo Wolfgang; FIGUEIREDO, Mariana Filchtiner. O direito fundamental à proteção e promoção da saúde no Brasil: principais aspectos e problemas. *In*: RÉ, Aluísio Iunes Monti Ruggeri (org.). *Temas aprofundados da defensoria pública*. v.1. Salvador: Juspodivm, 2014.

[184] O dever de proteger está relacionado com a dimensão prestacional em sentido amplo e o dever de implementar com a dimensão prestacional em sentido estrito (FIGUEIREDO, 2007, p. 89-90).

[185] Para Mendes (2021, n.p), "pode-se estabelecer a seguinte classificação do dever de proteção: a) dever de proibição (Verbotspflicht), consistente no dever de se proibir determinada conduta; b) dever de segurança (Sicherheitspflicht), que impõe ao Estado o dever de proteger o indivíduo contra ataques de terceiros mediante adoção de medidas diversas; c) dever de evitar riscos (Risikopflicht), que autoriza o Estado a atuar com objetivo de evitar riscos para o cidadão em geral mediante a adoção de medidas de proteção ou de prevenção especialmente em relação ao desenvolvimento técnico ou tecnológico".

[186] Ao dever de proteção é ainda possível admitir a existência de uma reserva do politicamente oportuno, vez que a decisão sobre qual o meio de proteção e em que medida o direito será protegido são decisões políticas (NOVAIS, 2010, p. 257-261).

custos ao Estado, portanto são deveres que estão condicionados à reserva do possível.[187]

Interessante abordar a divisão doutrinária entre direitos originários e direitos derivados. Os direitos originários são aqueles que podem ser exigidos do Estado a partir da sua previsão constitucional, ou seja, podem ser usufruídos sem a necessidade de regulamentação. Por sua vez, os direitos derivados só podem ser exigidos se regulados por uma legislação infraconstitucional e/ou políticas públicas.[188]

O art. 6º da Constituição Federal compreende a existência de direitos prestacionais originários e derivados. E, em geral, os direitos sociais como um todo são entendidos como direitos prestacionais derivados. Contudo, com relação ao direito à saúde,[189] a doutrina tende a considerar que o texto constitucional lhe atribui uma posição de originários; inclusive, mesmo o SUS sendo claramente uma norma regulamentadora, as suas linhas gerais são definidas na Constituição. Ademais, a própria jurisprudência nacional aceita o fundamento geral de direito à saúde em demandas que objetivem a garantia desse direito.[190]

Assim, Sarlet e Figueiredo (2014) dispõem que o objeto do direito à saúde inclui variadas posições jurídico-subjetivas de naturezas distintas, quais sejam: defesa, proteção, organização e procedimento, prestações materiais tanto de caráter originário quanto de caráter derivado.[191] São direitos de defesa quando têm como finalidade resguardar a saúde individual e/ou saúde pública contra ingerências do Estado, da sociedade ou de ameaças alheias. São direitos a prestações quando promovem deveres de proteção seja da saúde individual seja da

---

[187] NOVAIS, Jorge Reis. *Direitos sociais*: teoria jurídica dos direitos sociais enquanto direitos fundamentais. 2. ed. Lisboa: Coimbra Editora, 2010.

[188] CANOTILHO, José Joaquim Gomes. *Direito constitucional e teoria da Constituição*. Coimbra: Almedina, 2003.

[189] "Nada obstante genericamente atribui-se aos direitos sociais o caráter de direitos prestacionais derivados, afirma Clève que a própria Constituição assegura eficácia originária em casos como o direito à saúde, pelo menos nas extensões mais evidentes desse direito, o que não significa que tais direitos originários não encontrem limites [..] Além disso, pode-se afirmar que a configuração do Sistema Único de Saúde – SUS –, cujas linhas gerais estão traçadas pelas próprias normas constitucionais de competência e em atenção ao princípio federativo, também permitiria identificar imediatamente algumas das obrigações estipuladas para cada um dos entes da federação" (FIGUEIREDO, 2007, p. 90).

[190] *Ibidem*.

[191] SARLET, Ingo Wolfgang; FIGUEIREDO, Mariana Filchtiner. O direito fundamental à proteção e promoção da saúde no Brasil: principais aspectos e problemas. *In*: RÉ, Aluísio Iunes Monti Ruggeri (org.). *Temas aprofundados da defensoria pública*. v.1. Salvador: Juspodivm, 2014.

saúde coletiva – nessa hipótese, é chamado de direito de prestação em sentido amplo; ou geram dever de prestação de natureza organizatória e procedimental; ou ainda geram dever de prestações materiais – hipótese em que se chama de direito de prestação em sentido estrito.[192]

Uma das consequências da constatação da aplicabilidade imediata dos direitos sociais é o reconhecimento de que o direito à saúde é um direito originário, encontrando-se nesse caso relacionado com a dimensão subjetiva[193] desse direito.[194]

Importante compreender que os direitos fundamentais não traduzem apenas princípios jurídicos que servem unicamente para proteger os indivíduos de eventuais abusos ou para garantir prestações materiais que visem a diminuição da igualdade; longe disso. Eles formam a espinha dorsal do ordenamento jurídico; eles não são apenas direitos subjetivos, eles transcendem a dimensão subjetiva, tornando-se verdadeiros norteadores de toda e qualquer manifestação do Estado, e é justamente essa função desempenhada pelos direitos fundamentais que é chamada de dimensão objetiva.[195]

> Os direitos fundamentais não garantem apenas direitos subjectivos, mas também princípios objectivos básicos para a ordem constitucional democrática do Estado de Direito [...] devem ser compreendidos e interligados como elementos definidores e legitimadores de toda a ordem jurídica positiva. Proclamam uma 'cultura jurídica' e 'política' determinada, numa palavra, um concreto e objetivo 'sistema de valores' (*sic*).[196]

---

[192] SARLET, Ingo Wolfgang; FIGUEIREDO, Mariana Filchtiner. Art. 196 e ss. *In*: CANOTILHO, J. J. et al. *Comentários à Constituição do Brasil*. 2. ed. São Paulo: Saraiva Educação, 2018.

[193] Direitos subjetivos são aqueles, segundo Canotilho (2014, p. 476) "inerentes ao espaço existencial do cidadão". Para Barroso (2020, n.p), "[..] em sua dimensão subjetiva, direitos fundamentais protegem posições jurídicas individuais, desfrutáveis ou exigíveis por um titular determinado, para proveito próprio".

[194] Impende destacar que há muitas discussões doutrinárias sobre a existência ou não da dimensão subjetiva do direito à saúde, mas o objetivo deste trabalho é discutir o papel dos Poderes Públicos e do STF na efetivação do direito à saúde; temática que se enquadra dentro da dimensão objetiva do direito à saúde, portanto a abordagem sobre essa dimensão subjetiva será superficial aqui.

[195] A tese da dimensão objetiva surge no Tribunal Constitucional Alemão, o qual estabeleceu que a Constituição possui uma ordem objetiva de valores que vincula a atuação de todos os poderes e da interpretação constitucional (BARROSO, 2020). Segundo Sarlet (2020, n.p): "Em termos gerais, a dimensão objetiva dos direitos fundamentais significa que às normas que preveem direitos subjetivos é outorgada função autônoma, que transcende a perspectiva subjetiva, implicando, além disso, o reconhecimento de conteúdos normativos e, portanto, de funções distintas aos direitos fundamentais".

[196] QUEIROZ, Cristina. *Direitos Fundamentais Sociais*: funções, âmbito, conteúdo, questões interpretativas e problemas de justiciabilidade. Coimbra: Coimbra Editora, 2006. p. 15-16.

Barroso (2020) elucida que a dimensão objetiva dos direitos fundamentais é uma tese que se origina na doutrina alemã e possui três consequências principais para o ordenamento jurídico:

> (i) Força irradiante dos direitos fundamentais.[197] Os direitos fundamentais – e, em verdade, a Constituição como um todo – constituem não apenas um sistema em si próprios, mas, também, a lente pela qual se deve ler todo o ordenamento jurídico. Por vezes referida como filtragem constitucional ou constitucionalização do direito, a força irradiante projeta os mandamentos constitucionais sobre o sentido e alcance de toda a legislação ordinária, dando origem a expressões como constitucionalização do direito civil, do direito administrativo, do direito penal etc.[198]
>
> (ii) Deveres de proteção. Foi visto que o papel do Estado na concretização dos direitos fundamentais importa em certos deveres de abstenção, que o impedem de interferir negativamente no seu âmbito de proteção, salvo as restrições legítimas. A ideia de dimensão objetiva, por sua vez, impõe determinados deveres de atuação, para proteção e promoção dos direitos fundamentais. Nessa categoria se inserem deveres de legislar – seja para integrar normas constitucionais incompletas, seja para proteger bens jurídicos relevantes – e deveres de entregar prestações positivas, inclusive e sobretudo as referentes ao mínimo existencial.
>
> (iii) *Função organizatória e procedimental*.[199] Trata-se aqui, de certa forma, de um desdobramento dos deveres de proteção tratados no item anterior. Há direitos fundamentais cuja concretização depende da

---

[197] Esse efeito provoca desdobramentos na eficácia privada dos direitos fundamentais, pois entende-se que se os direitos fundamentais possuem eficácia irradiante, sua aplicabilidade vai além da relação padrão Estado–sociedade/indivíduo podendo ser aplicado na relação indivíduo–indivíduo (SARLET, 2014, p. 148). Para Hachem (2016, p. 330), "essa irradiação dos direitos fundamentais por todo o sistema de normas se manifesta, segundo o seu alcance, de duas formas: (i) mediante uma *projeção interna* à Constituição, que orienta a compreensão dos enunciados constitucionais, delimitando no campo hermenêutico os contornos jurídicos dos direitos fundamentais e auxiliando a demarcação de sua dimensão subjetiva; (ii) por meio de uma *projeção externa* à Constituição, que estende a incidência do conteúdo axiológico desses direitos a todas as normas jurídicas infraconstitucionais, vinculando a interpretação de todas as disposições normativas legais e administrativas".

[198] Sarlet (2020) ressalta que essa característica dos direitos fundamentais não é consequência exclusiva da dimensão objetiva dos direitos fundamentais, mas também do processo de supremacia constitucional e do consequente controle de constitucionalidade das leis.

[199] "[..] todos aqueles direitos fundamentais que dependem, na sua realização, tanto de providências estatais com vistas à criação e conformação de órgãos, setores ou repartições (direito à organização) como de outras, normalmente de índole normativa, destinadas a ordenar fruição de determinados direitos ou garantias, como é o caso das garantias processuais-constitucionais (direito de acesso à Justiça, direito de proteção judiciária, direito de defesa" (MENDES, 2021, n.p.).

existência instrumental de instituições específicas e de procedimentos indispensáveis para o seu funcionamento.[200]

A dimensão objetiva do direito à saúde[201] pode ser exteriorizada de duas formas: (a) imposições legiferantes e (b) fornecimento de prestações aos cidadãos. A primeira está relacionada com o dever de o legislador atuar sobre os direitos sociais com o escopo de torná-lo eficaz, seja por meio de prestações materiais, seja criando condições institucionais para o efetivo exercício desses direitos. Por sua vez, a segunda é referente às prestações materiais em si, decorrentes da dimensão subjetiva. A noção de dimensão objetiva dos direitos sociais[202] está consubstanciada nos deveres objetivos do Estado para a promoção, respeito e proteção desses direitos.[203]

Hachem (2016) entende que a dimensão objetiva dos direitos relativiza a discricionariedade da Administração Pública em razão da eficácia irradiante que a ela impõe de:

> criar as condições necessárias para que os direitos fundamentais possam ser fruídos de maneira integral e universalizada, removendo os obstáculos que impeçam o seu exercício real e efetivo (deveres autônomos de proteção); (ii) interpretar todo o ordenamento jurídico constitucional e infraconstitucional à luz do conteúdo valorativo inerente a esses direitos (eficácia irradiante); (iii) proteger os titulares dos direitos fundamentais contra si mesmos (valor comunitário) [...] (i) disposições normativas que disciplinem, mediante a fixação de critérios, a forma como serão exercidos os direitos fundamentais; (ii) aparatos organizacionais que possibilitem o seu exercício no mundo dos fatos; (iii) previsões em atos administrativos normativos que regulem meios de proteção dos bens jurídicos jusfundamentais contra ofensas advindas de outros particulares; (iv) instrumentos e regras procedimentais que facilitem a exigibilidade dos direitos fundamentais perante o Poder Público; (v) ações e serviços de prestação de utilidades ou comodidades materiais que sejam necessárias à satisfação dos direitos fundamentais.[204]

---

[200] BARROSO, Luís Roberto. *Curso de Direito Constitucional Contemporâneo*: os conceitos fundamentais e a construção do novo modelo. 9. ed. São Paulo: SaraivaJur, 2020.

[201] Ressalta-se que o autor aborda o assunto dispondo sobre os direitos sociais em geral.

[202] NOVAIS, Jorge Reis. *Direitos sociais*: teoria jurídica dos direitos sociais enquanto direitos fundamentais. 2. ed. Lisboa: Coimbra Editora, 2010.

[203] CANOTILHO, José Joaquim Gomes. *Direito constitucional e teoria da Constituição*. Coimbra: Almedina, 2003.

[204] HACHEM, Daniel Wunder. A discricionariedade administrativa entre as dimensões objetiva e subjetiva dos direitos fundamentais sociais. *Direitos Fundamentais & Justiça*, Belo Horizonte, ano 10, n. 35, p. 313-343, jul./dez. 2016. p. 319.

Quando, em tela, a efetivação dos direitos fundamentais em sua dimensão objetiva, a atividade da Administração Pública será sempre dupla: vinculativa e discricionária. Vinculada, pois não pode optar entre concretizar ou não o direito fundamental; e discricionária porque poderá identificar qual a melhor forma de efetivar o direito em questão.[205]

Destaca-se que os deveres de proteção estabelecem que ao Estado cabe assegurar os direitos fundamentais da forma mais eficiente possível, proibindo tanto as omissões quanto a proteção insuficiente. O autor conclui: "Assim, os deveres de proteção implicam deveres de atuação (prestação) do Estado e, no plano da dimensão subjetiva – na condição de direitos à proteção –, inserem-se no conceito de direitos a prestações (direitos à proteção) estatais". Os deveres de proteção, para o referido autor, são efetivados por meio da edição de normas penais e medidas nas áreas de vigilância sanitária, tutela do consumidor, proteção do trabalho, de outros grupos sociais, na esfera ambiental. [206]

Os direitos fundamentais sociais gozam ainda de proteção quanto às prestações sociais já implementadas, constituindo-se naquilo que se convencionou denominar de proibição ao retrocesso. A proibição do retrocesso significa dizer que, tendo os direitos sociais obtido um certo grau de realização, "[...] passam a constituir, simultaneamente, uma garantia institucional e um direito subjetivo. A proibição do retrocesso nada pode fazer contra as recessões e crises econômicas, mas o princípio em análise limita reversibilidade dos direitos adquiridos".[207]

Ela é uma proteção contra a reversibilidade dos direitos sociais já estabelecidos, ou seja, o legislador não pode, a seu bel-prazer, eliminar uma prestação que já vinha sendo garantida, sobretudo quando o faz retirando, esvaziando a lei regulamentadora. A lei que dá uma maior efetividade ao direito social possui, segundo o autor, uma força normativa semelhante à da Constituição, pois não se trata apenas de uma norma realizada em cumprimento do dever de legislar, mas uma

---

[205] Nessa perspectiva, a dimensão objetiva dos direitos fundamentais relativiza a discricionariedade da Administração Pública; pois ela detém o poder de escolha sobre como e de que forma os recursos serão aplicados, mas esse poder deve estar de acordo com os limites legais e constitucionais, ou seja, ela tem poder sobre os meios, mas não tem o poder de escolher sobre efetivar ou não um direito. A omissão estatal é contrária ao ordenamento jurídico (*ibidem*).
[206] SARLET, Ingo Wolfgang; FIGUEIREDO, Mariana Filchtiner. Art. 196 e ss. *In*: CANOTILHO, J. J. *et al*. *Comentários à Constituição do Brasil*. 2. ed. São Paulo: Saraiva Educação, 2018.
[207] MIRANDA, Jorge. *Manual de Direito Constitucional*: Direitos Fundamentais – Tomo IV. Coimbra: Coimbra Editora, 2008. p. 436.

norma que dá efetividade a um direito (numa perspectiva clássica) não exequível por si só de modo que, uma vez criada a norma, esta não poderá ser suprimida.[208]

Apesar de algumas divergências doutrinárias sobre a proibição do retrocesso, para os fins deste trabalho é satisfatória apenas a compreensão de que esse princípio é aplicado aos direitos sociais e protege as prestações sociais de ações do Poder Público que visem a sua supressão sem que haja uma compensação razoável.

Neste momento do estudo, podem-se estabelecer três diretrizes sobre direito à saúde no ordenamento jurídico brasileiro: (a) o direito à saúde é um direito com dupla fundamentalidade; (b) o direito à saúde tem como principal dimensão a prestacional; (c) o Estado, por força do texto constitucional, é o destinatário principal desse direito; e (d) a dimensão objetiva dos direitos fundamentais impõe que o direito à saúde seja assegurado da forma mais eficiente possível,[209] seja por meio de atuação legiferante, seja por meio das ações administrativas mediante políticas públicas, sobretudo com a criação e o gerenciamento do Sistema Único de Saúde, executado por todos os entes da federação, mas dirigido pela União.[210]

Como consequência, o Estado possui papel essencial para efetivação do direito à saúde. Contudo, a concretização do direito à saúde está sujeita a fatores que estão além da disposição estatal ou da necessidade popular e até mesmo da previsão constitucional ou regulamentação infraconstitucional. Para Miranda (2008), a efetivação de qualquer direito social depende da cooperação de todos os níveis da federação para a construção de um ambiente sociopolítico que permita o pleno desenvolvimento desse direito, sendo necessário sopesar aquilo que é socialmente desejável com o financeiramente possível.

---

[208] *Ibidem*, p. 436-444.

[209] Sarlet (2020, n.p) argumenta que: "Assim, ainda que se possa falar, no caso de alguns direitos sociais, especialmente em virtude do modo de sua positivação no texto constitucional, em uma maior relevância de uma concretização legislativa, essa peculiaridade não afasta o dever de se atribuir também às normas de direitos sociais uma máxima eficácia e efetividade, obrigação cometida a todos os órgãos estatais, no âmbito de suas respectivas competências, dever ao qual se soma o dever de aplicação direta de tais normas por parte dos órgãos do Poder Judiciário".

[210] Nesse sentido, Figueiredo (2007) salienta que a concretização do direito à saúde depende de uma organização prévia procedimental e estrutural que no ordenamento jurídico brasileiro é consubstanciada no SUS. A constituição do SUS como sistema é um avanço importante no contexto da Constituição de 1988, pois tem o ideal de ser um conjunto de unidades distintas unidas pelo mesmo fim, no caso, os entes federados reunidos com o mesmo objetivo de promover o direito à saúde.

O financeiramente possível encontra-se vinculado à ideia da chamada reserva do possível,[211] que é a relação intrínseca entre a concretização dos direitos sociais e a necessidade da alocação de recursos financeiros pelos órgãos estatais para o seu implemento. Isto significa que a obrigação estatal de efetivar os direitos deve respeitar a disponibilidade de recursos financeiros dos quais dispõem os entes federados.[212] E se por um lado as necessidades sociais são infinitas, enquanto de outro os recursos estatais são limitados, precisamente em razão disso o Poder Público deve realizar a distribuição das receitas públicas sempre com o objetivo de assegurar a máxima efetividade possível do bem jurídico com os recursos financeiros disponíveis.[213]

Ainda em relação ao conceito de reserva do possível, Sarlet e Figueiredo (2014) defendem que este possui uma dimensão tríplice:

> a efetiva disponibilidade fática dos recursos para a efetivação dos direitos fundamentais; b) a disponibilidade jurídica dos recursos materiais e humanos, que guarda íntima conexão com a distribuição das receitas e competências tributárias, orçamentárias, legislativas e administrativas, entre outras, e que, além disso, reclama equacionamento, notadamente no caso do Brasil, no contexto do nosso sistema constitucional federativo; c) já na perspectiva (também) do eventual titular de um direito a prestações sociais, a reserva do possível envolve o problema da proporcionalidade da prestação [...] [e] também da sua razoabilidade.[214]

---

[211] Ideia concebida pelo Tribunal Constitucional alemão e corresponde à distribuição equilibrada entre aquilo que a sociedade exige do Estado e aquilo que é financeiramente viável para ele. Há certa discussão doutrinária sobre o papel da reserva do possível dentro da teoria dos direitos fundamentais, se se trata de um limite aos direitos fundamentais ou um princípio que visa a sua garantia. Neste trabalho, alinha-se ao entendimento de Sarlet (2014) no sentido de que o princípio da reserva do possível é tanto um limite fático e jurídico quanto um argumento de garantia dos direitos fundamentais.

[212] Justamente por essa relação entre os Estados e os direitos sociais que Novais (2010) afirma que a reserva do possível, apesar de afetar tanto os direitos de liberdade quanto os direitos sociais, afeta intrinsecamente este último, de modo que no plano jurídico não é possível decidir sobre a violação de um direito social sem observar as possibilidades financeiras do Estado. No fim das contas, a grande questão sobre reserva do possível não é se ela inviabiliza ou não os direitos sociais, mas em que medida a decisão sobre distribuição de receitas está sob o controle judicial (NOVAIS, 2010).

[213] MIRANDA, Jorge. *Manual de Direito Constitucional*: Direitos Fundamentais – Tomo IV. Coimbra: Coimbra Editora, 2008.

[214] SARLET, Ingo Wolfgang; FIGUEIREDO, Mariana Filchtiner. O direito fundamental à proteção e promoção da saúde no Brasil: principais aspectos e problemas. In: RÉ, Aluísio Iunes Monti Ruggeri (org.). *Temas aprofundados da defensoria pública*. v.1. Salvador: Juspodivm, 2014. p. 287.

Desse modo, é notória a dimensão econômico-financeira na implementação dos direitos sociais, tanto no que tange à dimensão das suas prestações fáticas quanto do estabelecimento da estrutura organizacional a qual compete tal implemento, ponto no qual merece ser destacada a arquitetura institucional do Estado federal como variável relevante dessa dinâmica, considerando a distribuição de recursos materiais e humanos e a divisão de competências inerente à forma federativa de organização do Estado.

Por sua vez, a reserva do possível deve ser compreendida ainda enquanto mandado de otimização e, assim sendo, as decisões orçamentárias, sobretudo no que tange ao direito à saúde, devem examinar as expectativas orçamentárias do Poder Público em conjunto com o dever de otimizar progressivamente os direitos fundamentais.[215]

Nesse sentido, Novais (2010) e Mendes (2021) afirmam, respectivamente, que:

> A situação de conflito e a multiplicidade de possíveis respostas para solucionar são inevitáveis porque a escassez moderada de recursos significa, na prática, que há sempre dinheiro ou algum dinheiro para realizar a prestação controversa, mas, simultaneamente, que há várias possibilidades de escolha do destino a que se afetam os recursos disponíveis [...] Nunca há dinheiro porque há sempre múltiplas necessidades prementes com cuja satisfação o Estado se debate, há sempre outras necessidades básicas para onde deslocar os recursos requeridos pela prestação em causa, mas também, em contrapartida, há sempre dinheiro porque é sempre possível desviar para essa prestação disponibilidades residuais ou inicialmente afectados a outros fins. Daí a enorme pressão política, mas também jurídica, que envolve a alocação dos fundos públicos (*sic*).[216]

> [...] apesar da realidade da escassez de recursos para o financiamento de políticas públicas de redução de desigualdades, seria possível estabelecer prioridades entre as diversas metas a atingir, racionalizando a sua utilização, a partir da ideia de que determinados gastos, de menor premência social, podem ser diferidos, em favor de outros, reputados indispensáveis e urgentes, quando mais não seja por força do princípio da dignidade da pessoa humana, que, sendo o valor-fonte dos demais valores, está acima de quaisquer outros, acaso positivados nos textos constitucionais.[217]

---

[215] FIGUEIREDO, Mariana Filchtiner. *Direito Fundamental à Saúde*: parâmetros para sua eficácia e efetividade. Porto Alegre: Livraria do Advogado, 2007.

[216] NOVAIS, Jorge Reis. *Direitos sociais*: teoria jurídica dos direitos sociais enquanto direitos fundamentais. 2. ed. Lisboa: Coimbra Editora, 2010. p. 91-115.

[217] MENDES, Gilmar Ferreira. Direitos Sociais. *In*: MENDES, Gilmar Ferreira; BRANCO, Paulo Gustavo Gonet. *Curso de Direito Constitucional*. São Paulo: Saraiva Educação, 2021.

Esses trechos revelam duas dimensões da reserva do possível: (1) fática e (2) jurídica. A dimensão fática está relacionada aos recursos financeiros propriamente ditos, ao valor orçamentário disponível para que o Estado garanta e implemente os direitos.[218] A dimensão jurídica é referente à alocação de recursos públicos. Os recursos públicos são limitados, mas as necessidades sociais não o são, desse modo a melhor forma do Estado cumprir seus deveres fundamentais é por meio da distribuição ou redistribuição orçamentária,[219] o que constitui uma decisão substancialmente política visando a concretização de um bem juridicamente protegido.[220]

3.1.2 Direitos fundamentais e políticas públicas: distinções e interconexões

A implementação de políticas públicas pelo Estado é imprescindível para a concretização do direito à saúde. E, sendo assim, torna-se imperioso compreender de que forma essa relação (políticas públicas e direitos fundamentais) se desenvolve no ordenamento jurídico brasileiro.[221] Como já mencionado, o papel do Estado foi reestruturado no século XX após as Guerras Mundiais e os processos de redemocratização especificamente no caso da América Latina, passando este a exercer um ação relevante na concretização dos

---

[218] Como já definido no tópico anterior, a divisão em direito social ou de liberdade não interfere na prática jurídica, mas sim na dimensão (negativa ou positiva) que o direito possui em dado contexto. Além disso, todos os direitos sejam sociais, sejam de liberdade, na dimensão negativa ou positiva, custam, em maior ou menor medida, dinheiro do Poder Público. Ou seja, a relação própria presente entre o Poder Público e a efetivação dos direitos sociais não implica que estes sejam as únicas espécies de direitos que impõem despesas aos recursos financeiros do Estado.

[219] Mendes (2021) indica que: "Tais escolhas seguiriam critérios de justiça distributiva (o quanto disponibilizar e a quem atender), configurando-se como típicas opções políticas, as quais pressupõem "escolhas trágicas" pautadas por critérios de justiça social (macrojustiça). É dizer, a escolha da destinação de recursos para uma política e não para outra leva em consideração fatores como o número de cidadãos atingidos pela política eleita, a efetividade e eficácia do serviço a ser prestado, a maximização dos resultados etc." (Mendes, 2021, n.p).

[220] FIGUEIREDO, Mariana Filchtiner. *Direito Fundamental à Saúde*: parâmetros para sua eficácia e efetividade. Porto Alegre: Livraria do Advogado, 2007.

[221] Salienta-se que objetivo desse tópico é compreender como e de que forma se manifesta a relação entre o direito e as políticas. Desse modo, em que pese sejam necessários esclarecimentos sobre conceitos quanto ao que é política pública e o seu papel no Estado, não serão abordados de forma aprofundada eventuais discussões sobre suas características.

direitos constitucionalmente garantidos. Outrossim, essa mudança demandou que a organização estatal adquirisse um grau maior de complexidade e organização, pois as novas obrigações estatais só eram passíveis de efetivação a partir da organização dos órgãos internos e de um planejamento estratégico que culminasse na implementação das políticas públicas.[222]

Deste modo, antes de adentrar no conceito e nas particularidades das políticas públicas, é necessário fazer a distinção de dois termos: *polity* e *policie/policy*.[223][224] O primeiro corresponde com a forma tradicional do poder político e as suas manifestações; enquanto o segundo, *policies*, está relacionado às políticas públicas em si.[225] Ou seja, nem sempre o que está no ato normativo como "política" será uma política pública propriamente dita. Há uma distinção fundada na finalidade, de modo que, se o objetivo por trás da implementação de determinada política for concretização de objetivos socialmente relevantes, se está diante de uma *policies* (política pública).[226]

---

[222] BUCCI, Maria Paula Dallari. O conceito de políticas públicas em direito. *In*: BUCCI, Maria Paula Dallari (org.). *Políticas Públicas*: reflexões sobre o conceito jurídico. São Paulo: Saraiva, 2006. Disponível em: https://www.google.com/url?sa=t&rct=j&q=&esrc=s&sou rce=web&cd=&ved=2ahUKEwiqv9WJo_b1AhU3HbkGHTtYDs4QFnoECB8QAQ&url=h ttps%3A%2F%2Fwww2.senado.leg.br%2Fbdsf%2Fbitstream%2Fhandle%2Fid%2F198% 2Fr1330.PDF%3Fsequence%3D4&usg=AOvVaw32sHXvHbgTjWV-64qr4xFi. Acesso em: 01 fev. 2022.
COMPARATO, Fábio Konder. Ensaio sobre o juízo de constitucionalidade de políticas públicas. *Revista de Informação Legislativa*, Brasília, v. 35, n. 138, abr./jun. 1998.

[223] Sechi (2013) leciona que essa distinção é necessária, pois na língua inglesa cada termo representa uma manifestação do Estado, enquanto nos países de língua latina, tais como Brasil, Espanha, Itália e França, o termo política serve tanto para *polity* quanto para *policy*.

[224] Conforme Rosa (2021, p. 10), além dos termos *polity e policie*, há o termo *politics*, que é a atividade política correspondente às áreas de debate sobre as tomadas de decisões. Para a autora, *polity* está relacionado com as instituições políticas; *politics* com os processos políticos e *policy* com o conteúdo das políticas públicas. Para Bucci (2013), esse aspecto da atividade estatal está incluído dentro das *policies*, como se verá quando for abordado o conceito dessa autora sobre políticas públicas.

[225] BUCCI, Maria Paula Dallari. *Fundamentos para uma teoria jurídica das políticas públicas*. São Paulo: Saraiva Educação, 2013.

[226] Para exemplificar, Bucci (2006) usa a Política Nacional do Meio Ambiente (Lei nº 6.938/81), a Política Nacional de Recursos Hídricos (Lei nº 9.433/97) e a Lei Geral de Telecomunicações (Lei nº 9.742/97) para demonstrar alguns elementos legais que uma política pública deve ter, como as expressões: fins, objetivos, princípios, diretrizes, instrumentos e sistema, planos, programas e projetos. E, mesmo quando há ausência de um desses elementos, ainda assim é possível estabelecer que se trata de uma política pública quando for identificável como um programa de governo com um conteúdo ideológico, como ocorre com a MP nº 213/04, que dispõe sobre o Portal Único de Acesso ao Ensino Superior (Prouni). Nem a MP e nem a lei posterior que a converteu tratam sobre marcos temporais ou resultados – que são traços definidores de políticas públicas –, contudo o Prouni é facilmente compreendido como um programa de inclusão social.

Tendo estabelecido essa distinção, passa-se agora para a compreensão do que é efetivamente política pública. Impende destacar que a conceituação desse instrumento é problemática, pois se trata de uma atividade complexa que envolve múltiplos atores, numerosas decisões e diversos processos; logo, os estudos sobre o tema são transversais ou setoriais.

Apesar disso, Sechi (2013) afirma que:

> [...] (a) problemas públicos surgem de forma semelhante; (b) o estudo de alternativas de solução para problemas públicos ocorre de forma similar; (c) os métodos de tomada de decisões são semelhantes; (d) os obstáculos de implementação são essencialmente parecidos; (e) a avaliação de impacto das políticas públicas nesses setores também pode ser feita de forma analiticamente parecida. Independentemente do setor de intervenção, políticas públicas são desenhadas em contextos institucionais com traços comuns, os atores políticos comportam-se de maneira semelhante, e os conteúdos das políticas públicas podem ser analiticamente reduzidos a poucas categorias gerais.[227]

Desse modo, serão abordadas, inicialmente, as perspectivas que são bases para os principais conceitos sobre políticas públicas; após, será analisado o conceito produzido por Bucci (2013), pois apresenta a definição que mais se coaduna com o sistema jurídico brasileiro e, estabelecida a convenção em torno do conceito de política pública, será discutida a sua relação com o Direito.

A partir de uma análise ampla, Rosa (2021) estabeleceu que os conceitos sobre políticas públicas partem de três perspectivas diferentes: finalidade, os atores e os aspectos processuais.[228]

Os conceitos que compreendem as políticas públicas de acordo com sua finalidade a definem como um instrumento político que tem como objetivo enfrentar um problema social, provocando uma mudança social.[229] Desse modo, uma política pública é criada quando o Estado observa um problema que gera malefícios para a sociedade, assim criam-se mecanismos para modificar o *status quo*. Nessa perspectiva, a política pública surge após uma deliberação sobre a existência de

---

[227] SECHI, Leonardo. *Políticas públicas*: conceitos, esquemas de análise, casos práticos. 2. ed. São Paulo: Congage Learning, 2013.
[228] ROSA, Júlia Gabriele Lima da; LIMA, Luciana Leite; AGUIAR. Rafael Barbosa de. *Políticas públicas*: introdução [e-book]. Porto Alegre: Jacarta, 2021.
[229] *Ibidem*.

um problema social e a iniciativa do Estado em garantir a mudança social. Toda política pública, portanto, está necessariamente ligada a um problema social.

Sechi (2013, p. 2) define que "(...) uma política pública é uma diretriz elaborada para enfrentar um problema público (...) uma política é uma orientação à atividade ou à passividade de alguém; as atividades ou passividade decorrentes dessa orientação também fazem parte da política pública". Perceba-se que esse conceito tem três elementos: intencionalidade pública; resolução de um problema entendido como socialmente relevante; e ação ou não ação do poder estatal. Neste último ponto, assemelha-se a definição de Dye (2013, p. 3, tradução nossa),[230] o qual afirma que "política pública é o que os governos escolhem fazer ou não fazer".[231]

No contexto democrático brasileiro, essas definições se tornam incompletas, pois, ao mesmo tempo em que as políticas públicas podem surgir de problemas sociais, elas também surgem a partir de determinação constitucional, ou seja, não é o Estado, na figura dos seus governantes, que percebe um problema social e delibera sobre a melhor forma de resolvê-lo. Assim, no processo de criação e implementação das políticas públicas, embora seja objeto de deliberação política – na medida em que cabe ao Poder Executivo determinar como, sobre o que e de que forma elas serão executadas –, tais escolhas também decorrem direta e indiretamente[232] das determinações constitucionais.

Ademais, considerar a ausência decisória do Estado como política pública não tem respaldo no ordenamento jurídico-constitucional brasileiro,[233] sobretudo quando se tratar de uma política imposta

---

[230] DYE, Thomas R. *Understanding Public Policy*. Prentice Hall: Nova Jersey, 2013. p. 3. tradução nossa.

[231] Resiman e Toni (2017, p. 16) afirmam que a não decisão também se caracteriza como uma decisão política e que a não decisão não implica a ausência de deliberação. Todas as escolhas ou não escolhas dos agentes públicos perpassam por uma escolha, ou seja, não realizar determinada política pública também é produto da manifestação da intenção do poder estatal.

[232] Como a efetivação dos objetivos fundamentais estabelecidos no art. 3º da Constituição Federal.

[233] Pois a omissão e a negligência estatal são elementos que a Constituição Federal de 1988 repreende, permitindo o controle de constitucionalidade nas hipóteses de omissão, seja por meio de Ação Direta de Inconstitucionalidade por Omissão (ADO), presente no art. 103, §2º, da CRFB/88, seja por meio da Arguição de Descumprimento de Preceito Fundamental (ADPF), contida no art. 102, §1º, da CRBF/88. Desta última, ressalta-se, a título de exemplo, a ADPF nº 973, a qual tem como objetivo o reconhecimento do Estado de Coisas Inconstitucionais caracterizado pela alta letalidade de pessoas negras ocasionada pela violência do Estado e pelo desmonte de políticas públicas nesse sentido.

diretamente pela Constituição. Como mencionado, a discricionariedade do poder público é direcionada e limitada pelo texto constitucional.

Em sentido semelhante, pontua Sechi (2013):

> [...] a inação de um governante frente a um problema público crônico, como a seca no agreste nordestino, gera um questionamento sobre seus interesses na manutenção do *status quo*. Em nossa concepção, no entanto, o que temos nesse caso é uma falta de política pública voltada para a solução do problema da seca do Nordeste ou a vontade do governante de manter uma política pública que já existe, mesmo que falida. A partir da concepção de política como diretriz é bastante difícil aceitar a omissão como forma de política pública. A lógica desse argumento é: se um problema público é interpretativo, e todos os cidadãos visualizam problemas públicos de forma diferenciada, todo e qualquer problema, por mais absurdo que seja, daria luz a uma política pública. Se todas as omissões ou negligências de atores governamentais e não governamentais fossem consideradas públicas, tudo seria política pública [...] situações de omissão ou negligência governamental não devam ser consideradas políticas públicas, mas apenas falta de inserção do problema na agenda formal.[234]

Outro ponto importante da definição de Dye (2013)[235] é a relação direta que o autor faz entre política pública e governo. De modo simplista, esse conceito leva ao segundo ponto central das discussões sobre políticas: Quem são os atores responsáveis pelas políticas públicas?

Há duas teorias básicas: a multicêntrica ou policêntrica e estadocêntrica.[236] Resiman e Toni (2017, p. 14) sintetizam essa teoria da seguinte forma: "A caracterização de algo como política pública depende fundamentalmente do fato de ser executado pelo governo". O sentido

---

[234] SECHI, Leonardo. *Políticas públicas*: conceitos, esquemas de análise, casos práticos. 2. ed. São Paulo: Congage Learning, 2013. p. 6.

[235] Dye (2013) afirma que as instituições governamentais conferem três características às políticas públicas: (1) legitimidade, pois quando o Poder Público cria uma obrigação legal ela se torna obrigatória para os cidadãos, de modo que os indivíduos podem até considerar as políticas de grupos não governamentais como obrigatórias, mas apenas aquelas emitidas pelo Estado são obrigações legais; (2) políticas governamentais devem ser universais, uma vez que políticas de grupos não governamentais geralmente são destinadas a um grupo específico, seja limitado pela matéria, seja geograficamente, etc. Do contrário, políticas públicas são universais; (3) o governo é o único que possui o poder de coercibilidade. Em resumo, para o autor, uma política só se torna política pública quando é implementada em algum nível do Poder Público.

[236] A estadocêntrica é a abordagem seguida por Dye (2013).

de público aqui deriva dos atores responsáveis: o governo. Ou seja, só o governo pode criar, implementar e executar políticas públicas.[237]

De outro modo, a abordagem multicêntrica compreende que organizações privadas, organizações não governamentais, organizações multilaterais estatais e redes de políticas públicas podem criar políticas públicas junto com os atores estatais.[238] Essa abordagem geralmente está associada com as definições que retratam as políticas públicas como um método para resolver um problema público, assim, o termo "público" é utilizado para designar todo problema que afeta a coletividade.[239] Em contrapartida, a abordagem estadocêntrica é a que melhor se coaduna com os objetivos deste trabalho, visto que a finalidade aqui é de verificar o modo como o Estado concretiza os direitos fundamentais por meio das políticas públicas.[240]

Ademais, dentro da estrutura jurídico-constitucional brasileira, pode-se afirmar, sem grandes embargos, que em relação à efetivação dos direitos fundamentais a criação e a liderança das políticas públicas são realizadas pelo Estado, sobretudo quando se trata do direito à saúde. As definições de políticas públicas que analisam o seu aspecto processual destacam o processo decisório que as criam. Nesse sentido, políticas públicas são compreendidas como um processo constituído por inúmeras decisões realizadas por muitos atores que são influenciados por outros tantos atores sociais e que visam a implementação de uma ação pública coordenada com um fim específico.[241]

---

[237] Rosa (2015, p. 15) ressalta que: "A centralidade do Estado está relacionada: (a) ao monopólio do uso da força legítima; (b) ao seu papel de produtor de leis, o que abarca o poder de *enforcement*; (c) ao seu papel de representante do interesse coletivo; (d) ao controle de importantes recursos sociais, garantindo-lhe os meios para criar e manter políticas". De forma semelhante, Sechi (2013) argumenta que, no caso brasileiro, a estadocêntrica encontra fundamento na associação histórica e cultural que fazemos entre política pública e o papel do Estado como intervencionista, uma visão mais paternalista no pensamento político nacional.

[238] SECHI, Leonardo. *Políticas públicas*: conceitos, esquemas de análise, casos práticos. 2. ed. São Paulo: Congage Learning, 2013. p. 6.

[239] ROSA, Júlia Gabriele Lima da; LIMA, Luciana Leite; AGUIAR. Rafael Barbosa de. *Políticas públicas*: introdução [e-book]. Porto Alegre: Jacarta, 2021. p. 15.

[240] Sechi (2013) afirma que a abordagem estatista admite que atores não governamentais possam influenciar no processo de criação das políticas públicas, contudo eles não as criam ou as lideram.

[241] Em síntese, "[..] política pública é um conjunto de decisões e ações que envolvem uma diversidade de atores. Isso quer dizer que: (a) uma política pública envolve decisões: escolha entre ideias, objetivos, alternativas etc.; (b) bem como ações: a implementação das decisões tomadas; (c) as decisões e ações demandam algum nível de intencionalidade, de consensualidade e de coordenação, já que atores possuem diferentes valores, ideias, interesses e aspirações" (ROSA, 2021, p. 17).

Assim, analisando as bases conceituais sobre políticas públicas, pode-se estabelecer que: a) política pública é necessariamente uma ação do Poder Público; (b) negligência e omissão não se configuram como política pública; (c) as políticas públicas são criadas e implementadas por meio de um processo complexo, visto que cada etapa de criação, implementação e execução representa um conjunto de atores, deliberações e decisões.

Em razão disso, a definição de políticas públicas de Bucci (2013) parece a mais completa. A autora compreende que as políticas públicas são um tipo ideal que podem ser expressas tanto pelo termo política pública quanto por ação governamental e arranjo institucional.[242] A conceituação de política pública como programa de ação governamental tem justamente a intenção de ressaltar que se trata de uma atividade governamental realizada por unidades individualizadas de ação governamental com um objetivo determinado.

A seguir, será analisado o que é ação governamental e atividade governamental. A política pública é uma ação governamental porque decorre da manifestação de vontade do governo mediante a discricionariedade própria do Poder Executivo. Na mesma linha, Duarte (2017) frisa que:

> Para dar conta das diferentes expectativas simultâneas, fruto do reconhecimento de um amplo rol de direitos fundamentais, é preciso fazer escolhas fruto de decisões políticas. Para tomá-las, existem partidos e programas de governo. Estes é que vão determinar o conteúdo em si das políticas e as prioridades a serem enfrentadas, sempre dentro da margem de liberdade que a Constituição e os documentos internacionais de proteção de direitos humanos ratificados pelo país lhes conferiram

---

[242] A tese da autora tem como base a compreensão de três planos: macroinstitucional, que analisa a relação Estado e Governo e as mudanças ocasionadas pelo surgimento do Estado Social; microinstitucional, que analisa a ação governamental de fato; e o plano mesoinstitucional, que estuda os arranjos institucionais, que são os suportes legais e extralegais que garantem o movimento político necessário para o planejamento e a execução das políticas públicas. Em resumo, o plano macroinstitucional analisa o governo como um todo e as suas funções externas e internas. O plano microinstitucional analisa a política pública em si, pois, como será visto, o plano mesoinstitucional dispõe sobre o que está entre um e outro, isto é, a forma como o governo (macro) realiza as ações governamentais (micro) e o mecanismo que faz essa relação é o arranjo institucional. O plano macroinstitucional compreende o Governo como espaço de manifestação do poder do Estado; é a partir dele que o jogo político (próprio das estruturas democráticas) é movimentado. Ou seja, a Constituição Federal impõe ao Estado deveres e obrigações que serão cumpridas pelo Governo, quais e em que medidas esses deveres e obrigações serão cumpridos pelo Governo é uma discricionariedade administrativa que decorre das movimentações políticas (BUCCI, 2013).

Pois bem, eleitos os representantes do povo pelos mecanismos previstos no regime democrático, a primeira tarefa que cabe ao Poder Público é a realização do planejamento, obrigatório para o setor público, conforme art. 174 da CF/88, e essencial para o êxito das políticas públicas. Ele é decisivo para a organização das estruturas complexas necessárias para dar suporte à criação de sistemas capazes de articular diversos interesses que por vezes se entrelaçam, por vezes se contrapõem ou até mesmo se sobrepõem. De modo específico, é ele que garante o uso racional dos recursos disponíveis para se alcançar objetivos constitucionais predeterminados.[243]

O Governo é um componente intrínseco quando se discute sobre políticas públicas. Parada (2006) ressalta que toda política pública é antes de tudo a política de um governo, pois ele vai estabelecer as políticas públicas que estiverem em uma relação mais próxima do seu plano de governo. De forma semelhante, Bucci (2017) entende que, no sistema presidencialista, o Poder Executivo é o principal protagonista das políticas públicas, pois ele direciona tanto o governo quanto a gestão da máquina administrativa. Dessa forma, é inegável que a deliberação da criação, da implementação e da execução das políticas públicas também perpassa pelo ideal ideológico do governo, especialmente do Poder Executivo.

A política pública é um programa na medida em que essa ação é preliminarmente discutida e elaborada a partir dos dados extrajurídicos, isto é, as metas, os resultados pretendidos, as prioridades de objetivos, os meios de execução, limite temporal, etc. Bucci (2006) ressalta que quanto mais próximo o instrumento legal estiver dos parâmetros do programa mais eficiente será a política. Ou seja, é realizado por etapas próprias.

Essas etapas formam um processo que constitui um arranjo institucional, aqui entendido como uma sucessão de atos ordenados. E é essa estrutura – organizada pelo arranjo institucional[244] – que torna

---

[243] DUARTE, Clarice Seixas. Inovações de método para o trabalho jurídico. A experiência do grupo de pesquisa Direitos. *In*: BUCCI, Maria Paula Dallari; DUARTE, Clarice Seixas (coord.). *Judicialização da saúde*: a visão do poder executivo. São Paulo: Saraiva, 2017.

[244] Resiman e Toni (2017, p. 14) lecionam que instituições, de forma geral, são as regras que compõem o ordenamento jurídico e são importantes no estudo das políticas públicas, pois são elas que definem quais atores possuem legitimidade para participar da tomada de decisões e das etapas do processo. Ademais, conforme os pressupostos de Bucci (2013) já adiantados no breve resumo do que seria o plano mesoinstitucional, o arranjo institucional é compreendido como a exteriorização da política pública. Os arranjos institucionais são esse conjunto de normas estruturantes do planejamento e da execução das políticas públicas.

viável a execução das políticas públicas.[245] O arranjo institucional é responsável por estruturalizar a organização social e o ordenamento jurídico, desse modo, é por meio da institucionalização que se converte os termos políticos em matéria jurídica. Assim, os programas de ação governamental são compostos por normas e estas são estruturadas pela institucionalização, um elemento característico das democracias.

A institucionalização pode ser caracterizada basicamente pelos seguintes traços: a) objetivação, descolamento em relação ao governante ou gestor que institui o programa; b) um padrão de organização; c) juridificação desse padrão organizativo, baseada na formalização e nos elementos jurídicos que o definem, que distribui posições e situações jurídicas subjetivas dos diversos atores – deveres, proibições, autorizações e permissões –, cujo exercício movimenta o programa de ação e lhe confere vida concreta; d) uma ideia diretriz, isto é, um princípio referencial, que orienta todos os atores e atos envolvidos naquele arranjo, associado ao plano de ação.[246]

Nota-se que o arranjo institucional possui um traço de sistematização e organização muito presente, o que é essencial dada a pluralidade de normas e atos que formam os programas de ação governamental, de modo que permite uma visualização mais clara das etapas, dos procedimentos e dos resultados de cada política pública. Bucci (2013) ressalta que as políticas públicas no Brasil, em regras, são estabelecidas de forma fragmentada e desarticulada, logo, um arranjo institucional bem estruturado é ideal para o pleno desenvolvimento das políticas públicas.[247]

Contudo, para Mastrodi e Ifanger (2019), o caráter cíclico das políticas públicas é o que as diferencia dos direitos sociais, pois elas são estruturas com início, meio e fim e os direitos sociais devem ser universalizados, bem como estabelecidos de forma contínua, indisponível. O texto constitucional não permite a deliberação sobre a concretização ou a não concretização de determinado direito. Assim,

---

[245] BUCCI, Maria Paula Dallari. *Fundamentos para uma teoria jurídica das políticas públicas*. São Paulo: Saraiva Educação, 2013.

[246] *Ibidem*.

[247] "Esses problemas apresentam-se tanto no âmbito intragovernamental, quando a ação depende do envolvimento sistemático de vários polos de competência com atribuição sobre o tema, como extragovernamental, quando o sucesso da ação governamental está relacionado ao comportamento de agentes externos ao corpo do governo" (BUCCI, 2021, p. 275).

tais autores argumentam que os poderes públicos têm o dever de garantir e concretizar os direitos sociais. E, em casos mais complexos, como o direito de educação, saúde e a previdência social, há um dever de implementar uma legislação que os promova de forma contínua. As políticas públicas findam em algum momento; por sua vez, os direitos sociais não podem deixar de ser implementados.[248]

Ressalta-se que esta contraposição entre os autores é superficial, pois partem da mesma premissa: políticas públicas são diferentes do Direito. Contudo, na perspectiva de políticas públicas de Bucci (2013), o conjunto de normas em que as políticas públicas são criadas e implementadas constitui um elemento da própria definição de política pública. Assim, as deliberações governamentais para a criação de políticas estão inseridas dentro dos arranjos institucionais e é justamente este aspecto que permite a despersonalização da política pública. A institucionalização é o meio pelo qual se separa a norma jurídica que dispõe sobre uma política pública do Poder Público que efetivamente a criou, transcendendo os critérios pessoais e particulares, tornando-a definitivamente coletiva.[249]

Duarte (2017) ressalta que a dimensão institucional possibilita a despersonalização da norma e a continuidade da política pública após a mudança da gestão governamental. Por conseguinte, Bucci (2006) faz um apontamento interessante sobre políticas públicas e Direito, mediante uma análise puramente jurídica das legislações, de que não haveria diferenciação entre as normas que tratam sobre políticas públicas das demais normas. Por exemplo, a lei que regulamenta o Programa Universidade para Todos (Prouni) é analisada como uma regulamentação do art. 195, §7º, da Constituição Federal.[250]

Em razão disso, pode-se dizer que, uma vez que as políticas públicas passam a existir no plano jurídico, sua análise deixa de ser propriamente política e se torna essencialmente jurídica. Ou seja, as políticas públicas são o meio pelo qual o Estado concretiza as obrigações

---

[248] MASTRODI, Josué; IFANGER, Fernanda Carolina de Araújo. Sobre o Conceito de Políticas Públicas. *Revista de Direito Brasileira*, Florianópolis, v. 24, n. 9, p. 5-18, set./dez. 2019.

[249] Afirma Bucci (2013, n.p): "O governo é o nicho da política no Estado; as decisões políticas são essencialmente manifestações de poder. Mas a política de maior alcance, compatível com a complexificação das possibilidades e dos meios obtidos com o desenvolvimento do capitalismo, depende da conformação do poder em estruturas despersonalizadas, organizadas segundo regras e procedimentos jurídicos. E com isso, progressivamente, a política vai deixando de ser exclusivamente política, para ser, ao mesmo tempo e cada vez mais, também direito, organizado em instituições".

[250] Dispõe sobre imunidade constitucional para entidades educacionais beneficentes.

determinadas pelo texto constitucional. Elas são constituídas por um conjunto de normas e atos jurídicos cujo ponto de ligação é uma finalidade em comum. Estes atos e normas possuem, isoladamente, natureza e regime jurídico diversos da política pública, mas, quando analisados em conjunto com as políticas públicas, verifica-se que eles as compõem.[251]

Analisando a relação entre política pública e Direito, compreende-se que:

> A confluência entre a política e o direito, nesse aspecto, dá-se num campo em que é mais nítida a participação de cada uma das linguagens. À política compete vislumbrar o modelo, contemplar os interesses em questão, arbitrando conflitos, de acordo com a distribuição do poder, além de equacionar a questão do tempo, distribuindo as expectativas de resultados entre curto, médio e longos prazos. Ao direito cabe conferir expressão formal e vinculativa a esse propósito, transformando-o em leis, normas de execução, dispositivos fiscais, enfim, conformando o conjunto institucional por meio do qual opera a política e se realiza seu plano de ação. Até porque, nos termos do clássico princípio da legalidade, ao Estado só é faculdade agir com base em habilitação legal. A realização das políticas deve dar-se dentro dos parâmetros da legalidade e da constitucionalidade, o que implica que passem a ser reconhecidos pelo direito – e gerar efeitos jurídicos – e os atos e também omissões que constituem cada política pública [...] a despeito de não seguirem uma forma única ou precisamente definida, uma vez que se compõem de diversos suportes jurídicos, as políticas públicas são criadas, organizadas e postas em funcionamento por instrumentos da dogmática jurídico.[252]

---

[251] Desse modo, o juízo de validade de uma política pública é diferente do juízo de validade de uma norma jurídica. Como consequência, uma das leis que integra determinada política pública pode ser inconstitucional sem que a política em si seja, assim como uma política pública pode ser incompatível com o texto constitucional, no sentido de não ter um finalidade e/ou objetivo público, sem que isso signifique a inconstitucionalidade dos atos ou normas que a compõem (COMPARATO, 1998).

[252] BUCCI, Maria Paula Dallari. O conceito de políticas públicas em direito. *In*: BUCCI, Maria Paula Dallari (org.). *Políticas Públicas*: reflexões sobre o conceito jurídico. São Paulo: Saraiva, 2006. Disponível em: https://www.google.com/url?sa=t&rct=j&q=&esrc=s&sou rce=web&cd=&ved=2ahUKEwiqv9WJo_b1AhU3HbkGHTtYDs4QFnoECB8QAQ&url=h ttps%3A%2F%2Fwww2.senado.leg.br%2Fbdsf%2Fbitstream%2Fhandle%2Fid%2F198% 2Fr1330.PDF%3Fsequence%3D4&usg=AOvVaw32sHXvHbgTjWV-64qr-xFi. Acesso em: 01 fev. 2022.
BUCCI, Maria Paula Dallari. *Fundamentos para uma teoria jurídica das políticas públicas*. São Paulo: Saraiva Educação, 2013.

A partir dos argumentos expostos, podem-se extrair três conclusões: (a) atingir os objetivos sociais em tempo e quantidade previamente determinados são fatores que distinguem as políticas públicas das demais políticas; (b) os atos do governo são formalizados de tal maneira que todos os atos políticos passam a ser, eventualmente, jurídicos;[253] e (c) políticas públicas não são atos ou normas jurídicas, embora as últimas sejam componentes da primeira.[254] [255]

> Entender o direito como parte da dimensão institucional de políticas públicas é supor que normas jurídicas estruturam seu funcionamento, regulam seus procedimentos e se encarregam de viabilizar a articulação entre atores direta e indiretamente ligados a tais políticas. Atributos do desenho institucional de políticas públicas – como seu grau de descentralização, autonomia e coordenação intersetorial e os tipos de relações públicas e público-privadas que suscitam, bem como sua integração com outros programas – de alguma forma dependem, em síntese, da consistência do arcabouço jurídico que as "vertebra". A sistematização institucional é o que configura um formato cíclico ao formato das políticas públicas, isto é, elas devem ser realizadas seguindo determinadas diretrizes: elaboração, planejamento, execução, avaliação e fiscalização.[256]

Ou seja, o Direito institucionaliza o Estado e organiza a forma como as políticas públicas serão ordenadas e sistematizadas dentro do ordenamento jurídico. Isso não pode ser compreendido como um esvaziamento do papel político na tomada de decisões e um aumento do papel do direito nas relações – que antes eram essencialmente políticas –, mas sim como um fator de amadurecimento democrático.[257]

---

[253] Esse segundo ponto decorre, para Bucci (2013), do fortalecimento da democracia. Na busca por um ambiente governamental mais estável, permanente e seguro, houve um movimento de formalização das instituições, sobretudo, da principal delas, o Estado.

[254] Em relação a esse terceiro ponto, frisa-se que as leis devem ser gerais e abstratas, as políticas públicas são criadas para um fim específico. Elas são regidas por uma norma jurídica, pois todos os atos governamentais o são. O próprio princípio da legalidade que rege as relações administrativas demanda essa formalização, mas não podem ser compreendidas como ato ou normas jurídicas; elas figuram entre os espaços normativos, concretizando os princípios e regras (BUCCI, 2006).

[255] Para Comparato (1998, p. 45), esse é o primeiro e mais importante elemento da relação entre políticas públicas e direitos: elas não são atos ou normas jurídicas, no entanto estes a compõem. Políticas públicas são atividades, ou seja, ela é "um conjunto organizado de normas e atos tendentes à realização de um objetivo determinado".

[256] COUTINHO, Diogo R. O direito nas políticas públicas. *In*: MARQUES, E.; FARIA, C. A. P. (org.). *A política pública como campo multidisciplinar*. São Paulo, Rio de Janeiro: Editora Unesp, Editora Fiocruz, 2013. p. 48.

[257] Duarte (2017, n.p.) salienta: "Note-se que institucionalização não é sinônimo de mero reconhecimento formal de direitos. De fato, a concretização das normas de direitos

Quanto mais madura uma democracia, mais institucionalizada ela será e, portanto, mais relações e atos serão regulados pelo Direito.[258] Isso significa que as políticas públicas são realizadas por meio de uma ação conjunta dos poderes públicos e/ou de seus vários setores visando a concretização dos direitos fundamentais.[259] Para Mastrodi e Ifanger (2019), o objetivo imediato ou finalístico das políticas não é a concretização de direitos fundamentais,[260] mas sim a efetivação dos objetivos fundamentais.

> Não há dúvida de que os direitos são construídos, conquistados, consolidados nessa busca pelos objetivos fundamentais, mas isso acaba ocorrendo de modo indireto e não como objetivo primário da política pública [...] Nesse sentido, políticas públicas não visam a direitos e nem os criam, embora sempre possam melhorá-los.[261]

As políticas públicas, ao buscarem efetivar objetivos constitucionais, criam um ambiente que possibilita a promoção de direitos. O Direito não é, nessa perspectiva, a finalidade de uma política pública, mas uma condição. Políticas públicas visam efetivar objetivos constitucionais e não necessariamente direitos fundamentais, em que pese estes possam ser concretizados em razão dela.[262] [263]

---

fundamentais previstas na CF/88 exige muito mais que a mera declaração de direitos. Da mesma forma, a política pública é muito mais do que a base normativa sobre a qual ela está apoiada. A sua configuração depende de uma série de arranjos institucionais complexos que têm inúmeros componentes estranhos ao direito".

[258] Para que o Estado realize as obrigações dispostas no texto constitucional, é preciso a elaboração de políticas públicas e esta é realizada a partir de um quadro institucional estruturado que é criado e regulado pelo Direito (BUCCI, 2021).

[259] BUCCI, Maria Paula Dallari. *Fundamentos para uma teoria jurídica das políticas públicas*. São Paulo: Saraiva Educação, 2013.

[260] Como defendem Bucci (2013) e Comparato (1998).

[261] MASTRODI, Josué; IFANGER, Fernanda Carolina de Araújo. Sobre o Conceito de Políticas Públicas. *Revista de Direito Brasileiro*, Florianópolis, v. 24, n. 9, p. 5-18, set./dez. 2019.

[262] Explica-se: A Constituição atribui ao Estado a construção de uma sociedade livre, justa e solidária (art. 3º da CRFB/88). Não há um direito específico disso, mas uma política pública que tenha como objetivo a realização desse objetivo poderá promover um ambiente social de aperfeiçoamento dos direitos fundamentais. De outro ponto, quando há um direito específico sobre determinado objetivo constitucional, o direito não será o objetivo da política pública, mas uma condição. Assim, a concretização de direito é uma consequência imediata da realização de uma política pública e não sua finalidade. *Ibidem*.

[263] Esta reflexão é importante quando se analisam as políticas públicas em um Estado com um viés dirigente tão forte quanto o brasileiro, pois, como visto, é natural que as ações governamentais estejam vinculadas aos direitos sociais. Mastrodi e Ifanger (2019) defendem que, quando se estabelecem políticas públicas a partir de sua função estatal de realização de objetivos, é necessário diferenciar políticas públicas de direitos sociais.

Contudo, não nos parece correto esse posicionamento. Com efeito, os objetivos constitucionais previstos no art. 3º da Constituição Federal são hipóteses em que há maior discricionariedade do Poder Público para a criação de políticas públicas, pois o dispositivo supramencionado dispõe sobre os fins estatais. No entanto, os direitos sociais – e aqui, em especial, o direito à saúde –, embora sejam normas ditas como programáticas, possuem imposições diretas para a concretização de certas políticas públicas, de modo que o poder discricionário do Estado é reduzido.[264] Desse modo, deve-se compreender que as políticas públicas têm como objetivo central a efetivação dos direitos fundamentais.

Diante de tais ponderações, pode-se afirmar que políticas públicas são diferentes de normas jurídicas, pois são criadas com objetivo claro e específico, enquanto normas jurídicas devem ser gerais e abstratas.[265] Embora sejam distintos, estes dois institutos são intrinsecamente relacionados, haja vista que as políticas públicas constituem uma categoria jurídica que pode ser definida como programa de ação governamental, composta por vários atos, regulamentos e normas jurídicas que são organizadas e sistematizadas por arranjos institucionais que possibilitam a sua execução de forma eficiente, visto que deixa de ser apenas um amontoado de ações e se transforma em um sistema organizado que vincula os poderes públicos e produz efeitos jurídicos.

3.2 O Sistema Único de Saúde

A saúde, além de um direito fundamental, constitui também um dever fundamental. Os deveres prestacionais *lato sensu* são exteriorizados nas normas e nas políticas públicas. A expressão máxima do dever fundamental que incide sobre o direito à saúde é a criação do Sistema Único de Saúde (SUS) especialmente em relação às políticas públicas, as quais visam regulamentar e organizar esse sistema.[266]

As ações que promovem esses direitos até são chamadas de políticas públicas pela doutrina brasileira, e isso seria uma definição própria do ordenamento jurídico brasileiro, mas que estritamente não seriam consideradas como tal.

[264] Sobretudo a previsão do art. 5º, §1º, da Constituição Federal, que determina que todos os direitos fundamentais têm aplicabilidade imediata.

[265] Para exemplificar isso, Bucci (2006, p. 18) cita Dworkin: "Princípios são proposições que descrevem direitos; políticas (policies) são proposições que descrevem objetivos".

[266] SARLET, Ingo Wolfgang; FIGUEIREDO, Mariana Filchtiner. Art. 196 e ss. *In*: CANOTILHO, J. J. et al. *Comentários à Constituição do Brasil*. 2. ed. São Paulo: Saraiva Educação, 2018.

De certo modo, a concretização do direito à saúde depende de uma organização prévia procedimental e estrutural que, no ordenamento jurídico brasileiro, é consubstanciada no SUS. A constituição do SUS como sistema é um avanço importante no contexto da Constituição de 1988, pois tem o ideal de ser um conjunto de unidades distintas unidas pelo mesmo fim; no caso, os entes federados reunidos com o mesmo objetivo: promover o direito à saúde.[267]

O SUS é um dos sistemas de saúde pública mais abrangentes do mundo, garantindo atendimentos dos mais simples aos mais complexos. Ou seja, vai além do simples cuidado assistencial, englobando a atenção primária, média e de alta complexidade; serviços de urgência e de emergência; atuação hospitalar; ações e serviços das vigilâncias sanitárias, ambiental e epidemiológica, bem como assistência farmacêutica.[268]

O SUS foi criado pela Constituição Federal de 1988 e é um verdadeiro marco na história brasileira de inclusão social. Nesse sentido:

> O SUS constituiu a maior política de inclusão social da história de nosso país. Antes do SUS vigia um Tratado das Tordesilhas da saúde que separava quem portava a carteirinha do INAMPS e que tinha acesso a uma assistência curativa razoável, das grandes maiorias que eram atendidas por uma medicina simplificada na atenção primária à saúde e como indigentes na atenção hospitalar. O SUS rompeu essa divisão iníqua e fez da saúde um direito de todos e um dever do Estado. A instituição da cidadania sanitária pelo SUS incorporou, imediatamente, mais de cinquenta milhões de brasileiros como portadores de direitos à saúde e fez desaparecer, definitivamente, a figura odiosa do indigente sanitário.[269]

Assim, o SUS nasce com a finalidade de garantir de forma igualitária o acesso à saúde, ou seja, é um sistema público de saúde concebido para ter cobertura universal com financiamento público construído por meio de impostos gerais. Mendes (2015) compreende

---

[267] FIGUEIREDO, Mariana Filchtiner. *Direito Fundamental à Saúde*: parâmetros para sua eficácia e efetividade. Porto Alegre: Livraria do Advogado, 2007.
[268] BRASIL. Ministério da Saúde. *Sistema Único de Saúde (SUS)*: estrutura, princípios e como funciona. [s.d.]. Disponível em: http://www.saude.gov.br/sistema-unico-de-saude. Acesso em: 18 jan. 2022.
[269] MENDES, E. V. 25 anos do Sistema Único de Saúde: resultados e desafios. *Rev. Estudos Avançados*, v. 27, n. 78, 2013. p. 28.

que o sistema de saúde público tal como adotado no Brasil tem relação com o modelo beveridgiano, criado no Reino Unido, e que tem como escopo o acesso universal aos cuidados de saúde, cabendo ao Estado a gestão de todos os serviços médicos.

> O modelo beveridgiano tem como fundamento a saúde como direito humano e como direito constitucional, e tem como objetivo a universalização da atenção à saúde e o aumento da coesão social. Nele, o sistema público provê uma carteira generosa de serviços sanitariamente necessários, havendo a possibilidade de os cidadãos adquirirem, no setor privado, serviços suplementares aos que estão inscritos nessa carteira.[270]

Ademais, o objetivo do SUS não é tão somente de garantir cuidados de saúde, mas de prevenir e promover a saúde de modo que esse sistema contém também uma rede de instituições de ensino e de pesquisa que estão em constante interação com toda a rede da Administração Pública (direta e indireta) ligada ao funcionamento do SUS. Destarte, Paim (2018, p. 1724) afirma que "[...] a formação de sanitaristas e de outros trabalhadores em universidades e escolas assegura a reprodução e disseminação de informações e conhecimentos, além da apropriação de poder técnico".

A criação do SUS está prevista no art. 198 da Constituição Federal: "As ações e serviços públicos de saúde integram uma rede regionalizada e hierarquizada e constituem um sistema único [...]". A legislação própria do SUS, na Lei nº 8.080/1990, dispõe:

> Art. 4º O conjunto de ações e serviços de saúde, prestados por órgãos e instituições públicas federais, estaduais e municipais, da Administração direta e indireta e das fundações mantidas pelo Poder Público, constitui o Sistema Único de Saúde (SUS).
>
> §1º Estão incluídas no disposto neste artigo as instituições públicas federais, estaduais e municipais de controle de qualidade, pesquisa e produção de insumos, medicamentos, inclusive de sangue e hemoderivados, e de equipamentos para saúde.[271]

---

[270] *Ibidem*

[271] BRASIL. Ministério da Saúde. *Lei nº 8.080, de 19 de setembro de 1990*. Dispõe sobre as condições para a promoção, proteção e recuperação da saúde, a organização e o funcionamento dos serviços correspondentes e dá outras providências. Diário Oficial da União, Ministério da Saúde, Brasília, DF: D.O.U, 1990.

Nota-se que a própria noção de Sistema Único de Saúde está diretamente relacionada com a participação conjunta de todos os entes da federação.

> [...] o SUS é organizado a partir de todo um aparato de leis, regulamentos e portarias que, muito embora contem com a participação de técnicos e profissionais da iniciativa privada, dependem essencialmente da atuação estatal para serem implementados nos diferentes níveis da federação. Nesse conjunto normativo é prevista a estrutura do sistema, o funcionamento e a relação entre os diversos órgãos que a integram, a atribuição de competências respectivas.[272]

Como se vê, a Constituição Federal de 1988 criou o SUS e delimitou, de forma geral, sua área de atuação, contudo o SUS também é regulado pela Lei nº 8.080/90, bem como por normas técnicas e administrativas. Especialmente sobre a Lei supracitada, que é a principal norma de regulamentação do SUS, destaca-se que:

> Esse diploma [lei 8.080] prescreve normas sobre: (a) organização, direção e gestão do SUS; (b) competências e atribuições de cada uma das três esferas federativas; (c) funcionamento e participação complementar dos serviços privados de assistência à saúde; (d) política de recursos humanos a ser adotada pelo SUS; (e) recursos financeiros, incluindo a respectiva gestão, planejamento e orçamento desses.[273]

Além desses, outro importante aparato normativo sobre o SUS é a Lei nº 8.142/90, a qual dispõe sobre a participação popular no SUS e sobre as transferências de recursos entre os entes. A rede do SUS abarca tanto o setor público quanto o setor privado, em que pese, neste último, a preferência seja destinada às entidades filantrópicas ou sem fins lucrativos ou por meio de contratação ou convênios. O sistema privativo de saúde é complementar ao sistema público.[274]

Um sistema de saúde pública que garanta o acesso integral, universal e gratuito[275] para todo o país não seria possível sem a participação

---

[272] FIGUEIREDO, Mariana Filchtiner. *Direito Fundamental à Saúde*: parâmetros para sua eficácia e efetividade. Porto Alegre: Livraria do Advogado, 2007. p. 92.
[273] *Ibidem*, p. 97.
[274] *Ibidem*.
[275] Interessante pontuar que a gratuidade do SUS não está inserida no texto constitucional, apenas na legislação do SUS, portanto não constitui cláusula pétrea. Embora o STF, no RE nº 581.488/RS, tenha determinado que: "É inconstitucional a possibilidade de um paciente

dos três entes da federação, tendo em vista a extensão territorial do Brasil. Assim, a gestão das ações e dos serviços deve ser solidária e participativa, sendo, inclusive, competência comum a todos os entes. Conforme o art. 23, II, da Constituição Federal: "Art. 23. É competência comum da União, dos Estados, do Distrito Federal e dos Municípios: II – cuidar da saúde e assistência pública, da proteção e garantia das pessoas portadoras de deficiência".[276]

Ademais, destaca-se que o SUS possui um subsistema de repartição de competências materiais em que, além de seguir as determinações previstas no art. 23, II, da CRFB/88, os entes federados ainda têm outras atribuições relativas à coordenação nacional, o que é percebido a partir de dois mecanismos: primeiro, a concepção de um órgão responsável pela direção dos bens e serviços de saúde em cada ente federado (art. 198, I, da CRFB/88); e, segundo, em razão do financiamento único, que apesar de ser concentrado na União é repassado para os demais entes da federação.[277]

3.2.1 O Sistema Único de Saúde enquanto garantia institucional

Conforme pontuam Sarlet e Figueiredo (2014), o SUS é a maior manifestação da dimensão objetiva do direito à saúde.

> Tendo sido estabelecido e regulamentado pela própria CF, em especial quanto aos princípios pelos quais se estrutura e os objetivos a que deve atender, além de consistir no resultado de aperfeiçoamentos efetuados a partir de experiências anteriores frustradas, mas sobretudo na condição de corolário de reivindicações feitas pela própria sociedade civil organizada (com proeminência para o Movimento da Reforma Sanitária), o SUS pode ser definido como garantia institucional fundamental.[278]

---

do Sistema Único de Saúde (SUS) pagar para ter acomodações superiores ou ser atendido por médico de sua preferência, a chamada "diferença de classes" (BRASIL, 2015). Além disso, o referido Tribunal firmou a seguinte tese: "Tema 579: É constitucional a regra que veda, no âmbito do Sistema Único de Saúde – SUS, a internação em acomodações superiores, bem como o atendimento diferenciado por médico do próprio SUS, ou por médico conveniado, mediante o pagamento da diferença dos valores correspondentes" (BRASIL, 2015).

[276] BRASIL. [Constituição (1998)]. *Constituição da República Federativa do Brasil*. Brasília, DF: Senado Federal, 1988.

[277] FIGUEIREDO, Mariana Filchtiner. *Direito Fundamental à Saúde*: parâmetros para sua eficácia e efetividade. Porto Alegre: Livraria do Advogado, 2007.

[278] SARLET, Ingo Wolfgang; FIGUEIREDO, Mariana Filchtiner. Art. 196 e ss. *In*: CANOTILHO, J. J. et al. *Comentários à Constituição do Brasil*. 2. ed. São Paulo: Saraiva Educação, 2018.

Assim, uma vez que o SUS está previsto no texto constitucional, ele deve ser compreendido como uma garantia institucional fundamental, ou seja, está sujeito às mesmas proteções que as demais normas fundamentais, inclusive as do art.60, §4º, da CRFB/88. Sobre as garantias institucionais,[279] Bonavides (2005) esclarece que constituem proteção especial a instituições do direito público que compõem o exercício da Administração Pública.

A garantia institucional visa, em primeiro lugar, assegurar a permanência da instituição, embargando-lhe a eventual supressão ou mutilação e preservando invariavelmente o mínimo de substantividade ou essencialidade, a saber, aquele cerne que não deve ser atingido nem violado, porquanto se tal acontecesse, implicaria já o perecimento do ente protegido.[280]

Ressalta-se ainda que há direitos que possuem duplo caráter, sendo tanto direitos como garantias institucionais. No caso do SUS, pode-se entender que, ao mesmo tempo em que a Constituição Federal assegura o direito universal e igualitário das ações e serviços de saúde – que é concretizada pelo SUS –, protege também o SUS enquanto uma instituição. A própria Constituição Federal estabeleceu, nos arts. 198 a 200, as diretrizes e os princípios que devem fundamentar e nortear o SUS.

O art. 200 da Constituição Federal estabelece as competências materiais do SUS:

> Art. 200. Ao sistema único de saúde compete, além de outras atribuições,[281] nos termos da lei:
>
> I – controlar e fiscalizar procedimentos, produtos e substâncias de interesse para a saúde e participar da produção de medicamentos, equipamentos, imunobiológicos, hemoderivados e outros insumos;
>
> II – executar as ações de vigilância sanitária e epidemiológica, bem como as de saúde do trabalhador;

---

[279] O autor diferencia garantia institucional de garantia constitucional, de modo que esta última deve ser compreendida como: "[..] uma garantia que disciplina e tutela o exercício dos direitos fundamentais, ao mesmo passo que rege, com proteção adequada, nos limites da Constituição, o funcionamento de todas as instituições existentes no Estado" (BONAVIDES, 2005, p. 537).

[280] BONAVIDES, Paulo. *Curso de direito constitucional*. 16. ed. São Paulo: Malheiros, 2005. p. 542.

[281] Verifica-se que o texto constitucional apenas desmarcou as principais competências do SUS.

III – ordenar a formação de recursos humanos na área de saúde;
IV – participar da formulação da política e da execução das ações de saneamento básico;
V – incrementar, em sua área de atuação, o desenvolvimento científico e tecnológico e a inovação;
VI – fiscalizar e inspecionar alimentos, compreendido o controle de seu teor nutricional, bem como bebidas e águas para consumo humano;
VII – participar do controle e fiscalização da produção, transporte, guarda e utilização de substâncias e produtos psicoativos, tóxicos e radioativos;
VIII – colaborar na proteção do meio ambiente, nele compreendido o do trabalho.[282]

Sarlet e Figueiredo (2018) elucidam o referido dispositivo afirmando que os incisos I, II, VI, VII e VIII dispõem sobre as competências referentes às atividades de vigilância sanitária, vinculado, portanto, ao caráter protetivo do direito à saúde. Por sua vez, os incisos III e V evidenciam a intersetorialidade do direito à saúde, visto que a sua efetividade perpassa também pelo desenvolvimento científico, tanto do próprio SUS quanto dos profissionais de saúde. Pode-se perceber, nesta perspectiva, que o SUS também está relacionado com o direito ao trabalho e à educação, sobretudo, em relação às atividades de pesquisas e desenvolvimento de tecnologias.[283]

Destarte, o inciso IV tem como finalidade evidenciar a relação entre o direito à saúde, à vida e à integridade física, ao inserir como competência do SUS a participação nas ações de saneamento básico; o que, para os autores supracitados, dá margem para a fundamentalidade do direito ao saneamento básico. O último inciso, VIII, deixa claro que proteger o meio ambiente também é uma forma de assegurar o direito à saúde. Segundo Sarlet e Figueiredo (2018), o termo meio ambiente deve ser compreendido como ambiente natural e ambiente urbano.

A partir do exposto, pode-se entender que o SUS, compreendido enquanto garantia institucional, além de ser um limite material ao poder de reforma constitucional, deve também ser efetivado de acordo com os princípios e diretrizes estabelecidos nos artigos 198 a 200 da Constituição Federal.

---

[282] BRASIL. [Constituição (1998)]. *Constituição da República Federativa do Brasil*. Brasília, DF: Senado Federal, 1988.
[283] SARLET, Ingo Wolfgang; FIGUEIREDO, Mariana Filchtiner. Art. 196 e ss. *In*: CANOTILHO, J. J. et al. *Comentários à Constituição do Brasil*. 2. ed. São Paulo: Saraiva Educação, 2018.

3.2.2 Princípios informadores e características gerais

A Constituição Federal de 1988 criou, no ordenamento jurídico brasileiro, o SUS, contudo os seus princípios e as suas diretrizes são frutos da luta social do movimento sanitário, iniciado ainda na década de 70. É claro que, dada a natureza negocial própria das Assembleias Constituintes, embora o Constituinte originário tenha sido influenciado pelo movimento sanitário, não reconheceu ou colocou em prática todos os seus ideais.[284]

Nesse sentido:

> A Constituição criou o SUS. Mas sua implementação se fez em um contexto político também bem distinto do imaginado pelo movimento sanitário: no cenário internacional, crescia a difusão do ideário neoliberal, com as propostas de redução da atuação do Estado em vários setores, inclusive na saúde; no cenário nacional, o restabelecimento das eleições diretas levou à presidência governos que efetivamente incorporavam, de modo significativo, aquele ideário de redução da atuação do Estado. A luta em defesa do SUS (para usar uma expressão difundida pelo recente Pacto de Gestão) e de seus princípios e diretrizes tomaram novos rumos, incluindo novos atores (como o CONASS e o CONASEMS, assim como os atores participantes de Conselhos e Conferências de Saúde). O SUS que foi se desenhando no concreto da vida dos brasileiros nem sempre correspondia (e corresponde) ao ideário do movimento sanitário.[285]

A partir do exposto, entende-se que os princípios e diretrizes do Sistema Único de Saúde só podem ser efetivamente compreendidos quando analisadas as suas perspectivas histórica e epistemológica. Isto é, entender que a sua normatização no texto constitucional é fruto de um processo político que expressa as noções de saúde e doença, gestão das políticas públicas e, sobretudo, a relação entre os entes da federação.[286] Assim, pode-se entender que o SUS é um sistema composto por princípios que estão relacionados com os ideais filosóficos e sociológicos que teriam influenciado a sua implementação no texto constitucional de 1988.

---

[284] MATTOS, Ruben Araújo de. Princípios do Sistema Único de Saúde (SUS) e a humanização das práticas de saúde. *Interface-Comunicação, Saúde, Educação*, v. 13, p. 771-780, 2009.
[285] *Ibidem*, p. 771-772.
[286] *Ibidem*.

O SUS possui três princípios doutrinários que decorrem do *caput* do art. 196 – universalidade, equidade e integralidade – e outros princípios e diretrizes decorrentes tanto do art. 198[287] da Constituição Federal quanto do art. 7º da Lei nº 8.080/90.[288] [289] Assim sendo, para os fins deste trabalho, serão analisados os princípios da descentralização, regionalização e hierarquização.

---

[287] Art. 196. A saúde é direito de todos e dever do Estado, garantindo mediante políticas sociais e econômicas que visem à redução do risco de doença e de outros agravos e ao acesso universal e igualitário às ações e serviços para sua promoção, proteção e recuperação.
Art. 198. As ações e serviços públicos de saúde integram uma rede regionalizada e hierarquizada e constituem um sistema único, organizado de acordo com as seguintes diretrizes (Vide ADPF nº 672):
I – descentralização, com direção única em cada esfera de governo;
II – atendimento integral, com prioridade para as atividades preventivas, sem prejuízo dos serviços assistenciais;
III – participação da comunidade (BRASIL, 1998).

[288] Que regulamenta o art. 198 da Constituição Federal.

[289] Art. 7º As ações e serviços públicos de saúde e os serviços privados contratados ou conveniados que integram o Sistema Único de Saúde (SUS), são desenvolvidos de acordo com as diretrizes previstas no art. 198 da Constituição Federal, obedecendo ainda aos seguintes princípios:
I – universalidade de acesso aos serviços de saúde em todos os níveis de assistência;
II – integralidade de assistência, entendida como conjunto articulado e contínuo das ações e serviços preventivos e curativos, individuais e coletivos, exigidos para cada caso em todos os níveis de complexidade do sistema;
III – preservação da autonomia das pessoas na defesa de sua integridade física e moral;
IV – igualdade da assistência à saúde, sem preconceitos ou privilégios de qualquer espécie;
V – direito à informação, às pessoas assistidas, sobre sua saúde;
VI – divulgação de informações quanto ao potencial dos serviços de saúde e a sua utilização pelo usuário;
VII – utilização da epidemiologia para o estabelecimento de prioridades, a alocação de recursos e a orientação programática;
VIII – participação da comunidade;
IX – descentralização político-administrativa, com direção única em cada esfera de governo:
a) ênfase na descentralização dos serviços para os municípios;
b) regionalização e hierarquização da rede de serviços de saúde;
X – integração em nível executivo das ações de saúde, meio ambiente e saneamento básico;
XI – conjugação dos recursos financeiros, tecnológicos, materiais e humanos da União, dos Estados, do Distrito Federal e dos Municípios na prestação de serviços de assistência à saúde da população;
XII – capacidade de resolução dos serviços em todos os níveis de assistência;
XIII – organização dos serviços públicos de modo a evitar duplicidade de meios para fins idênticos.
XIV – organização de atendimento público específico e especializado para mulheres e vítimas de violência doméstica em geral, que garanta, entre outros, atendimento, acompanhamento psicológico e cirurgias plásticas reparadoras, em conformidade com a Lei nº 12.845, de 1º de agosto de 2013 (BRASIL, 1990).

Inicialmente, destaca-se que o princípio da universalidade está relacionado com o dever do Estado em garantir a saúde a todos os cidadãos independentemente de gênero, raça, condição social ou qualquer outra diferenciação por características sociais ou pessoais. Teixeira (2011) defende que a universalidade de que trata o art. 196 é um princípio finalístico, isto é, a universalização do atendimento será construída ao longo do tempo, visto que seria impossível assegurar a todos de uma só vez todas as ações e os serviços disponibilizados pelo SUS. Ou seja, a universalidade se consubstancia na promoção de uma assistência à saúde de toda a população.

> Para que o SUS venha a ser universal é preciso se desencadear um processo de universalização, isto é, um processo de extensão de cobertura dos serviços, de modo que venham, paulatinamente, a se tornar acessíveis a toda a população. Para isso, é preciso eliminar barreiras jurídicas, econômicas, culturais e sociais que se interpõem entre a população e os serviços.[290]

Nesse sentido, Sarlet e Figueiredo (2018) defendem que, em um país como o Brasil, com alto índice de desigualdade social, essa garantia constitucional deve ser analisada de acordo com a necessidade da prestação e as reais possibilidades do interesse da comunidade e do interessado. Além disso, afirmam ainda que essa garantia não significa a gratuidade das prestações materiais para todos.

O princípio da equidade se baseia na premissa já conhecida no estudo dos direitos fundamentais consubstanciada na máxima aristotélica: "tratar os iguais igualmente e desigualmente os desiguais na medida da sua desigualdade", com o objetivo de concretizar a igualdade material no direito à saúde, isto é, garantir que todos tenham as mesmas oportunidades de sobrevivência, desenvolvimento pessoal e social.[291]

> O ponto de partida da noção de equidade é o reconhecimento da desigualdade entre as pessoas e os grupos sociais e o reconhecimento de que muitas dessas desigualdades são injustas e devem ser superadas. Em saúde, especificamente, as desigualdades sociais se apresentam como desigualdades diante do adoecer e do morrer, reconhecendo-se a possibilidade de redução dessas desigualdades, de modo a garantir condições de vida e saúde mais iguais para todos.[292]

---

[290] TEIXEIRA, Carmen. Os princípios do sistema único de saúde. *Texto de apoio elaborado para subsidiar o debate nas Conferências Municipal e Estadual de Saúde*. Salvador, Bahia, 2011. p. 3.
[291] *Ibidem*, p. 4-5.
[292] *Ibidem*, p. 5.

Assim, garantir o acesso à saúde observando o nível de desigualdade social permite a priorização de ofertas de ações e/ou serviços a determinados grupos sociais.[293]

O princípio da integralidade está associado com a noção de que o sistema público de saúde deve estar preparado para atender todo tipo de demanda. O atendimento integral determina uma integração nas ações e nos serviços ofertados pelos poderes em todos os níveis de complexidade atendidos pelo SUS.[294] Desse modo, o SUS deve dispor de estabelecimentos hospitalares, unidades de saúde, profissionais de saúde capacitados e abastecidos com todos os recursos necessários para a efetiva garantia do direito à saúde de todos. É, portanto, um "conjunto de ações de promoção da saúde, prevenção de riscos e agravos, assistência e recuperação".[295]

Para Sarlet e Figueiredo (2014), esse princípio indica que o Sistema Único de Saúde deve oferecer a cobertura mais ampla possível, tendo como diretrizes os princípios de precaução e prevenção, pois a saúde não significa simplesmente a ausência da doença, mas também tentar evitar ou diminuir o impacto das doenças existentes e conhecidas. Além disso, ressalta o autor, a integralidade do atendimento determina ainda que as ações e os serviços de saúde devem ser compreendidos como um todo, devendo os entes federados atuar de forma harmônica e contínua com o mesmo objetivo e na mesma direção; integrando os níveis municipais, regionais e nacionais e todos os aspectos do direito à saúde (individual, coletivo, preventivo, curativo e promocional), bem como os níveis de complexidade do SUS.[296]

Um dos mais importantes princípios do SUS é o da descentralização.

> A descentralização da gestão do sistema implica na transferência de poder de decisão sobre a política de saúde do nível federal (MS) para os estados (SES) e municípios (SMS). Esta transferência ocorre

---

[293] O próprio sistema de vacinação contra a covid-19 é um exemplo claro disso. Inicialmente, a prioridade do Estado foi vacinar os profissionais de saúde e aquelas pessoas consideradas de alto risco.

[294] FIGUEIREDO, Mariana Filchtiner. *Direito Fundamental à Saúde*: parâmetros para sua eficácia e efetividade. Porto Alegre: Livraria do Advogado, 2007.

[295] TEIXEIRA, Carmen. Os princípios do sistema único de saúde. *Texto de apoio elaborado para subsidiar o debate nas Conferências Municipal e Estadual de Saúde*. Salvador, Bahia, 2011. p. 6.

[296] SARLET, Ingo Wolfgang; FIGUEIREDO, Mariana Filchtiner. O direito fundamental à proteção e promoção da saúde no Brasil: principais aspectos e problemas. *In*: RÉ, Aluísio Iunes Monti Ruggeri (org.). *Temas aprofundados da defensoria pública*. v.1. Salvador: Juspodivm, 2014.

a partir da redefinição das funções e responsabilidades de cada nível de governo com relação à condução político-administrativa do sistema de saúde em seu respectivo território (nacional, estadual, municipal), com a transferência, concomitante, de recursos financeiros, humanos e materiais para o controle das instâncias governamentais correspondentes.[297]

Em sentido semelhante, Figueiredo (2007) pontua que:

> Se o objetivo da organização de um sistema de saúde único é a articulação de todos os serviços e ações de saúde para que, de forma ordenada, otimizem-se os escassos recursos financeiros, sociais, médicos e sanitários, em todos os níveis da federação, a atuação conjunto dos entes públicos propicia um ganho de escalas e evita a sobreposição de estruturas [...] a descentralização remete aos entes locais a execução das ações e serviços de saúde, porque melhor capacitados para avaliar as necessidades mais prementes da população e, com isso, para desenvolver condutas preventivas e curativas mais eficazes.[298]

Logo, a descentralização tem como objetivo assegurar a observância das particularidades de cada ente, dada a dimensão geográfica do país, sobretudo no tocante à municipalização desse sistema, respeitando, por óbvio, as normas nacionais que regem o sistema; daí por que se entende que o SUS também pode ser tido como uma rede descentralizada e hierárquica. A hierarquização determina a divisão dos setores a partir de níveis de complexidade.[299]

Como já mencionado, a municipalização do SUS e, portanto, da efetivação do direito à saúde foi um ponto importante do texto constitucional de 1988. Isso porque se entende que um sistema de saúde nacional deve estar alicerçado em um poder local privilegiado, ou seja, apesar do SUS se estruturalizar nacionalmente, sua eficácia só é de fato alcançada com o fortalecimento do papel das autoridades locais na sua promoção.[300]

Por fim, a regionalização e a hierarquização dos serviços do SUS decorrem do ideal da descentralização, estabelecendo a forma como

---

[297] TEIXEIRA, Carmen. *Os princípios do sistema único de saúde*. Texto de apoio elaborado para subsidiar o debate nas Conferências Municipal e Estadual de Saúde. Salvador, Bahia, 2011. p. 6.
[298] *Ibidem*, p. 164.
[299] *Ibidem*.
[300] *Ibidem*.

o SUS vai se organizar em relação aos seus usuários. Dessa forma, a regionalização é a divisão dos serviços a partir das delimitações geográficas e federativas do país, o que constitui a divisão tanto a nível político-administrativo quanto em espaços territoriais (divisões, subdivisões etc.).

No que se refere aos princípios do SUS, a hierarquização, termo técnico do setor sanitário que significa a divisão em níveis de complexidade crescente, implica que o acesso aos serviços de saúde deve ocorrer a partir dos níveis mais simples até aos mais complexos, mediante análise do caso concreto e excetuadas as situações de urgência. Já o atendimento integral determina que as ações e serviços de saúde devem ser considerados como um todo, a atuar de modo harmônico e contínuo.[301]

A hierarquização promove a divisão das ações e dos serviços de acordo com a complexidade tecnológica, ou seja, a construção de uma rede que vai das unidades mais simples às mais complexas e as relaciona de acordo com a capacidade de cada ente.[302] Ressalta-se que, apesar de ser uma rede descentralizada e regionalizada, o SUS é um só sistema, logo, submetido a um comando central.

A descentralização acontece por meio do fortalecimento do papel dos Municípios, pois entende-se que estes estão mais aptos a determinar quais as principais necessidades da comunidade, uma vez que o tamanho do país e as particularidades de cada região tornam o perfil epidemiológico de cada localidade distinto. Dessa maneira, para melhor atender e efetivar o direito à saúde, é preciso a existência de comandos locais que seguiram uma direção geral, adaptando a realidade de cada município e região.[303]

---

[301] FIGUEIREDO, Mariana Filchtiner. *Direito Fundamental à Saúde*: parâmetros para sua eficácia e efetividade. Porto Alegre: Livraria do Advogado, 2007. p. 99.

[302] TEIXEIRA, Carmen. *Os princípios do sistema único de saúde*. Texto de apoio elaborado para subsidiar o debate nas Conferências Municipal e Estadual de Saúde. Salvador, Bahia, 2011. p. 6.

[303] Em sentido semelhante, Figueiredo (2007, p. 164) defende que: "Se o objetivo da organização de um sistema de saúde único é a articulação de todos os serviços e ações de saúde para que, de forma ordenada, otimizem-se os escassos recursos financeiros, sociais, médicos e sanitários, em todos os níveis da federação, a atuação conjunto dos entes públicos propicia um ganho de escalas e evita a sobreposição de estruturas [..] a descentralização remete aos entes locais a execução das ações e serviços de saúde, porque melhor capacitados para avaliar as necessidades mais prementes da população e, com isso, para desenvolver condutas preventivas e curativas mais eficazes".

Isso não exclui a atuação direta do ente central em certas situações, quer para a garantia da necessária harmonização prática entre os princípios constitucionais da eficiência, da subsidiariedade e da integralidade do atendimento, pois a assistência à saúde deve ser executada por quem possua condições para efetivá-la da melhor forma (isto é, com melhor qualidade e condições de acesso), quer em decorrência de uma obrigação de permanente aperfeiçoamento do sistema, notadamente para assegurar equilíbrio à distribuição de recursos (financeiros e sanitários) e equidade à assistência [...] Organizam-se os serviços de saúde partindo-se das ações de atenção básica, comuns a todos os Municípios, passando pela assistência de média e alta complexidade, já centralizadas em Municípios maiores, para alcançar então os serviços de notória especialização, disponíveis somente em alguns grandes centros do país. Também aqui guarda o SUS sintonia com os princípios da subsidiariedade e eficiência, o que poderá eventualmente justificar a atuação direta por parte dos Estados ou mesmo da União, diante de circunstâncias e condições específicas postas pela realidade.[304]

Ou seja, a descentralização do SUS ocorre "de baixo" para "cima", dos Municípios até a União, e, em razão disso, a forma de assistência segue a mesma linha crescente: dos cuidados mais simples aos mais complexos. A descentralização do SUS, sobretudo em relação aos Municípios, é o que torna o sistema de financiamento o ponto central para a concretização desse sistema, como será abordado no próximo tópico.[305]

3.3 O financiamento do Sistema Único de Saúde: impasses e desafios

Inicialmente, impende destacar que o objetivo deste tópico é essencialmente compreender o financiamento do SUS e a sua relação com o federalismo adotado no Brasil.[306] Assim, é imperioso fazer algumas considerações sobre a relação da Constituição financeira descrita no texto constitucional de 1988 e a forma federativa do

---

[304] SARLET, Ingo Wolfgang; FIGUEIREDO, Mariana Filchtiner. O direito fundamental à proteção e promoção da saúde no Brasil: principais aspectos e problemas. *In*: RÉ, Aluísio Iunes Monti Ruggeri (org.). *Temas aprofundados da defensoria pública*. v.1. Salvador: Juspodivm, 2014. p. 123.

[305] MENDES, Gilmar Ferreira. Direitos Sociais. *In*: MENDES, Gilmar Ferreira; BRANCO, Paulo Gustavo Gonet. *Curso de Direito Constitucional*. São Paulo: Saraiva Educação, 2021.

[306] Assim sendo, salienta-se que não serão feitas discussões aprofundadas sobre o financiamento, pois tais questões se afastariam do objeto central deste trabalho.

Estado. Importante compreender, desde já, que a autonomia dos entes subnacionais está diretamente relacionada com a autonomia financeira destes, afinal quanto menos um ente federado depende dos recursos federais para financiar suas atividades,[307] menor será a influência que o Poder Central terá sobre ele.[308]

Torres (2014) afirma que essa relação é denominada federalismo fiscal e que é marcada no Brasil pela descentralização financeira, principalmente em razão das complexas e distintas relações existentes entre os entes da federação.

> A Constituição do Estado Federal comporta, em verdade, distintas relações jurídicas, à semelhança daquelas destacadas por Pablo Lucas Verdú, no seu *Teoría General de las Relaciones Constitucionales*, como são aquelas (a) entre a União e os Estados e Municípios, em verticalidade, como Estado Federal ou Nação (regras de Constituição Nacional); (b) entre as pessoas do federalismo, quanto aos vínculos horizontais de autonomias da União, Estados, Distrito Federal e Municípios (regras da Constituição Federal); (c) relações horizontais dos Estados e dos Municípios entre si; (d) relações entre particulares e as pessoas do federalismo; (e) entre as unidades do federalismo e os órgãos

---

[307] Isso fica nítido em relação a inúmeros municípios que se mantêm a partir das transferências obrigatórias e que acabam por deturpar o uso das transferências voluntárias, pois acabam utilizando-as para qualquer despesa ou investimento novo. Destaca Conti (2012) que as transferências voluntárias são recursos que podem ser transferidos pelos entes federados (principalmente pela União) de forma discricionária e vinculada a programas governamentais específicos, o que teoricamente é um excelente recurso dentro do federalismo cooperativo. Contudo, em razão da realidade financeira de muitos municípios, acaba sendo utilizado como barganha política. Ressalta o autor: "Atualmente, as transferências voluntárias, mais do que instrumentos de aperfeiçoamento do federalismo fiscal cooperativo, transformaram-se em armas de destruição da autonomia financeira e, consequentemente, do federalismo brasileiro, subordinando municípios e estados à vontade da União. Há uma distorção do processo democrático por meio do qual são eleitos os governantes, uma vez que os responsáveis pela gestão dos entes subnacionais se veem compelidos a aceitar as ofertas que lhe são feitas pelos demais entes federados, sob pena de não terem recursos para atenderem as necessidades de sua população. Muitos prefeitos, por consequência, têm de destinar recursos conforme o interesse da União, detentora dos recursos e do poder de entregá-los a quem lhe convier" (CONTI, 2012, p. 21).

[308] O autor explica que a autonomia fiscal dos entes subnacionais está relacionada com o binômio "suficiência" e "independência" financeira dos entes, mas essa equação não é uma tarefa fácil. "No âmbito dos gastos, há que se adequar os serviços pelos quais cada ente federado ficará responsável com sua capacidade de prestá-los de forma eficiente [..]. No que tange às receitas, o mesmo problema se verifica. Muitas são as fontes de receita, várias são as possibilidades arrecadatórias de que dispõe o Estado para angariar recursos dos cidadãos e das empresas [..]" (CONTI, 2019, p. 19).
CONTI, José Mauricio. *Levando o direito financeiro a sério*: a luta continua. 3. ed. São Paulo: Blucher, 2019.

de coordenação federativa (Senado, Conselho Nacional de Justiça e outros) e (f) aquelas da jurisdição federativa (Supremo Tribunal e Tribunais Superiores). A complexidade dessas relações da federação, notadamente as interestatais, entre os entes do federalismo, e aquelas com os particulares, em conjunto, demandam por parte da Constituição financeira a realização de funções estruturantes fundamentais, para gerar capacidade de autonomia com suficiência financeira, segurança jurídica interestatal e para os particulares, eficiência de gastos, continuidade do Estado e integração, segundo os fins e valores do Estado Democrático de Direito.[309]

Essas relações complexas impõem que a Constituição financeira seja realizada de forma integralizada e descentralizada, pois é preciso assegurar que os entes mais periféricos estejam protegidos de eventuais desequilíbrios fiscais, daí a importância do ente central. Torres (2014) ressalta ainda que essa dimensão integradora só é possível em razão do federalismo cooperativo, desse modo, o financiamento descentralizado do Estado Federal decorre a partir dos valores do federalismo cooperativo. "Diante disso, a Constituição de 1988, ao adotar um modelo federativo centrípeto e cooperativo de financiamento das unidades do federalismo, permite-nos falar, quanto ao federalismo fiscal, de uma Constituição Financeira cooperativa de equilíbrio".[310]

Ademais, o autor defende que a Constituição Financeira é uma forma acentuada do federalismo cooperativo:

> Nossa Constituição financeira, como dito antes, adota um modelo aperfeiçoado de federalismo cooperativo, com competências (fontes) para instituição de tributos pelas unidades do federalismo (i) e distribuição do produto arrecadado dos impostos entre as unidades de menor capacidade econômica (ii), mediante atribuição direta, segundo percentuais previamente designados na própria Constituição, e indireta, por fundos, ordenados por critérios determinados em lei complementar. Assim, no federalismo fiscal cooperativo brasileiro, Constituição financeira e Constituição tributária confluem para assegurar não apenas a continuidade do Estado, mas a realização dos seus objetivos e fins constitucionais do Estado Democrático de Direito, no equilíbrio que a Constituição pretende concretizar. E, assim, pelo princípio de eficiência da Constituição financeira, o regime de distribuição do

---

[309] TORRES, Heleno Taveira. Constituição financeira e o federalismo financeiro cooperativo equilibrado brasileiro. *Revista Fórum de Direito Financeiro e Econômico – RFDFE*, Belo Horizonte, ano 3, n. 5, p. 25-54, mar./ago. 2014. p. 25-26.
[310] *Ibidem*, p. 270.

produto arrecadado pressupõe suficiência de recursos pelo exercício das competências materiais de cada unidade do federalismo, que deve ser a fonte principal das receitas públicas, segundo os princípios do sistema tributário.[311]

Para Mendes (2021), o ideal do federalismo cooperativo que norteou o constituinte originário está bem visível no modo como o SUS foi projetado. Primeiro, porque a Constituição deu ênfase à distribuição de receitas a partir do objeto de arrecadação e ampliou, consideravelmente, a participação dos Estados e Municípios na renda tributária. Segundo, porque ao estabelecer as competências comuns no art. 23 da Constituição, há uma clara priorização das políticas públicas de longo prazo realizadas por meio de planejamentos. Além disso, criou os fundos públicos que têm como finalidade alcançar um equilíbrio regional.[312]

Além disso, a própria estrutura do SUS deixa clara a influência da visão cooperativa do federalismo na medida em que impõe a atuação interestatal e com a criação de instâncias permanentes de pactuação: comissões intergestores tripartite (âmbito nacional), bipartite (âmbito estadual) e consórcios intermunicipais de saúde.

Para o autor supramencionado, o ponto central do financiamento do SUS é o fator da municipalização – consequência da descentralização desse sistema –, pois, em um país tão heterogêneo como o Brasil, quanto menor a centralização da tomada de decisão, melhor para a efetivação dos direitos, especialmente quando se está diante de um direito tão essencial quanto o direito à saúde:

> Do ponto de vista do financiamento do SUS, é claro que um modelo efetivo somente será alcançado mediante distribuição mais equânime das receitas tributárias entre os entes federados. Nesse sentido, para que seja alcançado o equilíbrio entre competição e cooperação no federalismo sanitário brasileiro, necessário é reforçar os mecanismos cooperativos desenvolvidos.[313]

De forma semelhante, Figueiredo (2007) ressalta que o SUS é fundado com ideais muito parecidos com os do federalismo, sobretudo

---

[311] *Ibidem*, p. 44-45.
[312] MENDES, Gilmar Ferreira. Direitos Sociais. *In*: MENDES, Gilmar Ferreira; BRANCO, Paulo Gustavo Gonet. *Curso de Direito Constitucional*. São Paulo: Saraiva Educação, 2021.
[313] *Ibidem*, n.p.

na sua vertente cooperativa, pois esse sistema tem como fundamento principal a conjunção dos recursos dos entes federados para uma mesma finalidade: concretizar o direito à saúde e o fazem de forma descentralizada e cooperativa. As autoridades locais, por estarem mais próximas dos problemas sanitários, têm uma ideia mais completa das necessidades e atuam em conjunto em um plano único de caráter nacional.[314]

Essa perspectiva se assemelha ao entendimento do Bercovici (2004), ao afirmar que:

> O grande objetivo do federalismo, na atualidade, é a busca da cooperação entre a União e entes federados, equilibrando a descentralização federal com os imperativos da integração econômica nacional. Assim, o fundamento do federalismo cooperativo, em termos fiscais, é a cooperação financeira, que se desenvolve em virtude da necessidade de solidariedade federal por meio de políticas públicas conjuntas e de compensação das disparidades sociais [...] A descentralização das políticas públicas deve ser realizada de forma gradual, apoiada em programas de assistência técnica e financeira, com o objetivo de evitar rupturas e prejuízos para a população. Ou seja, a descentralização deve ser realizada de maneira articulada, não conflitiva, como vem ocorrendo [...] um processo ordenado de descentralização de políticas sociais exige, portanto, políticas definidas nacionalmente, com a cooperação de todas as esferas governamentais.[315]

Nota-se que o constituinte originário se preocupou em assegurar, no modelo cooperativo do federalismo e do SUS, a solidariedade dos entes da federação. Para Torres (2014), essa característica do federalismo brasileiro serve para garantir a unidade constitucional e a descentralização dos entes federados. Assim, pode-se compreender que um dos objetivos do federalismo cooperativo atual é a cooperação financeira entre a União e os entes federados, equilibrando a relação a partir da integração econômica nacional.

---

[314] Impende destacar que a autora defende que a relação entre o princípio federativo e o SUS, sobretudo quanto à municipalização desse sistema e o princípio da hierarquização, tem por consequência (e necessidade) o reconhecimento de uma responsabilidade subsidiária e não solidária dos entes federados, que, segundo Figueiredo (2007), está em mais conformidade com a Constituição Federal.

[315] BERCOVICI, Gilberto. *Dilemas do Estado federal brasileiro*. Porto Alegre: Livraria do Advogado Editora, 2004. p. 58; 69-70.

Diante disso, o princípio da isonomia entre as unidades federativas deve ser relativizado ante o objetivo de redução de desigualdades regionais. No federalismo cooperativo equilibrado, sob o princípio legitimador da solidariedade financeira, os valores do desenvolvimento equilibrado e recuperação dos entes da federação em condições de "desigualdade" concorrem para a unidade do Estado nacional.[316]

Ou seja, as desigualdades regionais exigem uma transferência de recursos públicos visando a realização de políticas públicas conjuntas com o objetivo de executá-la de modo uniforme e equivalente em todo o país. Tal relação é fundamentada no princípio da solidariedade ou solidariedade federal e no princípio da igualdade das condições sociais de vida. Em razão disso, a Constituição Federal deixa claro, em seu art. 23, II, a competência comum sobre direito à saúde e, nos arts. 195 e 198, §1º, a responsabilidade comum aos entes sobre o financiamento do SUS.

> Art. 195. A seguridade social[317] será financiada por toda a sociedade, de forma direta e indireta, nos termos da lei, mediante recursos provenientes dos orçamentos da União, dos Estados, do Distrito Federal e dos Municípios, e das seguintes contribuições sociais:
>
> Art. 198. As ações e serviços públicos de saúde integram uma rede regionalizada e hierarquizada e constituem um sistema único, organizado de acordo com as seguintes diretrizes:
>
> §1º. O sistema único de saúde será financiado, nos termos do art. 195, com recursos do orçamento da seguridade social, da União, dos Estados, do Distrito Federal e dos Municípios, além de outras fontes.[318]

A forma como o SUS foi estruturado pela Constituição Federal evidencia que seu financiamento deve ser realizado por meio dos recursos financeiros de todos os entes. Essa norma criou um dever dos entes da federação em observar um percentual mínimo a ser aplicado para o direito à saúde, contudo não fixou qual deve ser esse percentual. Apenas em 2000, a Emenda Constitucional nº 29 determinou

---

[316] TORRES, Heleno Taveira. Constituição financeira e o federalismo financeiro cooperativo equilibrado brasileiro. *Rev. Fórum Dir. Fin. e Econômico – RFDFE*, Belo Horizonte, ano 3, n. 5, p. 25-54, mar./ago. 2014. p. 51.

[317] Como já discutido ao longo deste capítulo, o direito à saúde faz parte da seguridade social.

[318] BRASIL. [Constituição (1998)]. *Constituição da República Federativa do Brasil*. Brasília, DF: Senado Federal, 1988.

a vinculação dos percentuais mínimos[319] dos recursos orçamentários dos entes federados.[320] Essa norma teria caráter temporário,[321] pois o art. 77 do ADCT estabelecia que o prazo para esses percentuais seria até 2004, visto que, segundo o texto original da Constituição, esses percentuais deveriam ser fixados mediante lei complementar.

Até o final dos anos 90, o SUS era caracterizado pela centralização da tomada de decisões, de modo que foi somente com o processo de descentralização tributária instituído pela Constituição Federal e a EC nº 29/2000 que a descentralização do SUS foi, de fato, iniciada.[322]

> Em 1993, os municípios adquirem um protagonismo maior no financiamento, coerente com o caráter inicialmente municipalista do SUS e, em 2002, a esfera estadual de governo passa a participar de forma muito mais ativa, fruto tanto do resgate do seu papel de gestor do SUS através da Norma Operacional Básica do SUS (NOB-96) e da Norma Operacional de Assistência à Saúde (NOAS), como da regulação estabelecida por meio da Emenda Constitucional n. 29. Em 2002 os municípios já estavam assumindo 22% do gasto público em saúde e os estados aportaram 20% do mesmo. É importante observar que o processo de descentralização tributária verificado a partir da nova Carta Constitucional não só ampliou a competência tributária de estados e municípios como elevou o nível das transferências de tributos federais às esferas subnacionais de governo.[323]

---

[319] A não aplicação do percentual mínimo pode ensejar intervenção federal ou intervenção estadual nos termos do art. 34, VII, "e": Art. 34. A União não intervirá nos Estados nem no Distrito Federal, exceto para: VII – assegurar a observância dos seguintes princípios constitucionais: e) aplicação do mínimo exigido da receita resultante de impostos estaduais, compreendida a proveniente de transferências, na manutenção e desenvolvimento do ensino e nas ações e serviços públicos de saúde; Art. 35. O Estado não intervirá em seus Municípios, nem a União nos Municípios localizados em Território Federal, exceto quando: III – não tiver sido aplicado o mínimo exigido da receita municipal na manutenção e desenvolvimento do ensino e nas ações e serviços públicos de saúde;

[320] Importante pontuar que a Comissão Nacional da Reforma Sanitária (SNRS), na Assembleia Constituinte, criou uma proposta de vinculação de recursos equivalentes a 10% dos recursos orçamentários dos entes federados para o financiamento do SUS, contudo a proposta não foi aceita.

[321] A EC nº 29/2000 inseriu no texto constitucional, no art. 77 do ADCT, que o prazo para esses prazos seria até 2004, pois, segundo o texto original da Constituição, esses percentuais deveriam ser criados mediante a lei complementar.

[322] UGÁ, M. A. D.; SANTOS, I. S. Uma análise da progressividade do financiamento do Sistema Único de Saúde (SUS). *Cadernos de Saúde Pública*, v. 22, n. 8, ago. 2006. Disponível em: https://doi.org/10.1590/S0102-311X2006000800008. Acesso em: 15 maio 2022.

[323] *Ibidem*, p. 1599.

Ou seja, o financiamento do SUS é realizado tanto pelas contribuições sociais quanto pelos impostos arrecadados pelos entes federados; assim sendo, cada ente deverá financiar o SUS de acordo com a sua capacidade arrecadatória. Em 2012, foi criada lei complementar fixando os percentuais da vinculação da União, dos Estados, do Distrito Federal e dos Municípios, mediante a LC nº 141/2012, definindo:

1. o valor mínimo e normas de cálculo do montante mínimo a ser aplicado, anualmente, pela União em ações e serviços públicos de saúde;

2. percentuais mínimos do produto da arrecadação de impostos a serem aplicados anualmente pelos estados, pelo Distrito Federal e pelos municípios em ações e serviços públicos de saúde;

3. critérios de rateio dos recursos da União vinculados à saúde destinados aos estados, ao Distrito Federal e aos municípios, e dos estados destinados aos seus respectivos municípios, visando à progressiva redução das disparidades regionais;

4. normas de fiscalização, avaliação e controle das despesas com saúde nas esferas federal, estadual, distrital e municipal.[324]

Interessante pontuar que o rateio dos recursos da União aos demais entes e dos Estados para os Municípios deve observar as necessidades de saúde da população, bem como as dimensões epidemiológica, demográfica, socioeconômica, espacial e a capacidade de oferta das ações e dos serviços de saúde.[325]

Ainda em 2012, foi criado o Decreto nº 7.827, o qual regulamentou a lei complementar supramencionada, estabelecendo os procedimentos sobre transferência de receitas tanto para o seu condicionamento quanto

---

[324] BRASIL. Lei complementar nº 141, de 13 de janeiro de 2012. Regulamenta o §3º doa rt. 198 da Constituição Federal para dispor sobre os valores mínimos... *Diário Oficial da União*. Brasília, DF: D.O.U, 2012.

[325] Art. 17. O rateio dos recursos da União vinculados a ações e serviços públicos de saúde e repassados na forma do *caput* dos arts. 18 e 22 aos Estados, ao Distrito Federal e aos Municípios observará as necessidades de saúde da população, as dimensões epidemiológica, demográfica, socioeconômica, espacial e de capacidade de oferta de ações e de serviços de saúde e, ainda, o disposto no art. 35 da Lei nº 8.080, de 19 de setembro de 1990, de forma a atender os objetivos do inciso II do §3º do art. 198 da Constituição Federal; Art. 19. O rateio dos recursos dos Estados transferidos aos Municípios para ações e serviços públicos de saúde será realizado segundo o critério de necessidades de saúde da população e levará em consideração as dimensões epidemiológica, demográfica, socioeconômica e espacial e a capacidade de oferta de ações e de serviços de saúde, observada a necessidade de reduzir as desigualdades regionais, nos termos do inciso II do §3º do art. 198 da Constituição Federal (BRASIL, 1990).

para o seu restabelecimento, bem como estipulou um procedimento para a suspensão de transferências voluntárias nas hipóteses em que um dos entes federados descumprir a aplicação mínima estabelecida para o direito à saúde.

Pinto (2017) defende que a diferenciação de tratamento entre o custeio federal e o custeio dos demais entes federados para fins de financiamento do direito à saúde, tal como preconizado na Lei Complementar nº 141/2021, é inconstitucional, pois impede uma máxima eficácia dos direitos fundamentais, sobretudo tendo em vista o binômio necessidade-possibilidade haja vista que a União tem a maior capacidade financeira, podendo contribuir mais para o financiamento do SUS.

> É notória, nesse sentido, a guerra fiscal de despesa que a União tem provocado contra estados e municípios, descentralizando programas de ação e reconcentrando receitas não repartíveis (POCHMANN, 2005), de modo a mitigar a eficácia dos direitos fundamentais prestacionais e o próprio pacto federativo [...] Configura-se, desse modo, um verdadeiro impasse federativo, quiçá, como ensaiado há pouco, uma nova espécie de guerra fiscal. É essa uma guerra, de certo modo, provocada intencionalmente pela União, não só para a redução das despesas constitucionalmente vinculadas, mas também para evitar a repartição de receitas prevista nos arts. 157 a 159 da CR/1988 (p. 215/216) [...] O que se tem atualmente presenciado, desde 2000, é uma estratégia econômico-contábil deliberada (porquanto lastreada nos arts. 77 do ADCT e 5º da LC nº 141/2012) para reduzir – até mesmo diante do pacto federativo – o volume de recursos federais no volume total de recursos públicos para o SUS. Ou seja, a União apresenta uma regressividade proporcional, porque os outros entes continuam tendo patamar de gasto atrelado ao comportamento da receita de impostos.[326]

O cenário atual do financiamento do SUS em relação aos Estados, ao Distrito Federal e aos Municípios não foi alterado de forma significativa, no entanto o financiamento por parte da União – que é o ente da federação que mais possui recursos financeiros – teve mudanças profundas. Isso porque a Emenda Constitucional nº 86, de 2015, chamada de Emenda do Orçamento Impositivo, em uma tentativa de controlar os gastos da União, alterou o percentual de vinculação da

---

[326] PINTO, Élida Graziane. *Financiamento dos direitos à saúde e à educação uma perspectiva constitucional.* Belo Horizonte: Fórum, 2017. p. 215.

União, passando a ser de 15% da receita corrente líquida.[327] Além disso, esses 15% seriam alcançados de forma progressiva e só chegaria, de fato, a ser 15% no ano de 2020.

Desse modo:

> A EC 86/2015 alterou o modelo de financiamento proposto pela EC 29/2000, na medida em que torna impositivas as emendas parlamentares incluindo-as no cômputo das despesas em saúde. À primeira vista pode parecer que a EC 86/2015 trouxe um incremento financeiro ao setor da saúde, todavia, em termos nominais, em 2016, os valores destinados pelo Ministério da Saúde podem significar aporte menor que do ano corrente. A EC 86/2015 apresentou também percentuais mínimos e progressivos de aplicação financeira em saúde pela União – consideradas as emendas impositivas.[328]

Além disso, houve uma nova alteração, em 2016, por meio da EC nº 95, que vincula somente o orçamento federal. A partir dessa emenda, o percentual mínimo aplicado pela União pode ser maior ou menor que 15%, dependendo do que for estabelecido pela LOA; ou seja, o percentual da União passa a ser variável.

Esse congelamento proporcionado pela EC nº 95/2016 afeta, substancialmente, toda a estrutura do SUS, pois o gasto mínimo da União com saúde passou a ser o teto, e o ente federal que tem a maior receita é a própria União. Se a sua arrecadação anual não corresponde ao que é aplicado ao SUS, a carga financeira desse sistema fica para os Estados, o Distrito Federal e os Municípios, os quais possuem uma receita bem inferior.

> Em 2017, a despesa com saúde correspondeu a 15,8% da RCL, superior ao mínimo, tendo caído para 13,5% da RCL em 2019. Destaca-se o efeito, já no curto prazo, das regras de gasto sobre a saúde. Do ponto de vista estrutural, é provável que o desfinanciamento implique comprometimento de ações e até dos pilares constitucionais do SUS, já que, até 2036, estima-se que o congelamento do piso de aplicação pela EC 95 pode levar o gasto do setor a menos de 10% da RCL [...] ademais, ao fim do Novo Regime Fiscal, os gastos federais de saúde

---

[327] Antes, a União deveria aplicar o mesmo que aplicou no ano anterior mais a variação do PIB.

[328] SANTOS, A. O.; DELDUQUE, M. C.; ALVES, S. M. C. Os três poderes do Estado e o financiamento do SUS: o ano de 2015. *Perspectivas – Cad. Saúde Pública*, v. 32, n. 1, p. 2, 2016. Disponível em: https://doi.org/10.1590/0102-311X00194815. Acesso em: 15 maio 2022.

podem representar cerca de 30% dos gastos totais do setor, sendo que, em 2000, respondiam por quase 60% [...].[329]

A desvinculação da União é inconstitucional, pois, quando a Constituição Federal de 1988 garante a proteção máxima aos direitos fundamentais, essa garantia é estendida ao dever de custeio mínimo, que deve ser aplicado de forma progressiva. Os problemas financeiros do Estado não devem ser solucionados com mais discricionariedade, sobretudo em situações de crise fiscal e política.[330]

> O ordenamento pátrio, contudo, não admite um orçamento governamental que refute o custeio mínimo dos direitos fundamentais, para passar a suportar majoritariamente encargos financeiros da dívida pública. [...] Em meio à crise política e econômica, tal inversão de prioridades, na prática, apresenta-se à sociedade por meio da iminente vinda da 8ª emenda de desvinculação parcial das receitas da União.[331]

No mesmo sentido, Scaff (2017) defende que tanto a EC nº 86 quanto a EC nº 95 devem ser consideradas inconstitucionais na parte em que dispõem sobre o custeio dos direitos sociais, em especial, naquilo que trata sobre o direito à saúde pública, pois é inadmissível com a Constituição Federal de 1988 o congelamento dos gastos com saúde pública, sobretudo quando se colocam na balança questões como o envelhecimento da população, o crescimento populacional e a necessidade de equilíbrio social.

Lima (2008) ressalta que a descentralização fiscal, embora, por alguns ângulos, seja positiva, torna mais evidente os problemas estruturais do país, principalmente, em relação às desigualdades sociais e regionais. Estes dois pontos, descentralização tributária e responsabilidade comum para as ações e os serviços relacionados à saúde, demandam dos Estados e Municípios uma capacidade financeira que, por vezes, eles não estão aptos a realizar de forma autônoma; há

---

[329] DWECK, Esther; MORETTI, Bruno; MELO, Maria Fernanda G. Cardoso de Melo. Pandemia e desafios estruturais do CEIS: financiamento do SUS, federalismo da saúde e as relações público-privadas. *Cadernos do Desenvolvimento*, Rio de Janeiro, v. 16, n. 28, p. 239-265, jan./abr. 2021. p. 245.

[330] COMPARATO, Fábio Konder; PINTO, Élida Graziane. Custeio mínimo dos direitos fundamentais, sob máxima proteção constitucional. *Consultor Jurídico*, 2015. Disponível em: https://www.conjur.com.br/2015-dez-17/custeio-minimo-direitos-fundamentais-maxima-protecao-cf. Acesso em: 01 out. 2022.

[331] *Ibidem*, n.p.

uma clara dependência dos Estados e Municípios por transferências federais.

Isso ficou claro durante a pandemia de covid-19, pois, mesmo quando os entes subnacionais passaram adotar de forma descentralizada[332] medidas para impedir o aumento do número de casos, a falta de coordenação do SUS a nível nacional e a necessidade de expansão dos serviços de saúde – que demandavam transferências financeiras da União[333] – dificultaram um enfrentamento verdadeiramente eficaz contra o vírus.[334] Destarte, podemos afirmar que as tensões entre os entes federados durante a pandemia de covid-19 foram em grande medida influenciadas pela rede de financiamento do SUS de cada ente federal, sobretudo em relação à União, o que demonstra o impacto dos conflitos distributivos entre as unidades políticas sobre a efetividade dos direitos fundamentais de uma maneira geral, constituindo este sem dúvida um dos maiores desafios do Estado socioambiental para a concretização dos seus deveres fundamentais.

---

[332] Fator que será estudado em detalhes no próximo tópico.

[333] Ressalta-se que o teto de gastos impostos pela EC nº 95/2016 impôs uma dificuldade extra à União para uma efetiva reação à pandemia provocada pela covid-19.

[334] DWECK, Esther; MORETTI, Bruno; MELO, Maria Fernanda G. Cardoso de Melo. Pandemia e desafios estruturais do CEIS: financiamento do SUS, federalismo da saúde e as relações público-privadas. *Cadernos do Desenvolvimento*, Rio de Janeiro, v. 16, n. 28, p. 239-265, jan./abr. 2021.

CAPÍTULO 4

A ATUAÇÃO DO STF NA PRESERVAÇÃO DO EQUILÍBRIO DO PACTO FEDERATIVO E SEUS IMPACTOS SOBRE A EFETIVIDADE DAS POLÍTICAS PÚBLICAS DE SAÚDE NO ESTADO DO MARANHÃO

O presente capítulo constitui o ponto central da presente investigação, na qual, diante da pesquisa bibliográfica empreendida e dos dados coletados, verificar-se-á a confirmação ou não da hipótese ventilada de que – em razão de decisões proferidas pelo STF, relativas ao desenho federativo e à autonomia das pessoas políticas que integram o Estado Federal, entre os anos de 2020 e 2021 – houve um incremento, em especial da capacidade do estado do Maranhão, de implementar o direito à saúde da sua população mediante as políticas públicas desenvolvidas pelo ente federado no período em destaque.

Para atingir tal desiderato, selecionou-se um grupo de decisões cujas relevância e significação para o equilíbrio do pacto federativo e de seus respectivos corolários identificados ao longo do presente estudo podem ser consideradas por fixarem *standards* representativos do entendimento da Corte acerca dos conflitos federativos materializados, especialmente em face da pandemia de covid-19 – cujo período de maior agudização, segundo estudos epidemiológicos do Ministério da Saúde, ocorreu no Brasil, precisamente nos anos de 2020 e 2021 – a partir da análise das técnicas de hermenêutica constitucional utilizadas para, desse modo, compreender a dinâmica do STF enquanto Corte da federação e a sua capacidade de influenciar o equilíbrio das relações interfederativas.

Tais decisões selecionadas no presente capítulo foram proferidas tanto no âmbito do controle concentrado de constitucionalidade relacionado a normas federais reputadas inconstitucionais ou violadoras de preceitos fundamentais quanto em conflitos concretos materializados entre a União e os entes subnacionais. Isso conferindo destaque aos precedentes originados a partir de litígios protagonizados pelo estado do Maranhão, de modo a tentar entender o seu impacto sobre as políticas públicas de saúde que constituíram objeto de tais conflitos.

Antes, contudo, de se proceder ao estudo dos fundamentos, ponderações e técnicas hermenêuticas utilizadas em cada uma das decisões selecionadas, impende realizar uma análise mais abrangente do papel desempenhado pelo STF na ordem jurídico-constitucional brasileira, muito especialmente a partir do desenho traçado pelo Constituinte de 1988.

4.1 A função do STF no quadro político-institucional brasileiro e a resolução de conflitos entre os integrantes do Estado Federal

A expressão justiça constitucional ou jurisdição constitucional busca sublinhar que a proteção da Constituição não está a cargo de um órgão político, tal como o Parlamento ou o Poder Executivo, mas sim de um órgão dotado de independência, imparcialidade e a função de dirimir litígios através da aplicação do Direito.[335]

Há que se esclarecer que a jurisdição constitucional perpassa por uma discussão entre os que a defendem como o espaço de excelência da afirmação da Constituição e os que concebem que o modelo judicialista dá ensejo à instauração de uma ditadura judicial. O certo é que não se pode perder de vista que se deve reconhecer o importante papel do Poder Judiciário na garantia da Constituição, principalmente na tutela reforçada de direitos fundamentais e nos pressupostos da democracia.[336]

Nesse cenário, o Supremo Tribunal Federal adquire especial relevância por se tratar do legítimo guardião da Constituição. Ou seja:

---

[335] MORAIS, Carlos Blanco de. A justiça constitucional e suas relações de tensão com os demais poderes do Estado. *In*: CREMONESE, Cleverton; PESSOA, Paula (org.). MARINONI, Luiz Guilherme; SARLET, Ingo Wolfgang (coord.). *Processo Constitucional*. São Paulo: Thomson Reuters Brasil, 2019.

[336] SOUZA NETO, Cláudio Pereira de; SARMENTO, Daniel. *Direito constitucional*: teoria, história e métodos de trabalho. Belo Horizonte: Fórum, 2012.

Os tribunais constitucionais têm uma função de controle do cumprimento da Constituição. É essa função que é o alfa e o ômega da sua existência. Todas as demais funções, em que pese a sua importância, são consequentes ou acessórias. A função da interpretação da Constituição, a força vinculante das decisões interpretativas no Brasil, Espanha e Alemanha, a sua normatividade informal como subparâmetros interpretativos, a arbitragem de conflitos, tudo é uma consequência da atividade de controle de constitucionalidade e a sua validade depende do seu enquadramento na moldura de controle.[337]

Nesse sentido, a jurisdição constitucional foi concebida historicamente como mecanismo de defesa da Constituição, e essa tida como expressão dos valores sociais e políticos de uma comunidade.[338] Por essa razão, tem-se que a jurisdição constitucional possui, incontestavelmente, uma dimensão política, ou seja, ao concretizar e desenvolver normas constitucionais, o Poder Judiciário acaba por decidir questões políticas de grande relevância político-constitucional, atuando como um regulador do sistema político.[339]

A judicialização da sociedade implica tanto a invasão do direito nas relações sociais quanto nos poderes republicanos, sendo essa última denominada de judicialização da política; algo justificado pela intervenção do direito na sociedade com a regulação das práticas sociais. Em outros termos, "[...] a Justiça, como guardiã das promessas democráticas ainda não realizadas durante a modernidade, é convertida em lugar em que se exige a realização da democracia".[340]

Esse processo de protagonismo do Poder Judiciário, para muitos constitucionalistas, deriva de um constitucionalismo contemporâneo que visa aperfeiçoar as ideias do constitucionalismo moderno, por meio de Constituições ambiciosas e analíticas, com a previsão de um rol maior de direitos e garantias fundamentais, mais intervencionista no plano

---

[337] MORAIS, Carlos Blanco de. A justiça constitucional e suas relações de tensão com os demais poderes do Estado. *In*: CREMONESE, Cleverton; PESSOA, Paula (org.). MARINONI, Luiz Guilherme; SARLET, Ingo Wolfgang (coord.). *Processo Constitucional*. São Paulo: Thomson Reuters Brasil, 2019. p. 164.
[338] SILVA, José Afonso da. *Curso de direito constitucional positivo*. São Paulo: Malheiros, 2017.
[339] CANOTILHO, José Joaquim Gomes. *Direito constitucional e teoria da Constituição*. Coimbra: Almedina, 2003.
[340] MORAES, Guilherme Peña de. Protagonismo institucional do poder judiciário no estado contemporâneo: reflexões sobre a judicialização, o ativismo judicial e a autonomia processual da justiça constitucional. *Direito em Movimento* – um outro direito é possível, [s.l.], v. 17, n. 2, p. 15-33, nov. 2019. Disponível em: https://emerj.jus.br/ojs/seer/index.php/direitoemmovimento/article/view/155. Acesso em: 15 maio 2022.

social e econômico, direcionando aos poderes Executivo e Legislativo apenas a função de implementação da vontade do Constituinte.[341]

A Constituição de 1988 segue essa linha, portanto, manifestando certa desconfiança em relação ao legislador infraconstitucional, visto que se preocupou em regulamentar, de forma pormenorizada, as relações sociais, econômicas e públicas, visando, sobretudo, preservar a obra constituinte contra os ataques do corpo político. Tal cenário é o alicerce para o papel protagonista do Supremo Tribunal Federal como guardião da Constituição.[342]

Com efeito, o STF atua como Corte Constitucional, como foro judicial especializado e como última instância recursal, da seguinte forma:

> Como corte constitucional, o Supremo Tribunal Federal tem a competência de julgar as leis e atos normativos federais e estaduais por via de ação direta. A Constituição de 1988 ampliou largamente, em seu art. 103, o rol de legitimados à propositura das ações do controle abstrato e concentrado de constitucionalidade. O STF também realiza o controle judicial de constitucionalidade de emendas à Constituição que firam as cláusulas pétreas estabelecidas pelo art. 60, §4º, da Constituição. Também foi atribuído ao Supremo Tribunal Federal, o julgamento das omissões inconstitucionais do Congresso Nacional e do Poder Executivo. Como foro judicial especializado, ao Supremo Tribunal Federal compete processar e julgar diversas autoridades da república, além de apreciar originariamente diversos atos do Congresso Nacional ou do Poder Executivo. E como última instância recursal, o Supremo Tribunal Federal ainda julga em grau de recurso diversos casos resolvidos por tribunais inferiores.[343]

Destarte, o STF, como uma Corte Constitucional com autoridade sobre todos os membros da comunidade política e dotada de competência para dirimir eventuais controvérsias em relação à adequada observância pelas unidades políticas das suas balizas constitucionais de atuação, é condição fundamental para a preservação da integridade

---

[341] VIEIRA, Oscar Vilhena. Supremocracia. *Revista de Direito GV*, São Paulo, v. 4, n. 2, p. 441-464, jul./dez. 2008.
[342] *Ibidem*.
[343] JUSTEN FILHO, Marçal; GODOY, Miguel Gualano de. Supremo e contraditório: a necessária revisão do tema 424 da repercussão geral e o precedente ARE 639.228. In: CREMONESE, Cleverton; PESSOA, Paula (org.). MARINONI, Luiz Guilherme; SARLET, Ingo Wolfgang (coord.). *Processo Constitucional*. São Paulo: Thomson Reuters Brasil, 2019. p. 955.

do vínculo federativo, conforme apontado, precisamente, por Madison, Hamilton e Jay (1993).

> A interpretação das leis é o domínio próprio e particular dos tribunais. Uma Constituição é de fato uma lei fundamental e como tal deve ser vista pelos juízes. Cabe a eles, portanto, definir seus significados tanto quanto o significado de qualquer ato particular procedente do corpo legislativo. Caso ocorra uma divergência irreconciliável entre ambos, aquele que tem maior obrigatoriedade e validade deve, evidentemente, ser preferido. Em outras palavras, a Constituição deve ser preferida ao estatuto, a intenção do povo à intenção de seus agentes.[344]

O perfil de guardião da Constituição e da ordem federativa do STF foi desenhado desde a Primeira Constituição Republicana de 1891 sob a influência, em grande medida, da doutrina norte-americana, seja analisando a constitucionalidade das leis de uma banda, seja, por outra, dirimindo os conflitos entre os membros da federação.[345]

Ainda segundo o autor supracitado, a Constituição de 1988 ampliou, significativamente, a competência da Corte e, por conseguinte, fortaleceu o seu papel na regulação institucional do esquema organizatório do Estado brasileiro.

> A discussão na Constituinte sobre a instituição de uma Corte Constitucional, que deveria ocupar-se, fundamentalmente, do controle de constitucionalidade, acabou por permitir que o Supremo Tribunal Federal não só mantivesse a sua competência tradicional, com algumas restrições, como adquirisse novas e significativas atribuições. A Constituição de 1988 ampliou significativamente a competência originária do Supremo Tribunal Federal, especialmente no que concerne ao controle de constitucionalidade de leis e atos normativos e ao controle da omissão inconstitucional.[346]

Questão que tem sido alvo de certo debate diz respeito à natureza do STF em face da função precípua de guarda da Constituição, que lhe foi outorgada historicamente pelos diferentes diplomas constitucionais ao longo da sua trajetória institucional e reafirmada de modo bastante

---

[344] MADISON, James; HAMILTON, Alexander; JAY, John. *Os artigos federalistas*. Trad. Maria Luiza X. de A. Borges. Rio de Janeiro: Nova Fronteira, 1993. p. 481.
[345] MENDES, Gilmar Ferreira; BRANCO, Paulo Gustavo Gonet. *Curso de Direito Constitucional*. 12. ed. rev. e atual. São Paulo: SaraivaJur, 2017.
[346] *Ibidem*, p. 1033.

assertivo pela Carta de 1988. Para Silva (2017), a previsão presente na Constituição de 1988 de delimitar a competência da Corte ao exame de matérias de natureza constitucional não teria o condão de convertê-la numa autêntica Corte Constitucional no sentido tradicionalmente atribuído pelo constitucionalismo clássico de matriz europeia.

> Primeiro porque não é o único órgão jurisdicional competente para o exercício da jurisdição constitucional, já que o sistema perdura fundado no critério difuso, que autoriza qualquer tribunal e juiz a conhecer da prejudicial de inconstitucionalidade, por via de exceção. Segundo, porque a forma de recrutamento de seus membros denuncia que continuará a ser um Tribunal, que examina a questão constitucional com critério puramente técnico-jurídico, mormente porque, como Tribunal, que ainda será, do recurso extraordinário o modo de levar a seu conhecimento e julgamento as questões constitucionais nos casos concretos, sua preocupação, como é regra no sistema difuso, será dar primazia à solução do caso e, se possível, sem declarar inconstitucionalidades.[347]

Conquanto pareça correta a referida conclusão, o ponto central a ser sublinhado em relação ao perfil constitucional da Corte reside na elevada significação política presente em sua atuação no contexto da dinâmica entre os poderes do Estado presentes no desenho constitucional brasileiro. Isso decorre do fato de que, ao executar a sua tarefa de defesa e concretização dos comandos constitucionais, especialmente por intermédio do controle de constitucionalidade, tanto na modalidade concentrada quanto na difusa,[348] o STF promove, efetivamente, aquilo que Canotilho (2003) definiu como atividade de conformação do processo político através da sua atividade jurisdicional, compelindo os atores políticos integrantes das demais funções estatais a observarem as balizas presentes na Constituição, que devem nortear a sua atuação institucional.[349]

Com efeito, a Constituição de 1988 contempla uma série de inovações que aproximam ainda mais o Supremo Tribunal Federal

---

[347] SILVA, José Afonso da. *Curso de direito constitucional positivo*. São Paulo: Malheiros, 2017.
[348] Nesse ponto, enaltece-se que a Constituição de 1988 manteve o sistema eclético, híbrido ou misto, combinando o controle por via incidental e difuso com o controle concentrado, e, por via principal, atuando o STF em ambos, seja como Corte Constitucional na modalidade concentrada e abstrata, seja, como órgão julgador e instância extraordinária (BARROSO, 2019).
[349] CANOTILHO, José Joaquim Gomes. *Direito constitucional e teoria da Constituição*. Coimbra: Almedina, 2003.

da atividade de conformação do processo político, tais como: a) a ampliação da legitimação ativa para a propositura das ações do controle concentrado, trazendo para esse cenário atores políticos e institucionais, exemplificativamente os partidos políticos com representação do congresso nacional, a Câmara dos Deputados e o Senado, o Conselho Federal da Ordem dos Advogados do Brasil, entre outros; b) a introdução de mecanismos de controle de constitucionalidade por omissão, como a ação direta com esse objeto e o mandado de injunção, o que possibilita uma maior judicialização da política em face de omissões dos Poderes Executivo e Legislativo; e c) a previsão da arguição de descumprimento de preceito fundamental, que se manifesta como a única ação do controle concentrado que pode ter por objeto atos municipais, o que faz com que o STF consiga interferir mais ativamente em demandas regionais.[350]

A atividade de conformação do processo político por meio do Supremo Tribunal Federal se mostra ainda mais presente, tendo em vista o contexto do presente trabalho, quando se possui como pano de fundo a proteção e a promoção de direitos sociais, como o direito à saúde. Explica-se. A Constituição de 1988 firmou compromisso com o Estado Social, incorporando a noção de justiça social como um de seus objetivos norteadores, conforme previsto no seu artigo 3º. Em decorrência disso, como já exposto, o Constituinte não se limitou apenas a prever um rol de liberdades – direitos civis e políticos –, mas também ao lado desse catálogo contemplou uma série de direitos sociais cuja previsão está no seu artigo 6º, sendo estes dotados de fundamentalidade.[351]

Para mais, o Constituinte se preocupou, sobretudo, em garantir a concretização dos direitos e garantias fundamentais, contemplando o princípio da aplicabilidade imediata desses direitos (CF/88, art. 5º, §1º), bem como pela previsão de ações e remédios constitucionais objetivando a sua proteção e tutela e pelo fortalecimento do Poder Judiciário como guardião do texto constitucional.[352]

---

[350] BARROSO, Luís Roberto. *O controle de constitucionalidade no direito brasileiro*: exposição sistemática da doutrina e análise crítica da jurisprudência. 8. ed. São Paulo: Saraiva Educação, 2019.
[351] CUNHA JUNIOR, Dirley. *Curso de Direito Constitucional*. 12. ed. Salvador: Juspodivm, 2018.
[352] SOUZA NETO, Cláudio Pereira de; SARMENTO, Daniel. *Direito constitucional*: teoria, história e métodos de trabalho. Belo Horizonte: Fórum, 2012.

A partir da previsão da aplicabilidade imediata dos direitos e garantias fundamentais (CF/88, art. 5º, §1º) e a sua compreensão como sendo um mandado de otimização, no sentido de que seja empregado com a maior eficácia possível,[353] é possível se extrair um comando que determina uma vinculação não só do poder público, mas das entidades privadas, aos direitos fundamentais.

Cumpre, então, ressaltar que os direitos fundamentais[354] vinculam os poderes públicos em razão da regra da sua aplicação imediata (disposta no art. 5º, §1º, da CF/88).[355] Segundo Sarlet (2012), essa vinculação pode ser compreendida em duas acepções distintas, sendo uma delas com sentido negativo, de modo que, na sua visão, "os direitos fundamentais não se encontram na esfera de disponibilidade dos Poderes Públicos, ressaltando-se, contudo, que, numa acepção positiva os órgãos estatais se encontram na obrigação de tudo fazer no sentido de realizar os direitos fundamentais".[356]

No que se refere ao Poder Judiciário, especificamente ao STF, enquanto guardião da Constituição, está voltado para a aplicação direta da Constituição como exercido, para a interpretação do texto constituinte, primordialmente, no exercício do controle de constitucionalidade.[357] Em meio a esse contexto, insere-se a questão da judicialização, que "[...] significa que questões relevantes do ponto de vista político, social ou moral estão sendo decididas em caráter final, pelo Poder Judiciário".[358] Esse fenômeno é facilmente identificado no Direito brasileiro, em especial, no que tange à crescente judicialização da política no âmbito do Supremo Tribunal Federal.

---

[353] SARLET, Ingo Wolfgang. *A eficácia dos direitos fundamentais*: uma teoria geral dos direitos fundamentais na perspectiva constitucional. 11. ed. Porto Alegre: Livraria do Advogado, 2012.

[354] A vinculação diz respeito aos direitos fundamentais como um todo, na medida em que o postulado da aplicabilidade imediata faz menção a todas as normas definidoras de direitos fundamentais, sendo assim irrelevante se o direito refere a prestações ou a um direito de defesa, e não importando a sua forma de positivação no texto constitucional (SARLET, 2012).

[355] Ressalta-se que o postulado da aplicabilidade imediata engloba também os direitos sociais a prestações materiais.

[356] *Ibidem*, p. 375.

[357] BARROSO, Luís Roberto. *O controle de constitucionalidade no direito brasileiro*: exposição sistemática da doutrina e análise crítica da jurisprudência. 8. ed. São Paulo: Saraiva Educação, 2019.

[358] *Ibidem*, p. 366.

A judicialização da política surge quando há uma carência e inequação das outras instituições quanto ao seu funcionamento. Ora, "[...] quanto maior a possibilidade de se discutir, no âmbito judicial, a adequação ou não da ação governamental *lato sensu* em relação aos ditames constitucionais, maior será o grau de judicialização a ser observado".[359] Nesse ponto, como bem expõe Luís Roberto Barroso (2012), há que diferenciar dois fenômenos, ambos presentes no contexto brasileiro, o da judicialização e o do ativismo.

> A judicialização, no contexto brasileiro, é um fato, uma circunstância que decorre do modelo constitucional que se adotou, e não um exercício deliberado de vontade política. Em todos os casos referidos acima, o Judiciário decidiu porque era o que lhe cabia fazer, sem alternativa. Se uma norma constitucional permite que dela se deduza uma pretensão, subjetiva ou objetiva, ao juiz cabe dela conhecer, decidindo a matéria. Já o ativismo judicial é uma atitude, a escolha de um modo específico e proativo de interpretar a Constituição, expandindo o seu sentido e alcance.[360]

Certo é que tanto a judicialização como o ativismo judicial se fazem presentes no Direito brasileiro, inclusive em questões voltadas ao direito fundamental à saúde, o que reforça a noção de que o STF se mostra como um ator fundamental para o processo de conformação política.

Tal tarefa se torna particularmente relevante em um Estado Federal em virtude da multiplicidade de ordenações presentes no âmbito do território de determinada comunidade política, e pela necessidade de que todos os atores políticos, em todas as esferas de repartição da função estatal, sejam verticais, sejam horizontais, estejam submetidos à supremacia dos comandos contidos na Constituição.

> (...) a necessidade, inerente ao federalismo, de manter coerente a ordem jurídica também foi fundamental para, antes de tudo, dar-se à Constituição a posição de lei suprema e condutora da unidade do direito vivenciado pelos Estados, e, depois, para dar autoridade a uma

---

[359] STRECK, Lenio Luiz. Entre o ativismo e a judicialização da política: a difícil concretização do direito fundamental a uma decisão judicial constitucionalmente adequada. *Espaço Jurídico Journal of law [EJJL]*, Santa Catarina – UNOESC, v. 17, n. 3, dez. 2016. Disponível em: https://periodicos.unoesc.edu.br/espacojuridico/article/view/12206/pdf. Acesso em: 22 maio 2022. p. 724.
[360] BARROSO, Luís Roberto. Judicialização, ativismo judicial e legitimidade democrática. *(Syn)thesis*, v. 5, n. 1, p. 23-32, 2012.

"forma" judicial capaz de evitar que o direito pudesse assumir, nos Estados, conteúdos destoantes da Constituição. É interessante notar, nesta dimensão, que o controle judicial da constitucionalidade das leis possui, intrinsecamente, a força unificadora do direito (...).[361]

Por sua vez, tema de intenso e acalorado debate no constitucionalismo contemporâneo reside, precisamente, na atuação do STF enquanto guardião da Constituição em face da concepção clássica da separação de Poderes e os limites de tal atuação diante daquela concepção que constitui seguramente um pilar fundamental do Estado Democrático de Direito.

Com efeito, a trajetória da Corte Suprema brasileira, ao longo do período posterior à promulgação da Carta de 1988, é marcada pela contínua ampliação em sua esfera de atuação, sobretudo ao promover a efetividade dos direitos fundamentais albergados pela Constituição em suas múltiplas dimensões. Tarefa que, em alguma medida, importou na deliberação acerca de temas até então considerados restritos aos domínios do sistema político, seja do Executivo, seja do Legislativo.

Destacam-se, nesse sentido, alguns julgamentos emblemáticos, *v.g.*, pesquisas com células-tronco embrionárias (ADI nº 3.510); união civil entre pessoas do mesmo sexo (ADPF nº 132 e ADI nº 4.277); e a possibilidade da imposição pela via jurisdicional do dever de implementação de políticas públicas destinadas a garantir a fruição de direitos fundamentais sociais de natureza prestacional (ADPF nº 45), para citar apenas alguns casos relativamente recentes e que mobilizaram o debate público em torno do papel da Corte, sublinhando o seu protagonismo em questões de elevado significado social.[362]

De outra banda, tal atuação, dotada de inquestionável assertividade em face das demais funções estatais atribuídas preponderantemente aos demais atores do sistema político, não passou ilesa a abalizadas críticas formuladas por autores que vislumbram em várias dessas decisões recentemente proferidas pela Corte um fator gerador de desequilíbrio na dinâmica da relação entre os Poderes do Estado, equilíbrio este que constitui em si mesmo um elemento vital à própria preservação do princípio democrático, conforme destacado anteriormente.

---

[361] MARINONI, Luiz Guilherme. *Controle de constitucionalidade e diálogo institucional*. São Paulo: Thompson Reuters Brasil, 2022, p. 279.

[362] SILVA, José Afonso da. *Curso de direito constitucional positivo*. São Paulo: Malheiros, 2017.

Nessa toada, merecem destaque as ponderações formuladas por Ramos (2015), para quem tais decisões proferidas em relação a temas afeitos essencialmente ao domínio dos órgãos de deliberação da política majoritária, para além de descaracterizarem a função típica do Judiciário – importando em verdadeira "[...] incursão insidiosa sobre o núcleo essencial de funções constitucionalmente atribuídas a outros Poderes", a partir de considerações puramente subjetivistas do intérprete-aplicador –, fragilizam o esquema organizatório da separação constitucional de Poderes, uma vez que, inegavelmente, "[...] provocam uma certa tensão em relação ao conteúdo prescritivo de seu núcleo essencial".[363]

Por outro lado, a defesa de uma atuação mais assertiva do Judiciário e, em especial, do STF em face dos demais Poderes do Estado na tarefa de concretização da ampla gramática dos direitos fundamentais galvanizados na Carta de 1988 é amplamente defendida por uma parcela expressiva da doutrina pátria, lastreada na própria ideia de supremacia da Constituição e de seus corolários, cujo alcance e cuja efetividade se situam num patamar de superioridade que vincula todos os membros da comunidade política, incluindo, por óbvio, os representantes dos órgãos de deliberação majoritária. O que permitiria, inclusive, segundo Jobim (2013, n.p.), "[...] atuar ativamente em atribuições que seriam de outros Poderes no plano concreto", posto que "são nos desvios comissivos e omissivos dos demais Poderes que o Judiciário deve atuar, sempre nos parâmetros textualmente constitucionalizados, aplicando-os hermeneuticamente".

Vis-à-vis aos argumentos apresentados, parece correto concluir, numa primeira aproximação em relação ao tema, que uma atuação menos autocontida e mais assertiva do STF, no desenvolvimento da tarefa de guarda da Constituição – em contraposição à visão clássica em torno do papel do Judiciário enquanto mera *bouche de la loi* – deriva da própria estrutura da Carta de 1988, especialmente à sua rigidez, ao seu caráter analítico e à sua natureza dirigente, bem como pelo sistema de controle de constitucionalidade que lhe é característico, o que implicou uma, até então, inédita centralidade do papel institucional da Corte no desenho constitucional pátrio.

De acordo com Vieira (2008), tal proeminência encontraria suas raízes num conjunto de razões de índole política e histórica, especialmente na desconfiança em relação aos atores do processo político,

---

[363] RAMOS, Elival da Silva. *Ativismo judicial*: parâmetros dogmáticos. 2. ed. São Paulo: SaraivaJur, 2015.

que culminaram na opção do Constituinte por escolhas institucionais, por meio das quais "a Constituição transcendeu os temas propriamente constitucionais e regulamentou pormenorizada e obsessivamente um amplo campo das relações sociais, econômicas e públicas, em uma espécie de *compromisso maximizador*".[364]

Ainda segundo esse autor, outro fator capaz de explicar a centralidade da Corte, no quadro organizatório das funções do Estado, diz respeito, precisamente, ao amplo conjunto de atribuições que lhe foram outorgadas pelo atual diploma constitucional; o que explica, em certa medida, a expansão da sua autoridade no quadro organizatório das funções estatais.

> A Constituição de 1988, mais uma vez preocupada em preservar a sua obra contra os ataques do corpo político, conferiu ao Supremo Tribunal Federal amplos poderes de guardião constitucional. Ao Supremo Tribunal Federal foram atribuídas funções que, na maioria das democracias contemporâneas, estão divididas em pelo menos três tipos de instituições: tribunais constitucionais, foros judiciais especializados (ou simplesmente competências difusas pelo sistema judiciário) e tribunais de recursos de última instância.[365]

Por outro lado, parece igualmente fundada a preocupação esboçada pelos autores que vislumbram, numa atuação considerada mais "ativista" do STF – para usar uma expressão recorrente, mas que em relação à qual ainda não se firmou consenso em torno do seu efetivo sentido e alcance –, o risco de se produzirem decisões que ponham em xeque a coerência do sistema jurídico-constitucional e que, igualmente, fragilizem a própria autoridade da Corte. O que poderia se materializar, *v.g.*, na inefetividade e mesmo no descumprimento das suas decisões em virtude das tensões geradas em relação aos demais Poderes, para citar apenas alguns dos riscos presentes nesse quadro institucional.

Contudo, tais riscos apontados no que concerne ao exercício da atividade jurisdicional destinada à concretização dos preceitos galvanizados na Constituição podem e devem ser contornados pela observância de algumas cautelas que operam em prol da legitimação da jurisdição constitucional. A primeira delas, e talvez a mais relevante,

---

[364] VIEIRA, Oscar Vilhena. Supremocracia. *Revista de Direito GV*, São Paulo, v. 4, n. 2, p. 441-464, jul./dez. 2008. p. 446.
[365] *Ibidem*, p. 447.

resida em um aspecto essencial à validade das decisões judiciais consistente na sua fundamentação, a qual impõe um balizamento fático e jurídico indissociável do processo decisório; tarefa que adquire especial significação e importância quando do exercício da jurisdição constitucional, a qual deve estar calcada em parâmetros hermenêuticos consistentes e coerentes, de modo a conferir-lhe a necessária legitimidade democrática.

> A atividade jurisdicional lastreada nos pilares constitucionais se compatibiliza com o princípio democrático e a própria ideia central da separação dos poderes, para tanto deve o magistrado sempre ter a preocupação de materializar, em cada caso concreto, o direito material pleiteado em análise contínua com os valores constitucionais, tudo para que os direitos e garantias fundamentais dos cidadãos sejam respeitados por todas as autoridades públicas, em especial os juízes que têm a nobre missão de tutela dos direitos de uma forma geral.[366]

Cumpre sublinhar, ainda, como importante ferramenta de correção de eventuais disfuncionalidades que possam se exteriorizar, quando do exercício da jurisdição constitucional, o próprio equilíbrio dinâmico presente na relação entre os Poderes e as respectivas ferramentas elaboradas para a sua manutenção presentes no desenho constitucional, uma vez que, para Jobim (2013, n.p.), "[...] o sistema do *Check and balances* traz a possibilidade de, quando um dos Poderes do Estado falhar, o outro ter a possibilidade de realizar as autocorreções ou correções externas nos atos que violam as normas que os vinculam"; o que representa, seguramente, uma importante camada de segurança quanto a eventuais desvios no exercício da jurisdição constitucional.

De outra banda, a opção por uma compreensão abrangente acerca das especificidades do processo político e social representa um contributo relevante para nortear o exercício da jurisdição constitucional, de modo a preservar o equilíbrio entre a necessária deferência do Poder Judiciário para com os demais atores político-institucionais e a efetiva concretização dos objetivos constitucionais materializados a partir de ações estatais imputáveis a estes, como bem observado por Sarlet (2020).

---

[366] SAMPAIO JÚNIOR, José Herval. Peculiaridades da atividade jurisdicional contemporânea e o princípio da separação de poderes. *In:* TAVARES, André Ramos; LEITE, George Salomão; SARLET, Ingo Wolfgang. *Estado constitucional e organização do poder.* São Paulo: Saraiva, 2010. p. 435.

Nessa perspectiva, também a permanente reconstrução do princípio da separação dos poderes no âmbito de uma lógica político-jurídica pautada pela cooperação e integração entre as funções, órgãos e agentes que representam a esfera estatal (no sentido de um dinâmico e produtivo diálogo institucional) e sem prejuízo da imprescindível e já referida interlocução com a sociedade civil, não deverá servir de obstáculo para um controle judicial das opções legislativas e administrativas (visto que também em relação aos deveres de proteção há que reconhecer uma vinculação isenta de lacunas dos atores estatais), mas sim, de parâmetro para uma atuação responsável do Poder Judiciário que, sem abrir mão de suas funções, não deixe de considerar as consequências das suas decisões sobre os processos sociais, políticos e econômicos.[367]

Nesse contexto, atenta-se para o que Conrado Hubner Mendes (2008) considera como uma espécie de interação deliberativa:

> Essa tese compartilha de uma teoria da separação de poderes que, no campo dos direitos fundamentais, não propõe funções estáticas, mas cambiantes. Isso está em sintonia com o que a literatura da ciência política empírica afirma sobre decisão judicial. Papéis variam por baixo dos termos fixos da constituição. Esse jogo de forças, contudo, não é independente da sociedade e da repercussão das suas decisões. A opinião pública interage e é responsável por flutuações de legitimidade. Instituições constroem capital político difuso e passam a gerenciá-lo em decisões mais ou menos populares. Sua margem de ação, ademais, não se define em bloco. Varia também de tema para tema, de acordo com a respectiva voltagem política do conflito.[368]

Por conseguinte, é necessário compreender, no tocante à separação de poderes, que a interação entre poderes e instituições é algo inevitável. Contudo, essa interação deve ser deliberativa e não puramente adversarial, considerando, no entanto, que até a interação deliberativa não extingue a possibilidade de erro, mas maximiza as possibilidades do acerto.[369] Assim, busca-se estruturar técnicas processuais idôneas às situações em que a Corte Constitucional – no caso, o STF – admite a necessidade de abertura à discussão popular e ao

---

[367] SARLET, Ingo Wolfgang; MITIDIERO, Daniel; MARINONI, Luiz Guilherme. *Curso de direito constitucional*. 9. ed. São Paulo: Saraiva Educação, 2020.
[368] MENDES, Conrado Hubner. *Direitos fundamentais, separação de poderes e deliberação*. 2008. 224 f. Tese (Doutorado em Ciência Política). Faculdade de Filosofia, Letras e Ciências Humanas, Universidade de São Paulo, São Paulo, 2008. p. 184-185.
[369] *Ibidem*.

diálogo com os demais poderes. Essas técnicas buscam, em verdade, oferecer um espaço para uma maior e mais adequada discussão dos fatos, o que não torna a Corte refém do entendimento popular ou das demais instituições e poderes.[370]

É nesse contexto que se chama atenção para as denominadas medidas estruturantes[371] ou processo estrutural, que buscam implantar uma reforma estrutural em um ente, uma organização, uma instituição ou uma política pública, com foco na promoção e na proteção de um direito fundamental. "Parte-se da premissa de que a ameaça ou lesão que as organizações burocráticas representam para a efetividade das normas constitucionais não pode ser eliminada sem que tais organizações sejam reconstruídas". Assim sendo, a decisão estruturante busca promover um determinado estado de coisas, estipula condutas, metas e diretrizes a serem alcançadas ou evitadas para chegar a um determinado resultado.[372]

Partindo desse contexto, como enfatiza Sérgio Cruz Arenhart (2013), é necessária:

> Para tanto, a colaboração das partes – e, de modo mais amplo, dos atingidos pela decisão – e sua participação na formação da(s) decisão(ões) judicial(is) são imprescindíveis. Somente com a mais completa satisfação do contraditório pode-se ter a mais exata dimensão do problema – e das consequências da decisão judicial – e, assim, tomar a providência mais adequada. Por isso, a adoção de audiências públicas, a permanente manutenção do diálogo entre os interessados e outras medidas de participação no processo devem ser práticas estimuladas no campo da tutela coletiva.[373]

Em matéria de direitos sociais, como o direito à saúde, a adoção da lógica de um processo estrutural, ao que parece, torna-se ainda mais importante, tendo em vista que, em relação às decisões que buscam

---

[370] MARINONI, Luiz Guilherme. *Controle de constitucionalidade e diálogo institucional*. São Paulo: Thompson Reuters Brasil, 2022.
[371] Sobre o tema, contemplando o conceito e as características, ver: JOBIM, Marco Felix. *Medidas estruturantes da Suprema Corte estadunidense ao Supremo Tribunal Federal*: Temas de Direito Processual Civil – 5. Porto Alegre: Livraria do Advogado Editora, 2021.
[372] DIDIER JR., Fredie; ZANETI JR., Hermes; DE OLIVEIRA, Rafael Alexandria. Notas sobre decisões estruturantes. *In*: ARENHART, Sérgio Cruz; JOBIM, Marco Félix (org.). *Processos estruturais*. Salvador: Juspodivm, 2017.
[373] ARENHART, Sérgio Cruz. Decisões estruturais no direito processual civil brasileiro. *Revista de processo*, v. 225, p. 14, 2013.

promover e proteger os direitos sociais, essas são muito mais no sentido de apontar determinados caminhos e medidas que devem ser levados a efeito pelos atores estatais do que na condição de direitos subjetivos (SARLET, 2019). Contudo, sem desconsiderar que:

> Reitere-se, que ações, do tipo estruturante demandam um mínimo grau de respeito pelos demais órgãos estatais e viabilidade de sua execução. Além disso, ações individuais e decisões convencionais seguem operativas em muitos casos, razão pela qual se propõe uma cultura de complementação e reforço recíproco. [...]. Além disso, o manejo adequado das decisões judiciais do tipo estruturante poderá então colaborar efetivamente para inibir uma litigância errática e individualizada, ademais de contribuir para uma cultura de diálogo – o que segue sendo uma das principais carências – de respeito institucional, ademais dos efeitos de racionalização, organização do processo e da sua efetividade.[374]

Em suma, seja no modelo tradicional, seja por meio de diálogos institucionais e adoção de medidas estruturantes, o Supremo Tribunal Federal assume um papel de extremo protagonismo não apenas na aplicação e na interpretação da Constituição, mas também na conformação do processo político, principalmente, tratando-se de um Estado Federal. Não por outra razão, no âmbito das tensões federativas em cenário pandêmico no estado do Maranhão, em questões de saúde, o STF possui papel de destaque no cenário federativo e promotor do direito à saúde, como se passará a evidenciar adiante.

4.2 Tensões federativas no âmbito das políticas públicas de saúde do estado do Maranhão

A eclosão da calamidade sanitária decorrente do surto do novo coronavírus, iniciado na cidade chinesa de Whuran, no final de 2019, e que, em poucos meses, tornou-se uma pandemia de gravíssimas consequências em escala global, representa, sem a menor dúvida, um dos maiores desafios da humanidade em várias décadas, colocando à prova especialmente a capacidade dos governos em todo o mundo

---

[374] SARLET, Ingo Wolfgang. Direitos Fundamentais Sociais, mínimo existencial e decisões estruturantes na jurisdição constitucional. In: CREMONESE, Cleverton; PESSOA, Paula (org.). MARINONI, Luiz Guilherme; SARLET, Ingo Wolfgang (coord.). *Processo Constitucional*. São Paulo: Thomson Reuters Brasil, 2019. p. 1148-1155.

de enfrentarem, de modo eficiente, os efeitos de tais consequências deletérias em suas respectivas comunidades.

No caso da realidade brasileira, além do imenso desafio sanitário decorrente da disseminação da covid-19, doença causada pelo novo coronavírus, somou-se uma dificuldade adicional derivada das idiossincrasias do sistema político do país, especialmente caracterizado pela conflituosidade presente nas relações entre os atores institucionais responsáveis pela tomada de decisão nas diferentes esferas de governo que compõem a estrutura do Estado brasileiro organizado sob a forma de uma república federativa.

Em verdade, tal realidade se notabilizou por uma verdadeira clivagem entre o dever de cooperação e concertação entre as unidades políticas que compõem a federação, sobretudo, no que tange à consecução das políticas de proteção à saúde, tal como concebido pelo texto da Constituição de 1988, e a práxis presente na dinâmica interinstitucional brasileira. O que acabou por se exacerbar durante a pandemia, como eloquentemente demonstrado pelos constrangimentos promovidos pelo Governo Federal em detrimento da atuação das demais unidades federadas, acima de tudo dos governos estaduais, os quais se mostraram mais assertivos e responsáveis por respostas mais céleres diante do rápido avanço da doença em todo o território nacional, colocando, assim, em xeque a própria autonomia constitucional destes na promoção de relevantes medidas de vigilância epidemiológica destinadas a conter o referido avanço.

Conforme já delineado, o federalismo de cooperação preconizado pela Constituição de 1988 pressupõe, como condição de possibilidade, a existência de um espaço de diálogo e deliberação entre as diferentes esferas de governo a fim de que haja a adoção de ações conjuntas, cabendo precipuamente à União exercer um papel de coordenação e articulação nessa dinâmica de atuação interinstitucional de modo a fixar padrões qualitativos e conferir uniformidade às políticas e aos serviços públicos sem prejuízo da autonomia dos entes subnacionais em adotar medidas adicionais dentro de suas respectivas esferas de atuação, levando-se em conta o critério da predominância do interesse.

No entanto, a resiliência e a eficácia desse modelo vêm sendo, permanentemente, colocadas à prova no contexto brasileiro em função das peculiaridades da dinâmica político-institucional, a qual vem sendo construída no pós-1988, marcada por dificuldades no estabelecimento de um espaço de diálogo equânime entre as diferentes esferas governamentais somadas a uma forte tendência centralizadora presente na atuação da União,[375] o que se intensificou justamente no delicado momento de calamidade sanitária desencadeado pela pandemia do novo coronavírus.

No tocante aos impactos da covid-19 no Brasil, materializou-se o reconhecimento da emergência sanitária causada pelo vírus por meio da Lei nº 13.979, de 6 de fevereiro de 2020 (BRASIL, 2020), a qual contemplou uma série de medidas destinadas ao enfrentamento da doença em âmbito nacional a serem adotadas pelas autoridades sanitárias em meio às suas respectivas competências. Ocorre que a grande extensão territorial do Brasil, somada à grande disparidade econômica nas regiões do país, enseja realidades totalmente contrastantes. Logo:

> A realidade Sul e Sudeste mais ricos e populosos diverge, em muito, da realidade vivenciada, por exemplo pelos povos ribeirinhos da Amazônia ou pelos sertanejos do Nordeste, isso faz com que as necessidades de contenção sanitária sejam demandadas de forma diferentes em cada Estado e Município brasileiro.[376]

Cumpre destacar, no início do enfrentamento da enfermidade provocada pelo novo coronavírus – declarada pandemia global pela Organização Mundial de Saúde (OMS) em 11 de março de 2020[377] –, o papel relevante desempenhado pelo Ministério da Saúde mediante a organização do sistema de vigilância epidemiológica sob a coordenação da Secretaria de Vigilância à Saúde e com a participação da Fundação Oswaldo Cruz. Em outra frente, o Congresso Nacional aprovou créditos orçamentários adicionais para o enfrentamento da pandemia. Em março, vários governos estaduais adotaram estratégias de enfrentamento relativas ao distanciamento social, além de medidas econômicas, sociais e de fortalecimento do sistema de saúde; e também

---

[375] ARRETCHE, Marta. State Effectiveness in Contemporany Brazil. *LASA FORUM*, v. 43, n. 4, 2012.

[376] GONÇALVES, André Almeida *et al*. Entre a cooperação e o negacionismo, o federalismo resiste. *In*: SCAFF, Fernando Facury; TORRES, Heleno Taveira; DERZI, Misabel Abreu Machado; BATISTA JÚNIOR, Onofre Alves (org.). *A crise do federalismo em estado de pandemia*. v. 1. Belo Horizonte, MG: Letramento; Casa do Direito, 2021.

[377] DUCHARME, J. World Health Organization Declares covid-19 a "Pandemic". Here's What That Means. *Time*, 2020. Disponível em: https://time.com/5791661/who-coronavirus-pandemic-declaration/. Acesso em: 15 fev. 2022.

alguns municípios de maior porte, traduzindo-se, naquele momento, em uma resposta considerada adequada ao problema emergente.[378]

Nada obstante, em muitos casos, as normas exaradas no âmbito estadual e municipal divergiam entre si e ambas com as da União.[379] Destarte, a agudização da crise sanitária foi acompanhada em igual medida de um descompasso no campo das relações político-institucionais entre as autoridades da federação.

> (...) as dificuldades de coordenação no âmbito do governo federal se acentuaram – entre áreas da política e entre a Presidência e o Ministério da Saúde – culminando em duas trocas do titular do Ministério da Saúde, com repercussões sobre a composição das equipes técnicas federais. Da mesma forma, foram intensificadas as diferenças de posições entre os governos federal, estaduais e municipais em torno das medidas de enfrentamento, bem como entre governos e grupos da sociedade (comunidade científica, movimentos sociais), o que dificultou a coordenação de esforços no enfrentamento da pandemia.[380]

Nesse mesmo sentido, Pelaes (2021) destaca o movimento de centralização das ações de enfrentamento da pandemia pela União em desacordo com a tarefa de coordenação geral preconizada pelo desenho institucional do sistema federativo pátrio em matéria de saúde pública.

> No contexto da crise sanitária da covid-19, a realidade revelou uma forte tensão entre, de um lado, o governo federal, e, de outro, os governos estaduais e municipais. Pareceu um estado de beligerância entre governos no contexto de uma outra 'guerra': a guerra contra o coronavírus, a evidenciar a ocorrência de uma crise do federalismo brasileiro.
>
> Perceberam-se dificuldades por parte do governo federal em assimilar seu papel no contexto da crise da pandemia, pois adotou postura centralizadora, incompatível com o modelo de federalismo adotado na Constituição Federal de 1988. Pelo desenho normativo constitucional,

---

[378] LIMA, L. D.; PEREIRA, A. M. M.; MACHADO, C. V. Crise, condicionantes e desafios e coordenação do Estado federativo brasileiro. *Cadernos de Saúde Pública*, Rio de Janeiro, v. 36, n. 7, 2020.

[379] GONÇALVES, André Almeida *et al*. Entre a cooperação e o negacionismo, o federalismo resiste. *In*: SCAFF, Fernando Facury; TORRES, Heleno Taveira; DERZI, Misabel Abreu Machado; BATISTA JÚNIOR, Onofre Alves (org.). *A crise do federalismo em estado de pandemia*. v. 1. Belo Horizonte: Letramento; Casa do Direito, 2021.

[380] LIMA, L. D.; PEREIRA, A. M. M.; MACHADO, C. V. Crise, condicionantes e desafios e coordenação do Estado federativo brasileiro. *Cadernos de Saúde Pública*, Rio de Janeiro, v. 36, n. 7, p. 3, 2020.

um dos papéis reservados ao executivo federal é o de coordenação nacional das atividades de contenção à proliferação da pandemia pelo território nacional. Um outro, o de expedição de normas gerais em matéria de proteção à saúde do povo.

Nesse terreno conflituoso, os noticiários jornalísticos exibiram, fartamente, a ocorrência de um forte conflito entre as esferas de poder federal e estaduais envolvendo medidas sanitárias adotadas para o enfrentamento da pandemia, situação que gerou insegurança social e jurídica, com graves prejuízos para a população.[381]

Tem-se que, no ápice da pandemia, os entes estaduais e municipais tiveram um aumento extraordinário de gastos com a saúde pública. Situação agravada com a queda brutal das receitas tributárias, o que desencadeou uma dificuldade por parte de prefeitos e governadores em gerenciar a crise sem condições materiais de suprir, adequadamente, as demandas por leitos hospitalares, respiradores, equipamentos de proteção individual, entre outros.[382] Percebe-se, pois,

> (...) não obstante, a presença do princípio do federalismo de cooperação do ordenamento pátrio a conduta do governo federal mostrou incompatível com esse comando constitucional, ficando patente aos olhos da sociedade que a crise da pandemia fez com que a crise do federalismo fiscal brasileiro ficasse muito mais evidente.[383]

Desse modo, a disseminação da doença no território nacional e a atuação errática e insuficiente do governo federal na coordenação de ações frente à crise sanitária crescente, simbolizada em larga medida por manifestações emanadas do próprio Presidente da República, impuseram aos Estados-membros e aos Municípios, no exercício de suas competências constitucionalmente asseguradas, a adoção em maior ou menor medida de providências de enfrentamento da doença, tendo como parâmetro as recomendações da OMS e as orientações técnicas e científicas das suas respectivas autoridades sanitárias inspiradas, sobretudo, nas experiências de outros países que tiveram de enfrentar antes a crise sanitária global causada pelo novo coronavírus.

---

[381] PELAES, Iaci. A crise do federalismo brasileiro no contexto da crise sanitária do coronavírus e o direito fundamental à saúde. In: SCAFF, Fernando Facury; TORRES, Heleno Taveira; DERZI, Misabel Abreu Machado; BATISTA JÚNIOR, Onofre Alves (org.). *A crise do federalismo em estado de pandemia*. v. 1. Belo Horizonte: Letramento; Casa do Direito, 2021. p. 39.

[382] Ibidem.

[383] Ibidem, p. 36.

A inação do governo federal forçou os estados, que lidam diretamente com os problemas causados pela pandemia, a assumirem o papel de coordenadores nos seus territórios. Para esse fim, o principal instrumento acionado pelos governadores estaduais tem sido a normatização de políticas de distanciamento social, que orienta a gestão municipal. Neste contexto, parte-se do pressuposto de que o governo federal perdeu espaço tanto na definição da agenda, como na coordenação entre os entes federativos, forçando os governos estaduais a ocuparem estas funções em um momento de forte crise da saúde pública. Mais do que uma perda passiva de espaço, o posicionamento do governo federal sinaliza a decisão política de não assumir esta responsabilidade baseado em uma visão dualista e não cooperativa do federalismo.[384]

O confronto entre as concepções do Presidente da República e dos governantes subnacionais – especialmente, os Governadores –, no tocante às medidas adequadas ao eficaz enfrentamento da pandemia, resultou em diversos episódios que sublinharam o antagonismo e a conflituosidade materializados no seio da federação em um nível inédito desde a redemocratização, conforme assinalado por Barros (2020).

Por um lado, estados determinavam o fechamento dos comércios e limitavam a circulação de pessoas. Por outro, o presidente apoiava a volta das atividades a todo custo, afirmando que "a economia não podia parar" (veiculada no próprio site oficial do governo, Gov.br, 2020). (...). Neste cenário, torna-se evidente um conflito ímpar na história política brasileira. O presidente da República exigia uma abertura total dos setores sob o falso argumento de "salvar a economia", mesmo que à custa de vidas humanas. Enquanto os governadores, bem mais próximos à população que os elegeram e buscando seguir as recomendações científicas, emitiam decretos que interrompiam as atividades comerciais para evitar uma sobrecarga do Sistema Único de Saúde (SUS).[385]

Outrossim, à medida que se expandiam as providências de combate à pandemia no âmbito dos entes subnacionais, diante da ausência de coordenação efetiva pelo governo central das estratégias de enfrentamento à doença, promoveu-se o acirramento das tensões

---

[384] PEREIRA, A. K.; OLIVEIRA, M. S.; SAMPAIO, T. S. Heterogeneidades das políticas estaduais de distanciamento social diante da covid-19: aspectos políticos e técnico-administrativos. *Revista de Administração Pública*, Rio de Janeiro, v. 54, n. 4, p. 678-696, jul./ago. 2020. p. 683.

[385] BARROS, Felipe Amário Silva. A forma constitucional em tempos de crise humanitária: a postura dos agentes públicos diante da pandemia do covid-19 no Brasil. *Revista Caderno Virtual*, v. 2, n. 47, p. 8-11, 2020.

político-institucionais, posto que "*a ação dos estados aumentou o tom de confronto no discurso do presidente, que disse tem certos governadores que estão tomando medidas extremas, que não competem a eles*, como fechar aeroportos, rodovias, shoppings e feiras. E segue provocativamente numa entrevista coletiva: 'Tem um governo de Estado que só faltou declarar independência'. *Como reação, os governadores criticaram fortemente a postura centralizadora e sem diálogo do governo federal em documentos assinados quase unanimemente*".[386]

No plano normativo, a escalada da descoordenação e da divergência interfederativa culminou na edição pelo Presidente da República da Medida Provisória nº 926, de 20 de março de 2020, a qual alterou dispositivos da Lei nº 13.979/2020, responsável por disciplinar medidas para o enfrentamento da emergência de saúde pública causada pelo novo coronavírus, em um claro movimento de reduzir a autonomia de Estados-membros e Municípios na fixação de medidas de polícia sanitária no combate à pandemia, quais sejam, isolamento social, quarentena, restrições à circulação e ao funcionamento de atividades e serviços; mediante a centralização pela União da possibilidade de dispor acerca da adoção de tais medidas, inclusive no tocante à definição de serviços considerados essenciais.[387]

Tal antagonismo interinstitucional resultou num intenso movimento de judicialização das relações entre os entes federados protagonizado, principalmente, pela União e pelos Estados-membros – destacando-se, nesse contexto, os conflitos federativos envolvendo o estado do Maranhão, cerne da presente pesquisa –, tendo como ponto de debate fundamental o alcance da autonomia constitucional destes na implementação de políticas de enfrentamento da covid-19. Controvérsias estas submetidas ao Pretório Excelso, tendo em vista a sua função de Tribunal da federação.

Especialmente em razão dos conflitos federativos materializados durante a pandemia, houve o exercício da jurisdição pelo Pretório Excelso em alguns casos paradigmáticos que merecem destaque por terem reflexos em relação ao alcance e à capacidade institucional

---

[386] ABRUCIO et al. Combate à covid-19 sob o federalismo bolsonarista: um caso de descoordenação intergovernamental. *Revista de Administração Pública*, v. 54, n. 4, p. 663-667, 2020 (grifo do autor).

[387] BRASIL. Ministério da Justiça e Segurança Pública; Ministério da Saúde. Lei nº 13.979, de 6 de fevereiro de 2020. Dispõe sobre as medidas para enfrentamento da emergência de saúde pública de importância internacional decorrente do coronavírus responsável pelo surto de 2019. *Diário Oficial da União*. Brasília, DF: D.O.U, 2020.

conferidos ao estado do Maranhão para a implementação de suas políticas de proteção à saúde durante a pandemia de covid-19.

No tópico seguinte do trabalho, serão analisadas algumas dessas decisões consideradas paradigmáticas para a compreensão da controvérsia, adotando-se no caso, como critério de seleção, o seu impacto e a sua influência precisamente sobre a capacidade de implementação das políticas públicas de saúde pelo estado do Maranhão no período pandêmico.

4.3 Principais decisões do STF com reflexos sobre a efetividade das políticas públicas de saúde do estado do Maranhão entre os anos de 2020 e 2021

Durante a pandemia da covid-19, o Supremo Tribunal Federal foi acionado em diversas ocasiões tanto para exigir uma participação mais ativa e efetiva da União – principalmente para fins de auxílio técnico e/ou financeiro – como também para assegurar a autonomia dos Estados, do Distrito Federal e dos Municípios na formulação e execução de políticas referentes à saúde pública. Assim, entre as decisões ajuizadas na Corte Suprema, optou-se, neste trabalho, por fazer uma análise apenas de três delas, realizando um estudo qualitativo, tendo como critérios: (a) decisões versando sobre conflitos federativos;[388] (b) decisões proferidas entre os anos de 2020 e 2021; e c) decisões relacionadas ao estado do Maranhão. A partir desses critérios, foram selecionados especificamente três processos como foco de análise: a Ação Cível Originária nº 3.451, a Ação Cível Originária nº 3385 e a Ação Cível Originária nº 3.473.

A primeira ação – ACO nº 3.451 – foi ajuizada pelo estado do Maranhão em dezembro de 2020 com o escopo de exigir uma atuação mais assertiva da União na elaboração e execução de um Plano Nacional de Imunização em face da pandemia de covid-19, bem como a

---

[388] Ressalta-se que, além dos choques no exercício de competências traçadas pelo texto constitucional – espinha dorsal da organização federativa –, os conflitos federativos podem derivar da inobservância pelos entes federados de deveres atribuídos pelo texto constitucional (por ação ou omissão, repise-se). Especialmente, as obrigações recíprocas no desenvolvimento das relações interfederativas; vide o princípio da lealdade/solidariedade federativa, sobretudo em relação aos temas para os quais o constituinte, considerando-o relevante interesse social, demandou uma atuação conjunta na concretização daqueles objetivos, tanto por meio do poder de autolegislação (art. 24) quanto pelo exercício de funções político-administrativas (art. 23).

aquisição dos necessários imunizantes. O foco principal da pretensão deduzida era garantir: (a) a autonomia do estado do Maranhão para criar um plano de imunização dentro do seu território; e (b) que a União concedesse ajuda financeira para que o estado do Maranhão adquirisse vacinas.

A segunda ação – ACO nº 3385 – traduz um exemplo bastante eloquente de conflito protagonizado pela União e pelo estado do Maranhão durante a pandemia de covid-19 envolvendo a implementação de políticas de saúde diante da emergência sanitária de escala global, representado no caso pela disputa por insumos médico-hospitalares diante de um quadro agudo de sua escassez em decorrência do avanço avassalador da infecção pelo coronavírus em todo o mundo, cujo arbitramento pelo STF foi determinante para que o estado pudesse concretizar, com máxima efetividade, seu dever constitucional de proteger a vida e a saúde da população em seu território naquele contexto de crise sanitária.

A terceira ação – ACO nº 3.473 – foi ajuizada pelo estado do Maranhão, em fevereiro de 2020, com o objetivo de determinar que a União restabelecesse os leitos de UTIs custeados pelo Ministério da Saúde e destinados ao tratamento de covid-19 no território maranhense. Nesses casos, tratou-se de ação ajuizada para requerer auxílio financeiro da União com a finalidade de combater as terríveis consequências da emergência em saúde pública provocadas pela pandemia.

A análise dessas três decisões ajudará a compreender como o Supremo Tribunal Federal solucionou esses conflitos em que o ente federado exigia da União algum tipo de suporte técnico ou financeiro. Além desses julgados, será ainda estudada a Ação Direta de Inconstitucionalidade nº 6.341, aqui considerada uma das principais decisões do Supremo Tribunal Federal durante a pandemia da covid-19.

A ADI nº 6.341, como se verá adiante, reforçou a competência concorrente dos entes da federação para dispor sobre saúde pública, garantindo a autonomia dos Estados, do Distrito Federal e dos Municípios, e a autoridade do Poder Executivo Federal para dispor, mediante decreto, sobre serviços e atividades essenciais, desde que respeitada a autonomia dos demais entes da federação.

Explica-se que, mesmo que diretamente a ADI não dispusesse especificamente sobre o estado do Maranhão, essa ação não foge completamente do filtro "c" estabelecido para a escolha das decisões analisadas. Afinal, ao dispor sobre a autonomia dos entes federados para determinar o que deve ou não ser entendido como atividade essencial (para fins de exceção à regra de isolamento social), a ADI trata também da autonomia do estado do Maranhão.

A discussão da ADI nº 6.341 é mais abstrata, até pela própria natureza da ação. Esse julgamento voltou-se muito mais para a análise do federalismo brasileiro, até mesmo com críticas da forma como o federalismo cooperativo foi exercido durante a pandemia de covid-19. Assim, essa ação é de suma importância para o objetivo deste estudo, de modo que a análise será por ela iniciada, visto que se trata de uma percepção mais geral do Supremo Tribunal Federal sobre o papel dos entes federados na criação e na execução das políticas públicas relacionadas à saúde pública, e o ponto que realmente será importante para este estudo será sobre a autonomia que o federalismo brasileiro confere aos Estados e Municípios.

4.3.1 A Ação Direta de Inconstitucionalidade nº 6341

A ADI nº 6.341 foi ajuizada pelo Partido Democrático Trabalhista (PDT) com a finalidade de declarar a inconstitucionalidade parcial da Medida Provisória nº 926/2020, a qual alterou alguns incisos do art. 3º da Lei nº 13.979, que dispõe sobre as medidas para o enfrentamento da emergência de saúde pública de importância internacional decorrente do coronavírus, responsável pelo surto de 2019.

As violações aduzidas pelo PDT estariam nas alterações referentes ao art. 3º, *caput*, I, II e VI, §8º, §9º, §10º e §11, da Lei nº 13.979,[389] que para melhor exame serão transcritos:

> Art. 3º Para enfrentamento da emergência de saúde pública de importância internacional decorrente do coronavírus, as autoridades poderão adotar, no âmbito de suas competências, dentre outras, as seguintes medidas:[390]
>
> I – isolamento;
>
> II – quarentena
>
> [...]

---

[389] Ressalta-se que, com exceção dos incisos I e II deste artigo, todos os demais foram alterados pela Lei nº 14.035/2020. No entanto, essas alterações não constituem óbice ao estudo aqui realizado, pois o objetivo é analisar as questões federativas aludidas pelos ministros do Supremo Tribunal Federal e não sobre a legislação atacada em si.

[390] Art. 3º: Para enfrentamento da emergência de saúde pública de importância internacional de que trata esta Lei, as autoridades poderão adotar, no âmbito de suas competências, entre outras, as seguintes medidas: (Redação dada pela Lei nº 14.035, de 2020).

VI – restrição excepcional e temporária, conforme recomendação técnica e fundamentada da Agência Nacional de Vigilância Sanitária, por rodovias, portos ou aeroportos de:[391]

a) entrada e saída do País;

b) locomoção interestadual e intermunicipal;

[...]

§8º As medidas previstas neste artigo, quando adotadas, deverão resguardar o exercício e o funcionamento de serviços públicos e atividades essenciais.[392]

§9º O Presidente da República disporá, mediante decreto, sobre os serviços públicos e atividades essenciais a que se referem o §8º.[393]

10. As medidas a que se referem os incisos I, II e VI do caput, quando afetarem a execução de serviços públicos e atividades essenciais, inclusive as reguladas, concedidas ou autorizadas, somente poderão ser adotadas em ato específico e desde que em articulação prévia com o órgão regulador ou o Poder concedente ou autorizador.[394]

§11. É vedada a restrição à circulação de trabalhadores que possa afetar o funcionamento de serviços públicos e atividades essenciais, definidas nos termos do disposto no §9º, e cargas de qualquer espécie que possam acarretar desabastecimento de gêneros necessários à população.[395]

Para o autor da ação, a referida medida provisória estaria eivada de inconstitucionalidade formal ao versar sobre matéria reservada à lei complementar, visto que os dispositivos alterados tratam, especificamente, sobre questões de providência de polícia sanitária, o que estaria no rol da vigilância sanitária e epidemiológica, que faz

---

[391] VI – restrição excepcional e temporária, por rodovias, portos ou aeroportos, de: (Redação dada pela Lei nº 14.035, de 2020).

[392] §8º Na ausência da adoção de medidas de que trata o inciso II do §7º deste artigo, ou até sua superveniência, prevalecerão as determinações: (Incluído pela Lei nº 14.035, de 2020).

[393] §9º A adoção das medidas previstas neste artigo deverá resguardar o abastecimento de produtos e o exercício e o funcionamento de serviços públicos e de atividades essenciais, assim definidos em decreto da respectiva autoridade federativa. (Incluído pela Lei nº 14.035, de 2020).

[394] §10. As medidas a que se referem os incisos I, II e VI do caput, observado o disposto nos incisos I e II do §6º-B deste artigo, quando afetarem a execução de serviços públicos e de atividades essenciais, inclusive os regulados, concedidos ou autorizados, somente poderão ser adotadas em ato específico e desde que haja articulação prévia com o órgão regulador ou o poder concedente ou autorizador. (Incluído pela Lei nº 14.035, de 2020).

[395] §11. É vedada a restrição à ação de trabalhadores que possa afetar o funcionamento de serviços públicos e de atividades essenciais, definidos conforme previsto no §9º deste artigo, e as cargas de qualquer espécie que possam acarretar desabastecimento de gêneros necessários à população.

parte do rol temático do Sistema Único de Saúde. Além disso, existiria inconstitucionalidade material, pois as alterações provocadas pela medida provisória questionada esvaziaram a competência constitucional dos demais entes federados em relação à saúde pública, posto que a norma atacada centralizava nas mãos apenas do Governo Federal a tomada de decisão na adoção de medidas sanitárias em face da pandemia.

Em sede de medida cautelar, o ministro relator Marco Aurélio entendeu que:

> SAÚDE – CRISE – CORONAVÍRUS – MEDIDA PROVISÓRIA – PROVIDÊNCIAS – LEGITIMAÇÃO CONCORRENTE. Surgem atendidos os requisitos de urgência e necessidade, no que medida provisória dispõe sobre providências no campo da saúde pública nacional, sem prejuízo da legitimação concorrente dos Estados, do Distrito Federal e dos Municípios. 2 [...] Vê-se que a medida provisória, ante quadro revelador de urgência e necessidade de disciplina, foi editada com a finalidade de mitigar-se a crise internacional que chegou ao Brasil, muito embora no território brasileiro ainda esteja, segundo alguns técnicos, embrionária. Há de ter-se a visão voltada ao coletivo, ou seja, à saúde pública, mostrando-se interessados todos os cidadãos. O artigo 3º, cabeça, remete às atribuições, das autoridades, quanto às medidas a serem implementadas. Não se pode ver transgressão a preceito da Constituição Federal. As providências não afastam atos a serem praticados por Estado, o Distrito Federal e Município considerada a competência concorrente na forma do artigo 23, inciso II, da Lei Maior. [...] O que nela se contém – repita-se à exaustão – não afasta a competência concorrente, em termos de saúde, dos Estados e Municípios. Surge acolhível o que pretendido, sob o ângulo acautelador, no item a.2 da peça inicial, assentando-se, no campo, há de ser reconhecido, simplesmente formal, que a disciplina decorrente da Medida Provisória nº 926/2020, no que imprimiu nova redação ao artigo 3º da Lei federal nº 9.868/1999, não afasta a tomada de providências normativas e administrativas pelos Estados, Distrito Federal e Municípios. 3. Defiro, em parte, *a medida acauteladora, para tornar explícita, no campo pedagógico e na dicção do Supremo, a competência concorrente.*[396]

Observa-se que o ministro relator compreendeu que o caso não se tratava de hipótese de inconstitucionalidade, seja formal, seja material,

---

[396] BRASIL. Ministério da Justiça e Segurança Pública; Ministério da Saúde. Lei nº 13.979, de 6 de fevereiro de 2020. Dispõe sobre as medidas para enfrentamento da emergência de saúde pública de importância internacional decorrente do coronavírus responsável pelo surto de 2019. *Diário Oficial da União*. Brasília, DF: D.O.U, 2020.

mas sim de interpretação conforme na medida em que sugeriu na medida liminar a explicitação da competência concorrente em matéria de saúde. A decisão supramencionada foi objeto de votação colegiada para ser referendada ou não pelos demais ministros da Corte,[397] que, de forma unânime, assentaram que a discussão da ADI nº 6.341 não é simplesmente sobre quem é competente para realizar o ato "A" ou ato "B", mas sim sobre como devem agir os entes da federação, pois é inegável que, em sede de saúde pública, todos eles possuem poder-dever de agir.

Para explicitar o entendimento dos ministros, mostra-se um trecho, respectivamente, do voto dos ministros Alexandre de Moraes e Edson Fachin.

> Esse julgamento – assim como outros, o próximo da ação direta de inconstitucionalidade, outras ADPFs que ingressaram – refere-se a um dos alicerces do Estado Democrático de Direito. E qual é esse alicerce? O Federalismo e as suas regras de distribuição. Muito mais do que a discussão de quem pode mandar "a", mandar "b", aqui, nós estamos discutindo a questão de um dos três alicerces do Estado de Direito brasileiro. Federalismo, assim como a separação de Poderes e a Declaração de Direito Fundamentais são os três alicerces que têm a mesma finalidade: limitação de poder [...] A complexidade e a gravidade da crise não permitem o desrespeito à Constituição. Mais do que isso, na crise, é que as normas constitucionais devem ser respeitadas. Na crise, a Constituição deve servir de guia aos líderes políticos para que haja cooperação, integração, exatamente para chegarmos a bom tom no final dessa difícil caminhada para todos: União, Estados, Municípios e todos os brasileiros. Esse absoluto respeito ao Estado de Direito deve observar a divisão dos centros de poder entre os entes federativos. É sobre isso que discutimos.

> Nada obstante estejamos em controle abstrato de constitucionalidade, essa discussão ganha uma dimensão de concretude no sentido de situar-se nesse fenômeno disruptivo da pandemia e em um regime jurídico que seja apto, com segurança, estabilidade, previsibilidade e, portanto, coerência a dar respostas a esta situação emergencial e transitória pela qual passamos [...].[398]

---

[397] Pontua-se que o ministro Barroso se declarou suspeito e, por isso, não participou da votação.

[398] BRASIL. Ministério da Justiça e Segurança Pública; Ministério da Saúde. Lei nº 13.979, de 6 de fevereiro de 2020. Dispõe sobre as medidas para enfrentamento da emergência de saúde pública de importância internacional decorrente do coronavírus responsável pelo surto de 2019. *Diário Oficial da União*. Brasília, DF: D.O.U, 2020. p. 32.

Interessante a abordagem dos ministros sobre o verdadeiro teor da ADI aqui estudado, pois compreenderam que o seu objeto vai além da discussão abstrata sobre quem é competente para executar determinada tarefa. A diferença entre "quem pode o que" e "como cada um pode fazer" é bem sutil, mas de extrema importância para a análise do federalismo brasileiro, principalmente quando o objeto da ação é discutir a competência dos entes federados sobre saúde pública em período de emergência sanitária.

Relembre-se que o direito à saúde deve ser garantido em conjunto por todos os entes federados, em um verdadeiro sistema único de saúde. Repise-se que o SUS é, por vezes, associado ao federalismo cooperativo em decorrência da forma como ele foi estruturado pelo poder constituinte originário.

Reiterados esses pontos, é possível entender que, quando os ministros do STF discutiram na ADI nº 6.341 a importância de analisar "como" cada ente deve atuar, há uma compreensão subjacente nos argumentos de que todos os entes federados deverão atuar em conjunto, de forma coordenada, visando o mesmo fim: um enfrentamento efetivo da pandemia. Como inclusive preconiza o federalismo cooperativo, que foi adotado na Constituição Federal de 1988 e sua essência reproduzida na criação do SUS.

Vale pontuar a perspectiva do federalismo 3.0, de Gerken (2017), segundo a qual no Estado contemporâneo as relações sociais e políticas se tornaram tão complexas que o âmbito de atuação dos entes da federação encontra-se integrado, de modo que há uma verdadeira regulação conjunta. Nesse sentido, embora a União tenha autoridade para exercer seu poder e suas políticas em uma coordenação centralizada, na prática, o êxito na execução dessas políticas não se revela factível sem a adesão e o engajamento dos entes subnacionais.

Tendo como base essa perspectiva, Bulman-Pozen (2017) estabelece que isso gera uma mudança singela, mas de suma importância, na relação entre União e estados-membros.[399] Ressalta a autora que, por vezes, os entes da federação não questionam a lei federal criada em si, mas o modo como o Governo Federal a executa. Isso gera um novo método de solução dos conflitos federativos, pois os estados terão outras formas de contestar e reformular as políticas federais. Salienta-se que essa resolução de conflitos, segundo Bulman-Pozen (2017), ocorre,

---

[399] A abordagem da autora versa sobre o federalismo norte-americano.

preferencialmente, sem a presença do Poder Judiciário[400] e quando o Judiciário é acionado seu papel é como mediador ou para evidenciar a extrapolação dos limites constitucionais e legais do Chefe do Poder Executivo.

Mesmo que esse tema não tenha sido abordado na ADI nº 6.341, é possível perceber nuances desses apontamentos no voto dos ministros. Isso fica claro quando o ministro Alexandre de Moraes afirma:

> Com todo respeito ao atual momento, já salientei isso na concessão da liminar na ADPF 672, no momento de acentuada crise, o que nós precisávamos – e precisamos – é fortalecimento da união entre os entes federativos, ampliação da cooperação entre os entes federativos, dos três Poderes. São instrumentos essenciais e imprescindíveis a serem utilizados por todas as lideranças políticas municipais, estaduais e federais em defesa do interesse público. O que menos precisamos é embates judiciais entre entes federativos para que um queira anular o que o outro fez, ou para que o outro queira sobrepujar o posicionamento dos demais. Temos que afastar esse personalismo ou esses personalismos de diversos entes federativos prejudiciais à condução das políticas públicas de saúde essenciais, neste momento, ao combate da pandemia do covid-19.[401]

De forma semelhante, os ministros Gilmar Mendes e Ricardo Lewandowski, respectivamente, pontuam:

> Deixarei uma ideia em aberto – e tenho falado disto publicamente. Aqui, impor-se-ia, de maneira inequívoca – e isso já foi falado na frase introdutória trazida pelo Ministro Alexandre –, que os segmentos envolvidos, os níveis estaduais e municipais, fossem ouvidos. Do contrário, podemos ter regulação feita pelo Governo Federal que atente contra a realidade dos estados e municípios; e nós já estamos vivendo essa situação, Presidente [...] A rigor, o que a Constituição sinaliza nos deveria ter levado, em tempos de crise, a um modelo de cooperação [...] O Presidente poderá decretar a seu talante, invocando poder discricionário, que estas ou aquelas atividades são ou não são essenciais, eventualmente desrespeitando peculiaridades no âmbito dos estados ou até mesmo dos municípios.
>
> Federalismo cooperativo, Senhor Presidente, exige diálogo, exige liderança política. E a cooperação entre os entes federados, a toda evidência,

---

[400] Para a autora, é uma visão desatualizada do federalismo que reforça uma política conflitiva, mas o Estado contemporâneo não só permite como demanda que as discordâncias entre os entes federados possam ser resolvidas de forma administrativa.

[401] BRASIL. Ministério da Justiça e Segurança Pública. Medida Provisória nº 926, de 20 de março de 2020. Altera a Lei nº 13.979, de 6 de fevereiro de 2020, para dispor sobre procedimentos... *Diário Oficial da União*. Brasília, DF: D.O.U, 2020.

não pode ser imposta por lei, mesmo porque a realidade fenomenológica é tão multifacetada e a evolução da pandemia é tão imprevisível, e tão repleta de surpresas, que o legislador não poderia prever de antemão, por maior que fosse a sua boa vontade, todas as possibilidades que os administradores públicos possam vir a enfrentar. Então, Senhor Presidente, eu entendo que é preciso prudência, é preciso ponderação, é preciso responsabilidade de todos os envolvidos e, sobretudo, diálogo para que este Federalismo cooperativo, que foi implantado pela Constituição de 1988, possa efetivamente funcionar. [402]

Esses posicionamentos revelam dois pontos que se acredita serem cruciais para o objeto deste trabalho: (a) o efetivo exercício do federalismo cooperativo teria evitado muitas discussões judiciais perante o STF; e (b) o sistema do federalismo cooperativo se harmoniza com a ideia de diálogos institucionais.

A simples leitura da ementa da decisão já deixa claro que o Supremo Tribunal Federal, diferentemente do que o pretendido pelos autores, não reconheceu a existência de inconstitucionalidade formal, pois compreendeu que se tratava de lei com multidisciplinaridade que não infringia os limites da competência concorrente do Poder Executivo Federal. Os ministros do STF também não identificaram inconstitucionalidade material, pois entendeu-se que os dispositivos questionados não esvaziavam a competência dos Estados e dos Municípios.

A medida cautelar concedida pelo relator – e depois referendada pelos demais ministros – determinou a interpretação conforme a Constituição ao §9º, art. 3º, da Lei nº 13.979,[403] para que esse dispositivo fosse interpretado de acordo com a autonomia dos Estados e dos Municípios, de modo que ficasse assegurado que os entes federados pudessem dispor sobre serviços e atividades essenciais, de acordo com as particularidades de cada um.

O problema desse dispositivo da medida provisória, objeto da ADI nº 6.341, não era necessariamente formal ou mesmo material, mas essencialmente prático. Isso porque, durante a pandemia de covid-19, os conflitos entre os Estados e o Governo Federal foram, principalmente, ideológicos e políticos, baseados em divergências sobre as regras sanitárias que deveriam ser aplicadas. A União adotou uma política

---

[402] *Ibidem*, p. 135.
[403] §9º O Presidente da República disporá, mediante decreto, sobre os serviços públicos e atividades essenciais a que se referem o §8º.

mais voltada para a economia e com ressalvas às medidas de isolamento e alguns estados da federação optaram por políticas de isolamento social com a finalidade de diminuir o avanço da pandemia.

O receio desses entes federados era justamente que os dispositivos da Medida Provisória nº 926/2020 fossem utilizados pelo Governo Federal como um instrumento para forçar aos Estados e Municípios a adoção das regras sanitárias que entendessem cabíveis, esvaziando, de fato, a autonomia dos entes da federação e enfraquecendo a estrutura do federalismo.[404] Os entes federados possuem autonomia, não podendo ser obrigados a aderir a nenhuma política pública federal, excetuadas aquelas determinadas pelo próprio texto constitucional. Nesse sentido, não pode a União criar norma federal para obrigar que os entes federados executem suas políticas sociais.

Acertadamente, os ministros da Corte Suprema entenderam que o conflito não era sobre "quem pode fazer o que" e sim "como cada um pode fazer sua parte", ou, como Gerken (2017) muito pontuou, não é sobre a lei federal em si, mas sim sobre o modo como o Governo Federal a executa. Desse modo, a medida cautelar foi concedida para que ficasse claro que o Presidente da República até pode dispor sobre serviços públicos e atividades essenciais mediante decreto, mas apenas para estabelecer determinações gerais; do contrário, estaria extrapolando as suas competências.

No Estado Federal, a repartição de competência entre os entes federados tem como ponto norteador o princípio da predominância do interesse, que se baseia na concepção geral de que à União cabe tratar sobre questões de interesse geral, nacional; aos estados, cabe tratar sobre matérias de interesse regional e, aos municípios, cabe dispor sobre interesse local.[405] O ministro Luiz Fux leciona que essa regra não deve ser entendida como estática, pois, a depender do contexto social e político, a situação pode ser de maior centralização ou descentralização, o federalismo é naturalmente dinâmico e oscila entre esses dois polos: centralização maior da tomada de decisões nas mãos da União ou a descentralização.

---

[404] Que surgiu justamente como um limitador dos poderes.
[405] O referido autor argumenta que, no Estado Moderno, há uma complexidade ainda maior nas relações sociais e políticas. Isto significa que, por vezes, uma matéria pode ser tanto de interesse geral quanto de interesse regional ou local, ou ainda pode existir um problema que não seja rigorosamente de interesse nacional e não seja de interesse de um estado ou de um município. Em qualquer desses casos, havendo conflito, a solução será dada pelo Supremo Tribunal Federal por força do seu papel constitucional de preservação da Federação (SILVA, 2017, p. 482).

Ressalta o referido ministro:

> Como já tive a oportunidade de defender em outras oportunidades (e.g., ADI 4.060, Rel. Min. Luiz Fux, Tribunal Pleno, DJe 4/5/2015), devem ser prestigiadas, com a cautela necessária, as iniciativas regionais e locais, a menos que ofendam norma expressa e inequívoca da Constituição, em oposição à postura prima facie adotada pela Corte em casos de litígios constitucionais em matéria de competência legislativa. Essa diretriz parece ser a que melhor se acomoda à noção de federalismo como sistema que visa a promover o pluralismo nas formas de organização política e que respeita sua positivação como um dos fundamentos da República Federativa do Brasil (artigo 1º, V). Assim se prestigia a liberdade para que cada ente federativo faça suas escolhas institucionais e normativas, as quais já se encontram bastante limitadas por outras normas constitucionais materiais que restringem seu espaço de autonomia [...].[406]

A Ministra Rosa Weber, de forma semelhante, aponta que:

> No modelo federativo brasileiro, a autonomia atribuída aos Estados não lhes dá, em absoluto, plena liberdade para o exercício da competência legislativa, sendo-lhes de obrigatória observância as matérias previstas pela Constituição Federal. Embora a competência legislativa concorrente mitigue os traços centralizadores, delineia-se um federalismo de cooperação, com aplicação do princípio da predominância do interesse e dos deveres mínimos de proteção aos direitos fundamentais.[407]

Seria irrazoável, portanto, que a União editasse norma sobre os municípios do país e, de forma diversa, seria impensável que um município pudesse dispor o fechamento de um aeroporto internacional. É necessário assegurar a predominância do interesse de cada ente da federação. Como bem assevera o ministro Edson Fachin: "O Estado garantidor dos direitos fundamentais não é apenas a União, mas também os Estados-membros e os Municípios".[408]

---

[406] BRASIL. Supremo Tribunal Federal. *Medida Cautelar na Ação Direta de Inconstitucionalidade nº 6.341/DF – Distrito Federal*. Relator: ministro Marco Aurélio. Data do Julgamento: 23/04/2020. DJE nº 72, divulgado em 25 mar. 2020a.

[407] *Ibidem*, p. 74.

[408] *Idem*. Acórdão. 15 abril 2020. p. 34. Disponível em: https://redir.stf.jus.br/paginadorpub/paginador.jsp?docTP=TP&docID=754372183#:~:text=Supremo%20Tribunal%20Federal-,ADI%206341%20MC%2DREF%20%2F%20DF,pelos%20demais%20poderes%20tem%20lugar. Acesso em: 15 maio 2022.

Nesse ponto, é de primordial importância o apontamento do ministro Gilmar Mendes sobre qual ente federal recai o dever maior de prestação da saúde pública:

> Fica evidente também que todo o debate que se trava, especialmente sobre as chamadas políticas de isolamento, tem a ver, entre outras coisas, com a necessidade de que se preserve a capacidade de atendimento do sistema de saúde. Se olharmos fundamentalmente, essa prestação essencial está afetando os estados e municípios. Se olharmos bem, hoje, a atuação da União, em princípio, está reduzida a cinquenta hospitais universitários federais, de modo que a execução efetiva de medidas de saúde em hospitais públicos, para combater a covid-19, recai fundamentalmente sobre estados e municípios e, eventualmente, entidades conveniadas. De modo que tudo isso faz crescer a responsabilidade de estados e municípios nesse contexto.[409]

Essa observação do ministro supracitado é relevante, porque a interpretação dada pelo Supremo Tribunal Federal aos marcos divisórios das competências entre os entes federados, a partir da promulgação da Constituição de 1988, manteve uma tendência de centralização, conferindo primazia à União no exercício das competências legiferantes.[410] Nesse sentido, a autonomia dos entes subnacionais, assegurada na ADI nº 6.341, pode representar uma variável relevante para a preservação dos direitos fundamentais, especialmente como forma de resistir aos impulsos do governo de ocasião que ocupe o poder central, e, no exercício de suas competências, o faça em desacordo com as diretrizes constitucionais de materialização dos direitos fundamentais.

No contexto da pandemia, o Supremo Tribunal Federal entendeu que o momento demandava uma atuação mais descentralizada diante da falta de coordenação nacional em sede de saúde pública. Por esse ângulo, a medida cautelar concedida na ADI nº 6.341 proporcionou uma maior liberdade, abertura e estímulo à participação nos planos locais e regionais no processo de tomada de decisão política, bem como fomentou a implementação de soluções criativas diante da diversidade das realidades presentes no território nacional, o que favorece a adoção de soluções que promovam de maneira mais efetiva os direitos fundamentais.

---

[409] Idem. *Medida Cautelar na Ação Direta de Inconstitucionalidade nº 6.341/DF – Distrito Federal*. Relator: ministro Marco Aurélio. Data do Julgamento: 23.04.2020. DJE nº 72, divulgado em 25 mar. 2020a. p. 138.

[410] ANSELMO, José Roberto. *O papel do Supremo Tribunal Federal na concretização do federalismo brasileiro*. 2006. Tese (Doutorado em Direito Constitucional) – Pontifícia Universidade Católica de São Paulo, São Paulo, 2006.

Compreendida a visão geral do Supremo Tribunal Federal sobre a autonomia dos Estados e Municípios, passa-se, agora, para a análise das outras decisões que possuem um cunho maior de suporte técnico ou financeiro e, portanto, dispõem sobre uma ótica mais concreta da relação entre a União e o estado do Maranhão e o conflito desses dois entes no enfrentamento da covid-19.

4.3.2 A Ação Cível Originária nº 3.451

A Ação Cível Originária nº 3.451 foi ajuizada pelo estado do Maranhão em face da União com pedido de tutela de urgência, requerendo que o Supremo Tribunal Federal declarasse a possibilidade de o referido estado elaborar plano de imunização no âmbito do seu território; determinasse que a União auxiliasse financeiramente o Estado a adquirir vacinas para a imunização da população estadual; e, ainda, que determinasse à União que se abstivesse de praticar atos com a finalidade de restringir a autonomia do estado do Maranhão.

Segundo o estado do Maranhão, a atuação da União para o enfrentamento da pandemia de covid-19 era omissiva, pois havia uma flagrante inércia para a composição de um plano nacional a fim de combater as consequências da pandemia, bem como de coordenar o Sistema Único de Saúde, deixando os Estados e Municípios à sua própria mercê. Esse contexto foi levado em consideração no voto do ministro relator Ricardo Lewandowski.

> É nesse contexto, amplificado pela magnitude da pandemia decorrente da covid-19, que se exige, mais do que nunca, uma atuação fortemente proativa dos agentes públicos de todos os níveis governamentais, sobretudo mediante a implementação de programas universais de vacinação, pois, como adverte o professor da Universidade de São Paulo antes referido [José Afonso da Silva], "o direito é garantido por aquelas políticas indicadas, que hão de ser estabelecidas, sob pena de omissão inconstitucional" [...] Embora o ideal, em se tratando de uma moléstia que atinge o País por inteiro, seja a inclusão de todas as vacinas seguras e eficazes no PNI, de maneira a imunizar uniforme e tempestivamente toda a população, o certo é que, nos diversos precedentes relativos à pandemia causada pela covid-19, o Supremo Tribunal Federal tem ressaltado a possibilidade de atuação conjunta das autoridades estaduais e locais para o enfrentamento dessa emergência de saúde pública, em particular para suprir lacunas ou omissões do governo central.[411]

---

[411] BRASIL. Supremo Tribunal Federal. *Tutela Provisória Incidental.* Ação Cível Originária nº 3.451/DF. Relator: ministro Ricardo Lewandowski. Data do Julgamento 13 abr. 2021.

Para o relator, em uma leitura sistemática da Constituição Federal brasileira em conjunto com as legislações federais criadas pelo Congresso Nacional para regular o momento extraordinário provocado pela pandemia, a competência do Poder Executivo Federal de coordenar um Plano Nacional de Imunização por meio do Ministério da Saúde não deslegitima que os Estados, o Distrito Federal e os Municípios possam adaptar esse plano para as particularidades locais.

Isso, em verdade, afirma o referido ministro, é o exercício típico da competência comum estabelecida no art. 23 da Constituição Federal e que determina que todos os entes da federação são responsáveis pela saúde pública. Além disso, em seu voto, o ministro relator reiterou a decisão que a Corte Constitucional proferiu na ADI nº 6.341 e que os entes subnacionais tinham competência concorrente para adotar providências legislativas e administrativas para o combate à pandemia.

A Tutela Provisória foi deferida nos seguintes termos:

> Isso posto, com fundamento nas razões acima expedidas, defiro em parte a cautela, *ad referendum* do Plenário do Supremo Tribunal Federal, para assentar que o estado do Maranhão (i) no caso de descumprimento do Plano Nacional de Operacionalização da Vacinação contra a covid-19, recentemente tornado público pela União, ou na hipótese de que este não proveja cobertura imunológica tempestiva e suficiente contra a doença, poderá dispensar à respectiva população as vacinas das quais disponha, previamente aprovadas pela Anvisa, ou (ii) se esta agência governamental não expedir a autorização, no prazo de 72 horas, poderá importar e distribuir vacinas registradas por pelo menos uma das autoridades sanitárias estrangeiras e liberadas para distribuição comercial nos respectivos países, conforme o art. 3º, VIII,[412] a e §7º-A[413] da Lei 13.979/2020.[414]

---

[412] Art. 3º Para enfrentamento da emergência de saúde pública de importância internacional de que trata esta Lei, as autoridades poderão adotar, no âmbito de suas competências, entre outras, as seguintes medidas: VIII – autorização excepcional e temporária para a importação de produtos sujeitos à vigilância sanitária sem registro na Anvisa, desde que a) registrados por autoridade sanitária estrangeira. Ressalta-se que esse dispositivo foi alterado pela Lei nº 14.006/2020.

[413] §7º-A. A autorização de que trata o inciso VIII do *caput* deste artigo deverá ser concedida pela Anvisa em até 72 (setenta e duas) horas após a submissão do pedido à Agência, dispensada a autorização de qualquer outro órgão da administração pública direta ou indireta para os produtos que especifica, sendo concedida automaticamente caso esgotado o prazo sem manifestação.

[414] *Ibidem*, p. 13.

A decisão do relator foi referendada pelos demais ministros do Supremo Tribunal Federal, como se vê a seguir:

> EMENTA: SEGUNDA TUTELA PROVISÓRIA INCIDENTAL NA AÇÃO CÍVEL ORIGINÁRIA. CONCESSÃO MONOCRÁTICA. COVID-19. PEDIDO DE AUTORIZAÇÃO EXCEPCIONAL E TEMPORÁRIA PARA A IMPORTAÇÃO E A DISTRIBUIÇÃO DA VACINA SPUTNIK V. AUSÊNCIA DE RELATÓRIO TÉCNICO DE AVALIAÇÃO DA AUTORIDADE SANITÁRIA INTERNACIONAL. ASPECTOS RELACIONADOS À QUALIDADE, EFICÁCIA E SEGURANÇA DA VACINA. INCIDÊNCIA DO DISPOSTO NO ART. 16, §4º DA LEI 14.124/2021. PRAZO DECISÓRIO. 30 DIAS, A CONTAR DE 29/3/2021. MEDIDA CAUTELAR REFERENDADA PELO PLENÁRIO.
>
> I – Pedido de autorização excepcional e temporária, formulado pelo estado do Maranhão, para a importação e a distribuição da vacina Sputnik V, perante a Agência Nacional de Vigilância Sanitária – Anvisa, instruído com prova do registro na autoridade sanitária estrangeira, sem apresentação de relatório técnico capaz de comprovar que a vacina atende aos padrões de qualidade, de eficácia e de segurança estabelecidos pela OMS ou pelo ICH e pelo PIC/S.
>
> II – Incidência do disposto no art. 16, §4º, da Lei 14.124/2021, segundo o qual "na ausência do relatório técnico de avaliação de uma autoridade sanitária internacional, conforme as condições previstas no §3º deste artigo, o prazo de decisão da Anvisa será de até 30 (trinta) dias".
>
> III – Início do cômputo do prazo decisório da Anvisa corresponde ao dia de apresentação do requerimento pelo estado do Maranhão, na data de 29/3/2021.
>
> IV – Ultrapassado o prazo legal, sem a competente manifestação da Anvisa, estará o estado do Maranhão autorizado a importar e a distribuir o referido imunizante à população local, sob sua exclusiva responsabilidade, e desde que observadas as cautelas e recomendações do fabricante e das autoridades médicas.
>
> V – Tutela provisória incidental referendada pelo Plenário do Supremo Tribunal Federal.[415]

Ressalta-se que, após essa decisão, o estado do Maranhão precisou recorrer novamente ao STF, no mesmo processo, para exigir o cumprimento da decisão, pois a União não cumpriu com o Plano Nacional de Operacionalização da Vacinação contra a covid-19 e, em razão disso, o referido Estado adquiriu 4.582.862 (quatro milhões,

---

[415] *Ibidem.*

quinhentas e oitenta e duas mil, oitocentas e sessenta e duas) doses da vacina Sputnik V, produzida pelo Instituto Gamaleya da Rússia, cumprindo todos os requisitos legais para tanto. No entanto, a Agência Nacional de Vigilância Sanitária (Anvisa) passou a requerer procedimentos extras para autorizar a importação das vacinas já compradas.

O ministro relator deferiu o pedido liminar incidental para que a Anvisa decidisse sobre a importação excepcional e temporária da vacina Sputnik V, nos termos do art. 16, §4º, da Lei nº 14.124/2021. E não havendo o cumprimento do prazo legal pela Agência Reguladora, o Maranhão ficaria autorizado a importar e distribuir o imunizante comprado para a sua população local. Novamente, os fundamentos da decisão se coadunam com o quadro fático da pandemia.

Nesse particular, bem examinados os autos, destacou, de início, que, diante da escalada do número de vítimas fatais e de pessoas infectadas em decorrência do altamente letal e contagiante vírus da covid-19, a cada dia, mostra-se mais evidente a ênfase que as autoridades públicas devem conferir ao direito à vida, entendido como o direito de viver e permanecer vivo, livre de quaisquer agravos, materiais ou morais, sob pena, inclusive, de ficar esvaziado de seu conteúdo essencial correspondente à concepção de dignidade humana, princípio fundamental inscrito no art. 1º, III, do diploma constitucional.

Dito isso e tendo em conta, especialmente, o preocupante quadro sanitário nacional, entendeu-se que a importação de vacinas pelo estado do Maranhão constituiria um importante reforço às ações desenvolvidas sob a égide do Plano Nacional de Imunização, notoriamente insuficientes diante da surpreendente dinâmica de propagação do vírus causador da pandemia. Com base nessas premissas, vencido o prazo de 30 dias corridos fixado na Lei nº 14.124/2021, sem que houvesse manifestação da Anvisa, autorizou o estado do Maranhão a proceder à importação das vacinas nos moldes requeridos.[416]

Nesse sentido, pode-se compreender que, novamente, o Supremo Tribunal Federal priorizou a autonomia dos entes subnacionais como forma de garantir um efetivo combate à pandemia. Veja-se que, diante da omissão e desorganização do Poder Executivo Federal, na

---

[416] Idem. *Medida Cautelar na Ação Direta de Inconstitucionalidade nº 6.341/DF – Distrito Federal*. Relator: ministro Marco Aurélio. Data do Julgamento: 23.04.2020. DJE nº 72, divulgado em 25 mar. 2020.

coordenação de um Plano Nacional de Combate à Pandemia, a Corte Suprema passou a adotar uma visão mais aprimorada do federalismo cooperativo.

A descentralização da tomada de decisões, nessa perspectiva, foi imposta como uma exigência própria da estrutura do Estado Federal para proporcionar maior liberdade, abertura e estímulo à participação dos entes subnacionais na tomada de decisões, bem como fomentar a implementação de soluções criativas diante da diversidade das realidades presentes no território nacional, o que favorece a adoção de soluções que promovam, de maneira mais efetiva, os direitos fundamentais.

4.3.3 A Ação Cível Originária nº 3.385

A Ação Cível Originária nº 3.385 foi ajuizada pelo estado do Maranhão em face da requisição administrativa pela União de 68 ventiladores pulmonares que haviam sido anteriormente adquiridos através de contrato administrativo celebrado, à época, pelo ente subnacional, com determinado fornecedor privado e que se encontravam pendentes tão somente de entrega para, a partir daí, haver sua incorporação à rede estadual de saúde, mais especificamente a leitos de UTI recentemente instalados cujo pleno funcionamento pressupõe a utilização dos referidos equipamentos, vitais à sobrevivência de pacientes acometidos de quadros de síndrome respiratória aguda grave em razão da covid-19.

O núcleo central da fundamentação jurídica apresentada na ação consistiu, essencialmente, na violação à autonomia federativa constitucionalmente assegurada àquele Estado-membro, com base, especialmente, nos arts. 1º, 18 e 25 da Constituição, representada pela tentativa de assunção, pelo governo central, de bens destinados a ações e serviços sob sua responsabilidade à luz do quadro de competências federativas em matéria de saúde. Sublinhou-se, ainda, em reforço aos argumentos em prol da pretensão deduzida, que a conduta da União, naquele contexto, também diminuiria o âmbito de alcance do comando constitucional contido no art. 196 do diploma constitucional, especialmente sob a ótica da eficácia objetiva do direito fundamental à saúde, na medida em que fragilizaria a capacidade institucional daquela pessoa política em assegurar as prestações fáticas essenciais à proteção da saúde da população do Maranhão no contexto da emergência sanitária provocada pela pandemia de covid-19.

Cumpre destacar que a ação fora inicialmente ajuizada pelo estado-membro perante a Justiça Federal localizada na seção territorial do Maranhão. Contudo, o próprio juízo reconheceu a presença de um conflito no caso cuja dimensão se revela apta a abalar a relação interfederativa entre as pessoas políticas envolvidas, razão pela qual deslocou o processo para o âmbito de apreciação do STF, com fundamento no art. 102, inciso I, alínea "f", da Constituição, cuja relatoria naquela Corte ficou a cargo do ministro Celso de Mello.

O relator, por sua vez, antes de adentrar no exame dos requisitos autorizadores da concessão da tutela cautelar reivindicada pelo estado do Maranhão – no sentido de sustar a requisição pela União dos 68 ventiladores pulmonares por ele adquiridos, e compelir a empresa em cuja posse estes se encontravam em concretizar a transferência ao Estado-membro de tais equipamentos –, teceu longas considerações acerca da competência originária do STF para a apreciação daquele litígio.

Enfatizando o caráter excepcional da competência originária do STF para a apreciação de ações judiciais envolvendo as diferentes pessoas políticas que integram o desenho federativo brasileiro traçado pela Constituição de 1988,[417] o relator reconhece, nas circunstâncias fáticas em torno da ação ajuizada pelo estado do Maranhão, a presença dos requisitos autorizadores da competência originária do STF para o exame do litígio.

A premissa fundamental de tal reconhecimento residiu no fato de que a medida combatida seria apta a comprometer a capacidade institucional do ente federado em executar, em sua plenitude, atribuições inseridas no feixe de competências que lhes foram atribuídas pela Constituição cuja dimensão se revela especialmente grave, em função de envolver a implementação de medidas de defesa e proteção da saúde, máxime diante da inquestionável jusfundamentalidade dos interesses que o tema envolve, o que, embora não tenha sido explicitado pelo voto do relator, encontra-se subjacente à conclusão em prol da admissão da competência originária da Corte.

Admitida a competência do STF para o exame do conflito, o relator passou, então, a avaliar a possibilidade de concessão da tutela de urgência requerida pelo estado-membro, em face da requisição

---

[417] O qual só se justificaria, tendo em vista o entendimento jurisprudencial consolidado na Corte Suprema, diante de litígios cuja gravidade se revela apta a promover a ruptura do equilíbrio e a erosão dos valores informadores do próprio pacto federativo.

administrativa promovida pela União naquela hipótese concreta. Segundo o que foi assentado naquela decisão, o ponto fundamental para aferir a existência de plausibilidade jurídica em relação à pretensão deduzida pelo estado do Maranhão residiu, precisamente, em identificar se o instituto da requisição administrativa pelos órgãos estatais é cabível tão somente em face de bens e serviços de particulares ou se seria possível a sua incidência, inclusive, diante de bens e serviços integrantes da esfera de outras pessoas políticas integrantes do quadro de organização do Estado.

Na decisão em exame, em sede de tutela cautelar, o relator afastou a possibilidade de requisição pela União dos ventiladores pulmonares recém-adquiridos pelo Maranhão – mesmo sem que houvesse a tradição dos mencionados bens móveis, meio regular de transferência do domínio em tal hipótese – tendo, como eixo central das suas razões de decidir o fato de que tal intervenção traduziria violação à autonomia constitucionalmente assegurada àquele ente federado.

Ressaltou o ministro Relator Celso de Mello:

> Vê-se, desse modo, que não se revelava lícito à União Federal, porque ainda não instaurado qualquer dos sistemas constitucionais de crise (estado de defesa e/ou estado de sítio), e analisada a questão sob uma perspectiva de ordem estritamente constitucional, promover a requisição de bens pertencentes ao estado do Maranhão, que se insurge, por isso mesmo, contra o ato, emanado do Departamento de Logística em Saúde do Ministério da Saúde, que requisitou à empresa Intermed Equipamento Médico Hospitalar Ltda., ora litisconsorte passiva, "a totalidade dos bens já produzidos e disponíveis a pronta entrega, bem como a totalidade dos bens cuja produção se encerre nos próximos 180 dias, não obstante mencionado ato requisitório tenha sido praticado em data posterior à aquisição, pelo Estado autor, dos ventiladores pulmonares objeto da presente ação ordinária.[418]

Sublinhou-se, de maneira bastante assertiva à luz das diretrizes constitucionais que conferem forma e substância ao pacto federativo, que o relacionamento entre as pessoas políticas não permite que se fragilize a autonomia institucional das unidades federadas. Razão pela qual restariam imunes seus bens e serviços à intervenção promovida

---

[418] BRASIL. Ministério da Justiça e Segurança Pública; Ministério da Saúde. Lei nº 13.979, de 6 de fevereiro de 2020. Dispõe sobre as medidas para enfrentamento da emergência de saúde pública de importância internacional decorrente do coronavírus responsável pelo surto de 2019. *Diário Oficial da União*. Brasília, DF: D.O.U, 2020.

pela União, em sede de requisição administrativa, a qual estaria limitada em princípio ao patrimônio dos particulares.

Nesse sentido, salientou-se também que apenas nas circunstâncias excepcionais, constitucionalmente previstas, do estado de sítio e do estado de defesa – hipóteses em que se admite o uso dos denominados "poderes de crise" –, seria franqueado à União promover, em caráter excepcional, a requisição de bens e serviços oriundos da esfera dos demais entes federados, conforme precedentes da Corte, conferindo-se especial ênfase ao expresso no MS nº 25.295/DF.

Naquela ocasião, o STF invalidou a requisição pela União de estabelecimentos hospitalares de um Município, promovida com base na Lei nº 8.080/1990, ressaltando precisamente que o disposto naquele diploma legal – semelhante ao previsto no art. 3º, inciso VII, da Lei nº 13.979/2020, como bem destacou o relator – poderia alcançar tão somente a esfera particular, ressalvadas as hipóteses anteriormente mencionadas do estado de sítio e do estado de defesa.

Para além do debate em torno da legitimidade da requisição operada pela União em face do estado do Maranhão, com base no regramento constitucional do instituto em si e do delineamento do pacto federativo plasmado na Constituição, a decisão em análise, no bojo de seus fundamentos, destaca como contributo relevante para a concessão da tutela vindicada a premência em assegurar que o Estado-membro possa implementar, de maneira plena, os meios materiais necessários à adequada garantia do direito à saúde da sua população, em cumprimento ao dever fundamental presente no art. 196, do diploma constitucional, sublinhando especialmente ser esta uma responsabilidade estatal nas diferentes esferas federativas.

Nesse ponto, parece oportuno lançar a reflexão de que, embora a atuação do STF tenha sido essencial na hipótese para evitar um desequilíbrio da capacidade institucional do ente federado em detrimento da plena realização das medidas necessárias à proteção à vida e à saúde dos seus administrados,[419] lançando-se um olhar mais apurado acerca da disputa travada, os efeitos sistêmicos deletérios de tais antagonismos sobre a regularidade das relações político-institucionais no âmbito da organização do Estado poderiam ser mais bem equacionados mediante uma pactuação mais abrangente e estável

---

[419] O que produziria graves consequências decorrentes da desorganização que a ausência dos referidos ventiladores pulmonares causaria para a rede estadual de saúde naquela ocasião.

entre as pessoas políticas envolvidas no desenvolvimento da missão constitucional comum de garantir o direito à saúde, notadamente num contexto de grave calamidade sanitária como o acarretado pela pandemia de covid-19.

Tal observação é salientada por Aragão (2020), que, ao lançar um olhar crítico em torno do tema subjacente àquela controvérsia judicial, destaca:

> Seja na forma de requisição sobre requisição ou de requisição de bens e serviços públicos, fato é que as crescentes disputas envolvendo o instituto evidenciam uma clara desorganização na formulação das políticas públicas emergenciais em nível nacional, o que afeta não somente a atividade privada, com a ausência de calculabilidade em cenários já muito pouco previsíveis, mas também os próprios entes públicos, que passam a enfrentar entraves burocráticos e judiciais que não precisariam existir.[420]

Desse modo, embora pareça correto afirmar que, naquele contexto de grave risco à capacidade do estado do Maranhão em atender pacientes acometidos de quadros graves de crise respiratória pela infecção da covid-19, causados pela ausência de ventiladores pulmonares suficientes no mercado, a intervenção da Corte Suprema, através de decisão monocrática no arbitramento do conflito envolvendo a titularidade daqueles aparelhos regularmente adquiridos pelo Estado-membro, tenha tido um papel decisivo para assegurar a concretização das suas políticas de saúde. Não se pode negar, diante da ausência de um efetivo diálogo institucional entre os atores políticos, capaz de produzir consensos em torno da implementação de políticas públicas que são de responsabilidade comum de todos os membros da federação, que a tarefa de equalizar os conflitos e pacificar os antagonismos federativos pela via jurisdicional tende a ser extremamente desafiadora para a própria capacidade institucional do STF.

Isso porque, diante de conflitos oriundos das relações entre os atores responsáveis pelas demais funções estatais decorrentes da incapacidade de interação harmônica pela via das estruturas organizatórias de pactuação democrática, os quais têm adquirido uma dimensão cada vez mais recorrente e complexa na sociedade contemporânea,[421] o Poder

---

[420] ARAGÃO, A. S. Requisições administrativas: atualizações à luz do Estado Democrático de Direito. *Fórum Administrativo*, Belo Horizonte, ano 2, n. 237, p. 16-17, nov. 2020. p. 25.
[421] Sobretudo, em contextos de crise, como no caso da pandemia de covid-19.

Judiciário, frequentemente, é instado a deliberar acerca de questões que transcendem as suas próprias capacidades institucionais, de modo que sua resposta se revela insuficiente para o restabelecimento da harmonia entre as pessoas políticas.

Ainda acerca da presente controvérsia, cumpre destacar que esta não chegou a ser objeto de deliberação pelo colegiado da Corte, uma vez que, posteriormente à concessão da tutela de urgência pelo relator, houve a extinção do processo por ausência superveniente de interesse processual, sem que a decisão fosse objeto de ratificação pelos demais membros do STF, não parecendo correto, diante disso, afirmar que se trata de uma posição consolidada no âmbito da Corte, pois muito embora tenha mencionado julgado anterior – este sim –, em que houve deliberação majoritária, tratava-se de composição, à época, distinta da atual; advertência que cabe ser necessária tendo em vista o rigor acadêmico que deve nortear a presente investigação.

4.3.4 A Ação Cível Originária nº 3473

Esta ação foi ajuizada pelo estado do Maranhão alegando que a União teria deixado de custear leitos de UTIs da rede estadual de saúde sem justificativa razoável, o que gerou complicações no gerenciamento das taxas de internações decorrentes do coronavírus no território do ente subnacional.[422] Segundo o estado do Maranhão, em janeiro de 2021, havia 7.017 leitos de UTI financiados pelo Ministério da Saúde na rede estadual de saúde do Estado e, em fevereiro, havia 3.187 leitos de UTI contra 12.003 leitos em dezembro de 2020. No período em que a ACO nº 3.473 foi ajuizada (fevereiro de 2021), havia apenas 268 leitos de UTI exclusivos para o tratamento do coronavírus no Maranhão e nenhum deles era custeado pelo Poder Executivo Federal.

Nesse contexto, a Ministra Relatora, Rosa Weber, deferiu o pedido de tutela de urgência para determinar à União que analisasse o pedido de habilitação de novos leitos de UTI formulados pelo estado do Maranhão e determinou o imediato restabelecimento dos leitos de UTI de forma proporcional aos demais entes federados. A relatora entendeu que em condições tais, de recrudescimento da pandemia no território nacional, não seria constitucionalmente aceitável qualquer retrocesso

---

[422] Ressalta-se que esse mesmo objeto – diminuição desarrazoada do custeio de UTIs por parte da União – gerou outras ACOs, ajuizadas por outros entes da federação, a saber ACOs nº 3.747, nº 3.475, nº 3.478 e nº 3.483.

nas políticas públicas de saúde, como no ponto que aqui importa, que resulta em decréscimo no número de leitos de UTI habilitados (custeados) pela União:

> A diminuição do número de leitos em um cenário de recrudescimento da pandemia é o bastante para o reconhecimento do interesse processual do Estado autor [...] Em defesa da população no ensejo da pandemia, 'a solução de conflitos sobre o exercício da competência deve pautar-se pela melhor realização do direito à saúde, amparada em evidências científicas e nas recomendações da Organização Mundial da Saúde' (ADI N. 6341, Rel. Min. Marco Aurélio, redator p/ acórdão Min. Edson Fachin, Plenário) [...] Portanto, é de exigir-se do Governo Federal que suas ações sejam respaldadas por critérios técnicos e científicos, e que sejam implantadas as políticas públicas a partir de atos administrativos lógicos e coerentes. E não é lógica nem coerente, ou cientificamente defensável, a diminuição do número de leitos de UTI em um momento desafiador da pandemia, justamente quando constatado um incremento das mortes e das internações hospitalares. Sem dúvida a programática constitucional não placita retrocessos injustificados no direito social à saúde. Especialmente em tempos de emergência sanitária, as condutas dos agentes públicos que se revelem contraditórias às evidências científicas de preservação das vidas não devem ser classificadas como atos administrativos legítimos, sequer aceitáveis.[423]

Ressalta-se que, para a relatora, a emergência sanitária provocada pela pandemia de covid-19 impede qualquer ato que gere retrocesso nas políticas públicas de saúde. Esse entendimento, que inclusive foi sintetizado na Ementa da decisão,[424] demonstra que, se a vedação do retrocesso social é importante em situações "normais", ele é imprescindível em momentos de crises sanitárias. A coordenação da União, no enfrentamento da pandemia, deve ser de coordenação nacional, ampliando o apoio financeiro e não diminuindo os recursos.

Embora o ministro Nunes Marques tenha seguido o voto da relatora, seus apontamentos são contrários. Isso porque o referido ministro compreende que as políticas públicas condizentes à saúde

---

[423] BRASIL. Supremo Tribunal Federal. *Referendo Medida Cautelar na Ação Cível Originária nº 3.473/DF*. Relator: Min. Rosa Weber. Julgado em 08.04.2021, DJE nº 70, divulgado em 13 abr. 2021b.

[424] 1. As condições da saúde pública decorrentes da calamidade provocada pelo novo coronavírus, agravadas pelo recrudescimento da pandemia em todo território nacional, desautorizam qualquer retrocesso nas políticas públicas de saúde, especialmente a supressão de leitos de UTI habilitados (custeados) pela União.

foram devidamente realizadas pela União, pois o ente federal estaria custeando as UTIs de acordo com as necessidades de cada ente subnacional. Assim, segundo o ministro, a decisão de procedência proferida pela Corte Constitucional não poderia conceder prioridade ao autor da ação, sob pena de desequilibrar a estratégia nacional adotada pelo Ministério da Saúde.

Nesse sentido, frisa:

> [...] ressaltando que muitas das medidas impostas à União já estão sendo por ela atendidas, acompanho a Relatora quanto ao primeiro item da parte dispositiva, no sentido de que a União análise, ACO 3473 MC-REF / DF imediatamente, os pedidos de habilitação de novos leitos de UTI formulados pelo estado requerente junto ao Ministério da Saúde, ressalvando-se que isso não implique quebra da ordem de prioridade já estabelecida anteriormente aos municípios que obedeceram ao sistema previsto pela Portaria GM/MS n. 373/2000 e seguintes.[425]

Note-se que o ministro compreende que, havendo política pública em execução pela União, não cabe ao Poder Judiciário intervir, já que sua atuação deve se resguardar apenas quando comprovada omissão ou descumprimento constitucional.

Essa linha argumentativa, contudo, não se coaduna mais com o papel que o Supremo Tribunal Federal exerce no Direito brasileiro, principalmente na atuação mais descentralizadora que a Corte adotou nos conflitos federativos ocasionados pela pandemia. Como demonstrado ao longo deste capítulo, a violação da autonomia dos entes subnacionais pode acontecer não somente por meio de um instrumento legal, mas também pela forma como a União executa determinada atribuição, e no caso da pandemia de covid-19 isso ficou ainda mais visível.

Portanto, a partir das decisões analisadas, pode-se conceber que, em períodos de emergência sanitária, a melhor forma de garantir uma efetiva atuação dos entes federados seria por meio de uma coordenação nacional executada pela União em cooperação com os Estados, o Distrito Federal e os Municípios. Contudo, o que se viu foi uma falta de política nacional, o que gerou inúmeros conflitos federativos, pois em matéria de saúde pública há uma estreita interdependência de competências. Assim, em razão da ausência de uma coordenação nacional, o Supremo

---

[425] *Ibidem.*

Tribunal Federal passou a reforçar a autonomia concorrente dos entes federados como meio para descentralizar a tomada de decisões e garantir uma efetiva proteção dos direitos fundamentais em um período tão extraordinário como foi a pandemia.

Inegável a importância dessas decisões, visto que a atuação do STF na garantia da autonomia dos entes subnacionais, e aqui, em especial, do estado do Maranhão, foi fundamental para garantir a efetiva prestação técnica e financeira referente a: (i) assegurar que o Maranhão pudesse adquirir vacinas; (ii) impedir que a União requisitasse os ventiladores pulmonares do estado do Maranhão; e (iii) impedir um verdadeiro retrocesso no custeio de UTIs para o tratamento da covid-19. Destarte, é necessário pontuar que, embora essas decisões tenham sido realizadas em um contexto extraordinário, nada impede que esta continue sendo a posição adotada pelo Supremo Tribunal Federal em conflitos futuros. Afinal, a estrutura federal não é estática, podendo se tornar mais centralizada ou descentralizada a partir das necessidades do Estado.[426]

Por outro lado, é importante ressaltar, conforme já disposto alhures, que as relações político-institucionais, no âmbito do Estado Federal brasileiro, poderiam ser melhor equacionadas mediante decisões que possibilitassem um diálogo mais intenso entre as pessoas políticas envolvidas na promoção e na proteção do direito à saúde, recorrendo, por exemplo, às denominadas medidas estruturantes, a fim de garantir uma maior legitimidade democrática no equacionamento e na concretização de políticas públicas.

O que parece que não se pode e nem deve é sobrecarregar o Supremo Tribunal Federal para além da sua capacidade institucional de guardião da Constituição, impondo-lhe a regulação de temas afetos fundamentalmente aos demais Poderes, cabendo a estes a assunção de suas responsabilidades político-institucionais de modo mais assertivo, para o bem da normalidade e eficácia do pacto civilizatório preconizado pelo Constituinte de 1988.

---

[426] Mesmo os Estados Unidos, berço do federalismo *dual*, possuem momentos mais centralizados.

CAPÍTULO 5

CONSIDERAÇÕES FINAIS

O objetivo principal do presente trabalho foi verificar se a atuação do Supremo Tribunal Federal em defesa da preservação do vínculo federativo e do equilíbrio entre as unidades políticas que compõem o Estado Federal brasileiro, especialmente o estado do Maranhão, no período correspondente aos anos de 2020 e 2021, sob a influência da pandemia da covid-19, constituiu um fator relevante no sentido de promover a efetivação do direito à saúde da população mediante a implementação de políticas públicas diante da materialização de conflitos com o poder central capazes de afetar tais políticas.

Primeiramente, foi possível constatar, ao longo da pesquisa, que a organização do poder político do Estado sob a forma de uma federação atendeu a dois objetivos essenciais: a limitação do poder estatal, através da divisão em múltiplos centros de poder político dotados de autonomia e independência; e a promoção de uma maior eficiência da atuação estatal por meio da divisão de competências no desenvolvimento dos deveres fundamentais do Estado brasileiro à luz das diretrizes presentes na Constituição.

Especificamente no caso da experiência constitucional brasileira, adotou-se um modelo de divisão de competências no âmbito federativo comumente conhecido como federalismo de cooperação, caracterizado, fundamentalmente, pela existência de um campo de atuação conjunta entre as pessoas políticas integrantes da federação na consecução de objetivos de elevado interesse coletivo. Modelo, este, seguramente mais adequado ao perfil de um Estado Social em razão da necessidade de uma intervenção estatal mais efetiva, tendo como escopo garantir o bem-estar social, em grande medida, por meio das políticas públicas a serem implementadas pelas diferentes unidades políticas, sobretudo no âmbito social e econômico.

Verificou-se, ainda, não obstante o elã constitucional, que a experiência institucional do federalismo brasileiro, mesmo após mais de três décadas de promulgação da Constituição de 1988, tem revelado uma baixa aderência, de um modo geral, dos atores político-institucionais, na medida em que os resultados da coordenação entre os entes da federação têm se revelado bastante distintos, a depender das políticas públicas envolvidas e das articulações interinstitucionais respectivas.

Como exemplo eloquente de experiência exitosa, as políticas públicas relativas à saúde, em virtude de todo o arcabouço institucional do Sistema Único de Saúde, que possui uma estrutura fortemente influenciada pela noção de federalismo, asseguram uma maior eficácia social do direito à saúde demandando, nesse sentido, menos esforço comparado a outros direitos fundamentais que não possuem uma estrutura organizacional tão densificada.

Conclui-se que esse estado de coisas decorre muito mais de uma incompreensão do papel institucional dos atores políticos do que da estrutura normativa do diploma constitucional, uma vez que os desequilíbrios enfrentados hoje pelo federalismo desenhado pela atual Constituição poderiam ser mais bem equacionados se houvesse uma efetiva regulamentação no âmbito infraconstitucional da previsão contida no art. 23, parágrafo único, da Constituição, que prevê a edição de leis complementares no sentido de regulação de mecanismos concretos de materialização da cooperação entre os entes federados; algo que, caso observado, certamente forneceria bases institucionais mais sólidas para a cooperação interfederativa.

No segundo capítulo do presente trabalho, efetuou-se uma abordagem em relação ao direito fundamental à saúde em suas múltiplas projeções. Reafirmou-se a concepção de que a sua eficácia social pressupõe a atuação conjunta das pessoas políticas que integram o quadro federativo à luz do que preconiza a Constituição de 1988. Além disso, foi possível observar que o direito à saúde é também um direito-dever essencialmente imputado ao Estado e cuja materialização, no âmbito da coletividade brasileira, ocorre através do Sistema Único de Saúde; estrutura organizatória cujas diretrizes fundamentais estão igualmente plasmadas no texto da Constituição – notadamente em seu art. 198 – e que demanda, para sua efetividade, um elevado nível de coordenação de suas ações e um grande aporte de recursos de natureza financeira por parte de todos os entes da federação.

Ainda em relação ao SUS, identificou-se que este apresenta três pilares fundamentais: a descentralização, a regionalização e a hierarquização, os quais devem nortear a atuação dos entes federativos no cumprimento do dever fundamental de assegurar o direito à saúde, destinando a cada ente um papel de acordo com as necessidades da sua região ou localidade, cabendo à União coordenar o plano nacional e aos demais entes a execução de suas políticas de saúde em conformidade com suas especificidades regionais e locais. Considerando ser esta uma diretriz fundamental para que se confira máxima eficácia ao direito à saúde, tendo em vista a complexidade e a diversidade presentes no território brasileiro; o que se revelou especialmente significativo diante da calamidade sanitária causada pela pandemia de covid-19.

Com efeito, o papel da União de órgão coordenador das políticas públicas implementadas nacionalmente na seara da atual crise sanitária não pode se converter num centralismo controlador de todo o processo decisório referente à atuação dos entes subnacionais, o que esvaziaria o cerne fundamental da autonomia inerente ao princípio federativo e culminaria na consolidação de uma indevida hierarquia entre os membros da federação, especialmente diante da diretriz constitucional traçada pelo art. 198, I, que preconiza a descentralização das ações de saúde em cada esfera de governo.

Nem poderia ser diferente do ponto de vista operacional no caso do Brasil, pois não se revela factível atender a inúmeras e complexas necessidades de um país de dimensões continentais e com 210 milhões de habitantes, marcado por profundas diferenças regionais sem que se promova efetiva autonomia decisória às diferentes esferas governamentais presentes em seu território. Especialmente no que tange à promoção da defesa da saúde e da vida dos seus habitantes, não sendo possível dimensionar todas as variáveis presentes nessa complexa e multifacetada realidade a partir de um painel de controle manobrado unilateralmente do Planalto Central.

Soma-se a isso a evidência presente em estudos científicos apontando que as epidemias, ainda que causadas pelo mesmo agente infeccioso, não se comportam de maneira homogênea dentro de um território tão amplo quanto o brasileiro, o que sublinha a relevância na adoção de medidas específicas pelos entes locais para controle da contaminação, sustentadas em bases científicas pelos seus respectivos órgãos sanitários, sob pena de terem sido fadadas ao insucesso as medidas de proteção e defesa da saúde da população do Maranhão no combate à pandemia.

O terceiro capítulo abordou, inicialmente, o papel desempenhado pelo STF no ordenamento jurídico constitucional brasileiro de acordo com o complexo de competências estabelecidas pela Constituição Federal de 1988. A partir dessa perspectiva, percebeu-se que a função de guardião da Constituição confere ao STF um papel central no equacionamento de eventuais manifestações oriundas das unidades políticas da federação que estejam em desacordo com os parâmetros constitucionais definidores das relações interfederativas.

Desse modo, para o exercício da missão institucional de manutenção do equilíbrio dinâmico entre a unidade e a diversidade, decorrentes da coexistência de múltiplas ordenações no âmbito do Estado Federal, de modo a promover a pacificação dos conflitos que eventualmente possam surgir no exercício das competências pelos entes federativos, revela-se central a atuação do STF a partir de suas atividades de interpretação e aplicação das normas que integram o ordenamento jurídico-constitucional, tendo como escopo a materialização dos princípios imanentes à forma federativa do Estado brasileiro, parecendo correta a conclusão de que a manutenção do equilíbrio entre os atores da federação traz impactos sobre a capacidade institucional do sistema federativo de implementar as ações estatais.

Nesse sentido, em decorrência da ausência de coordenação e colaboração efetivas a nível nacional de políticas públicas para combater os efeitos da pandemia da covid-19, a atuação do STF traduziu um aporte relevante para a capacidade institucional do Maranhão em proteger a saúde de sua população, tanto para garantir a autonomia do Estado (ADI nº 6341) na formulação de suas políticas de saúde, de acordo com a realidade e as particularidades regionais, quanto para garantir a prestação de serviços técnicos e financeiros em situações em que a União foi omissa em assegurar recursos técnicos e financeiros ou até mesmo agiu para fragilizar a capacidade institucional do ente subnacional (ACO nº 3.385, ACO nº 3.451 e ACO nº 3.473).

Pode-se afirmar, diante do quadro apresentado em decorrência do presente estudo, que o papel do STF, no período de 2020 e 2021, foi essencial para que o estado do Maranhão implementasse políticas públicas na área da saúde compatíveis com o seu dever constitucional de assegurar, de modo mais eficaz possível, o direito à saúde de sua população em face da pandemia por meio das políticas sanitárias implementadas no exercício das suas competências constitucionalmente previstas.

Ressalta-se, ainda, que a atuação do STF em tal período, especialmente pelas decisões analisadas, representou uma quebra de paradigma do modo de perceber as tensões federativas já que, antes do período da pandemia, a Corte, de um modo geral, adotava um entendimento mais centralizador das relações federativas. Enquanto, no período de 2020 e 2021, percebeu-se uma maior deferência à autonomia dos entes subnacionais, embora não haja subsídios suficientes para se afirmar que se trata de uma viragem na jurisprudência sobre o tema da federação ou que se tratou tão somente de uma contingência transitória em razão da situação crítica e emergencial provocada pela pandemia.

Por outro lado, reconheceu-se que a função jurisdicional tradicionalmente exercida pelo STF conquanto seja uma variável relevante para conter os ímpetos dos atores políticos que se afastam das diretrizes constitucionais do sistema federativo – em especial, os deveres recíprocos de lealdade, colaboração e deferência à esfera de autonomia entre as unidades políticas integrantes da federação – não se revela capaz de afastar, de modo pleno e incontrastável, as disfuncionalidades que emergem das relações interfederativas.

Isto porque as tensões federativas não necessariamente serão pacificadas através de deliberação do Poder Judiciário, ainda que seja a própria Corte Suprema responsável pela guarda da Constituição, tendo em vista as capacidades institucionais limitadas da função jurisdicional na realização de medidas que pressupõem um engajamento dos demais atores políticos integrantes da organização do Estado, muito especialmente diante do desafio de concretização dos objetivos presentes no Estado social. Assim sendo, o diálogo institucional e a adoção de medidas estruturantes se tornam essenciais para garantir a efetividade plena do direito à saúde, bem como dos demais direitos sociais, sobretudo na sua dimensão prestacional.

Desse modo, conclui-se que, havendo conflitos federativos, o diálogo institucional e as decisões estruturantes são os meios mais eficazes para a sua resolução: o primeiro, por demandar um grau de concertação entre os entes federados; as segundas, por pressuporem uma reorganização das instituições envolvidas para que se possa assegurar a efetiva concretização dos direitos fundamentais – o que constitui um dever fundamental do Estado em suas múltiplas divisões político-administrativas –, sem a qual o alicerce sob o qual fora erigido o pacto civilizatório inaugurado pela Carta de 1988 tornar-se-ia uma promessas vã, constituindo dever permanente de toda a comunidade envidar esforços na sua materialização.

REFERÊNCIAS

ABRUCIO et al. Combate à covid-19 sob o federalismo bolsonarista: um caso de descoordenação intergovernamental. *Revista de Administração Pública*, v. 54, n. 4, p. 663-667, 2020.

ABRUCIO, F. L.; FRANZESE, C. Federalismo e Políticas Públicas: uma relação de reciprocidade no tempo. *In*: ENCONTRO ANUAL DA ANPOCS, 33, 2009. *Anais...* Caxambu, 2009.

ABRUCIO, F. L.; FRANZESE, C.; SANO, H. Trajetória recente da cooperação e coordenação no federalismo brasileiro: avanços e desafios. *In*: CARDOSO JR., José C.; BERCOVICI, Gilberto (org.). *República, democracia e desenvolvimento*: contribuições ao Estado brasileiro contemporâneo. 1. ed. v. 10. Brasília: IPEA, 2013.

ALMEIDA, Fernanda Dias Menezes de. *Competências na Constituição de 1988*. 6. ed. São Paulo: Atlas, 2013.

ALMEIDA, Fernanda Dias Menezes de. Art. 1º. *In*: CANOTILHO, J. J. et al. *Comentários à Constituição do Brasil*. 2. ed. São Paulo: Saraiva Educação, 2018 (Série IDF) (e-book).

ANSELMO, José Roberto. *O papel do Supremo Tribunal Federal na concretização do federalismo brasileiro*. 2006. Tese (Doutorado em Direito Constitucional) – Pontifícia Universidade Católica de São Paulo, São Paulo, 2006.

ARAGÃO, A. S. Requisições administrativas: atualizações à luz do Estado Democrático de Direito. *Fórum Administrativo*, Belo Horizonte, ano 2, n. 237, p. 16-17, nov. 2020.

ARENHART, Sérgio Cruz. Decisões estruturais no direito processual civil brasileiro. *Revista de processo*, v. 225, p. 14, 2013.

ARRETCHE, Marta. State Effectiveness in Contemporany Brazil. *LASA FORUM*, v. 43, n. 4, 2012.

AWAZU, Luís Alberto de Fischer. *A importância da sustentabilidade do pacto federativo no Brasil e sua relação com o desenvolvimento nacional*. 2012. 198 f. Dissertação (Mestrado em Direito do Estado) – Faculdade de Direito, Universidade de São Paulo, São Paulo, 2012.

BARACHO, José Alfredo de Oliveira. *Teoria geral do federalismo*. Rio de Janeiro: Forense, 1986.

BARACHO, José Alfredo de Oliveira. Teoria geral do constitucionalismo. *Revista de Informação Legislativa*, Brasília, v. 23, n. 91, jul./set. 1986a.

BARROS, Felipe Amário Silva. A forma constitucional em tempos de crise humanitária: a postura dos agentes públicos diante da pandemia do Covid-19 no Brasil. *Revista Caderno Virtual*, v. 2, n. 47, 2020.

BARROSO, Luís Roberto. *Curso de Direito Constitucional Contemporâneo*: os conceitos fundamentais e a construção do novo modelo. 9. ed. São Paulo: SaraivaJur, 2020.

BARROSO, Luís Roberto. Judicialização, ativismo judicial e legitimidade democrática. *(Syn) thesis*, v. 5, n. 1, p. 23-32, 2012.

BARROSO, Luís Roberto. *O controle de constitucionalidade no direito brasileiro*: exposição sistemática da doutrina e análise crítica da jurisprudência. 8. ed. São Paulo: Saraiva Educação, 2019.

BERCOVICI, Gilberto. *Dilemas do Estado federal brasileiro*. Porto Alegre: Livraria do Advogado Editora, 2004.

BRASIL. Câmara dos Deputados. Presidente da Assembleia Nacional Constituinte (Ulysses Guimarães). *Câmara é História*: íntegra do discurso presidente da Assembleia Nacional Constituinte. Rádio Câmara, 2022. 10'23''. Disponível em: https://www.camara.leg.br/radio/programas/277285-integra-do-discurso-presidente-da-assembleia-nacional-constituinte-dr-ulysses-guimaraes-10-23/. Acesso em: 31 out. 2022.

BRASIL. Congresso Nacional. Emenda Constitucional nº 29, de 13 de setembro de 2000. Altera os arts. 34, 35, 156, 160, 167 e 198 da Constituição Federal e acrescenta artigo ao ato... *Diário Oficial da União [eletrônico]*. Brasília: DOU, 2000.

BRASIL. Congresso Nacional. Emenda Constitucional nº 53, de 19 de dezembro de 2006. Dá nova redação aos arts. 7º, 23, 30, 206, 208, 211 e 212 da Constituição Federal e ao art. 60 do ato das disposições constitucionais transitórias. *Diário Oficial da União*. Brasília: DOU, 2006.

BRASIL. Congresso Nacional. Emenda Constitucional nº 95, de 15 de dezembro de 2016. Altera o ato das disposições constitucionais transitórias, para instituir o novo regime fiscal, e dá outras providências. *Diário Oficial da União*. Brasília, DF: DOU, 2016.

BRASIL. Conselho Nacional de Secretários de Saúde. *Gestão do SUS*. Brasília: CONASS, 2015.

BRASIL. [Constituição (1998)]. *Constituição da República Federativa do Brasil*. Brasília, DF: Senado Federal, 1988.

BRASIL. Decreto nº 7.827, de 16 de outubro de 2012. Regulamenta os procedimentos de condicionamento e restabelecimento das transferências de recursos... *Diário Oficial da União*. Brasília, DF: DOU, 2012.

BRASIL. Constituição (1988). *Emenda constitucional nº 86, de 18 de março de 2015*. Altera os arts. 165, 166 e 198 da Constituição Federal, para tornar obrigatória a execução da programação orçamentária que especifica. Diário da Câmara dos Deputados, p. 3, 2015.

BRASIL. Lei Complementar nº 141, de 13 de janeiro de 2012. Regulamenta o §3º do art. 198 da Constituição Federal para dispor sobre os valores mínimos... *Diário Oficial da União*. Brasília, DF: DOU, 2012.

BRASIL. *Lei nº 105, de 12 de maio de 1840*. Interpreta alguns artigos da Reforma Constitucional. Secretaria de Estado dos Negócios do Império. Rio de Janeiro, 1840.

BRASIL. Ministério da Justiça e Segurança Pública; Ministério da Saúde. *Lei nº 13.979, de 6 de fevereiro de 2020.* Dispõe sobre as medidas para enfrentamento da emergência de saúde pública de importância internacional decorrente do coronavírus responsável pelo surto de 2019. *Diário Oficial da União.* Brasília, DF: DOU, 2020.

BRASIL. Ministério da Justiça e Segurança Pública. *Medida Provisória nº 926, de 20 de março de 2020.* Altera a Lei nº 13.979, de 6 de fevereiro de 2020, para dispor sobre procedimentos... *Diário Oficial da União.* Brasília, DF: DOU, 2020.

BRASIL. Ministério da Saúde. *Lei nº 8.080, de 19 de setembro de 1990.* Dispõe sobre as condições para a promoção, proteção e recuperação da saúde, a organização e o funcionamento dos serviços correspondentes e dá outras providências. Diário Oficial da União, Ministério da Saúde, Brasília, DF: DOU, 1990.

BRASIL. Ministério da Saúde. *Lei nº 8.142, de 28 de dezembro de 1990.* Dispõe sobre a participação da comunidade na gestão do Sistema Único de Saúde – SUS e sobre as transferências intergovernamentais de recursos financeiros na área da saúde e dá outras providências. Ministério da Saúde, Brasília, DF: DOFC, 1990.

BRASIL. Ministério da Saúde. *Sistema Único de Saúde (SUS):* estrutura, princípios e como funciona. [s.d.]. Disponível em: http://www.saude.gov.br/sistema-unico-de-saude. Acesso em: 18 jan. 2022.

BRASIL. Senado Federal. *Lei nº 14.035, de 11 de agosto de 2020.* Altera a Lei nº 13.979, de 6 de fevereiro de 2020, para dispor sobre procedimentos para a aquisição... Diário Oficial da União. Brasília, DF: DOU, 2020.

BRASIL. Supremo Tribunal Federal. Ação Cível Originária nº 3451/DF – Distrito Federal. Relator: Ministro Ricardo Lewandowski. *Jusbrasil.* 20 fevereiro 2021. Disponível em: https://www.jusbrasil.com.br/jurisprudencia/stf/1171245577/inteiro-teor-1171245592. Acesso em: 15 fev. 2022.

BRASIL. Supremo Tribunal Federal. Tutela provisória na Ação Cível Originária nº 3385/DF – Distrito Federal. Relator: Ministro Celso de Mello. *Jusbrasil.* 20 abril 2020. Disponível em: https://www.jusbrasil.com.br/jurisprudencia/stf/862321727. Acesso em: 15 fev. 2022.

BRASIL. Supremo Tribunal Federal. Ação Cível Originária nº 3473/DF – Distrito Federal. Relator: Rosa Weber. *Jusbrasil.* 11 setembro 2021. Disponível em: https://www.jusbrasil.com.br/jurisprudencia/stf/1331349791/inteiro-teor-1331349816. Acesso em: 15 fev. 2022.

BRASIL. Supremo Tribunal Federal. *Medida Cautelar da Ação Direta de Inconstitucionalidade nº 6.341/DF – Distrito Federal.* Relator: Ministro Marco Aurélio. Acórdão. 15 abril 2020. Disponível em: https://redir.stf.jus.br/paginadorpub/paginador.jsp?docTP=TP&docID=754372183#:~:text=Supremo%20Tribunal%20Federal-,ADI%206341%20MC%2DREF%20%2F%20DF,pelos%20demais%20poderes%20tem%20lugar. Acesso em: 15 maio 2022.

BRASIL. Supremo Tribunal Federal. *Medida Cautelar na Ação Direta de Inconstitucionalidade nº 6.341/DF – Distrito Federal.* Relator: Ministro Marco Aurélio. Data do Julgamento: 23/04/2020. DJE nº 72, divulgado em 25 mar. 2020a.

BRASIL. Supremo Tribunal Federal. *Tutela Provisória na Ação Cível Originária nº 3.385.* Relator: ministro Celso de Mello. Julgado em 20 abr. 2020b.

BRASIL. Supremo Tribunal Federal. *Tutela Provisória Incidental*. Ação Cível Originária nº 3.451/DF. Relator: Ministro Ricardo Lewandowski. Data do Julgamento 13 abr. 2021a.

BRASIL. Supremo Tribunal Federal. *Referendo Medida Cautelar na Ação Cível Originária nº 3.473/DF*. Relator: Min. Rosa Weber. Julgado em 08/04/2021, DJE nº 70, divulgado em 13 abr. 2021b.

BONAVIDES, Paulo. *Curso de direito constitucional*. 16. ed. São Paulo: Malheiros, 2005. p. 537-542.

BUCCI, Maria Paula Dallari. Contribuição para a redução da judicialização da saúde: uma estratégia jurídico-institucional baseada na abordagem de direito e políticas públicas. *In*: BUCCI, Maria Paula; DUARTE, Clarice Seixas (coord.). *Judicialização da saúde*: a visão do poder executivo. São Paulo: Saraiva, 2017.

BUCCI, Maria Paula Dallari. *Fundamentos para uma teoria jurídica das políticas públicas*. São Paulo: Saraiva Educação, 2013.

BUCCI, Maria Paula Dallari. O conceito de políticas públicas em direito. *In*: BUCCI, Maria Paula Dallari (org.). *Políticas Públicas*: reflexões sobre o conceito jurídico. São Paulo: Saraiva, 2006. Disponível em: https://www.google.com/url?sa=t&rct=j&q=&esrc=s&source=web&cd=&ved=2ahUKEwiqv9WJo_b1AhU3HbkGHTtYDs4QFnoECB8QAQ&url=https%3A%2F%2Fwww2.senado.leg.br%2Fbdsf%2Fbitstream%2Fhandle%2Fid%2F198%2Fr1330.PDF%3Fsequence%3D4&usg=AOvVaw32sHXvHbgTjWV-64qr4xFi. Acesso em: 01 fev. 2022.

BULMAN-POZEN, Jessica. Federalism All the Way Up: State Standing and 'The New Process Federalism', *California Law Review*, v. 105, p. 1739, 2017.

CANOTILHO, José Joaquim Gomes. *Direito constitucional e teoria da Constituição*. Coimbra: Almedina, 2003.

CAÚLA, C.; MANZI, L. C. T. M. Transferências constitucionais e Federalismo Cooperativo. *In*: SCAFF, F. F.; TORRES, H. T.; BATISTA JÚNIOR, O. A.; DERZI, M. A. M. (org.). *A crise do federalismo em estado de pandemia*. v. 1. Belo Horizonte: Letramento, 2021.

CAVALCANTE, Denise Lucena; LIMA, Raimundo Márcio Ribeiro. Ilusão do pacto federativo cooperativo e os custos dos direitos sociais. *Nomos – Revista do Programa de Pós-Graduação em Direito – UFC*, Ceará, v. 35, n. 1, p. 15, jan./jun. 2015.

COMPARATO, Fábio Konder. Ensaio sobre o juízo de constitucionalidade de políticas públicas. *Revista de Informação Legislativa*, Brasília, v. 35, n. 138, abr./jun. 1998.

COMPARATO, Fábio Konder; PINTO, Élida Graziane. Custeio mínimo dos direitos fundamentais, sob máxima proteção constitucional. *Consultor Jurídico*, 2015. Disponível em: https://www.conjur.com.br/2015-dez-17/custeio-minimo-direitos-fundamentais-maxima-protecao-cf. Acesso em: 01 out. 2022.

CONTI, José Mauricio. *Levando o direito financeiro a sério*: a luta continua. 3. ed. São Paulo: Blucher, 2019.

CONTI, José Mauricio. Contas à vista: transferências voluntárias geram desequilíbrio federativo. *Consultor Jurídico*, 2012. Disponível em: https://www.conjur.com.br/2012-ago-28/contas-vista-transferencias-voluntarias-geram-desequilibrio-federativo. Acesso em: 15 fev. 2022.

COUTINHO, Diogo R. O direito nas políticas públicas. *In*: MARQUES, E.; FARIA, C. A. P. (org.). *A política pública como campo multidisciplinar*. São Paulo, Rio de Janeiro: Editora Unesp, Editora Fiocruz, 2013.

CUNHA JUNIOR, Dirley. *Curso de Direito Constitucional*. 12. ed. Salvador: Juspodivm, 2018.

DIDIER JR., Fredie; ZANETI JR., Hermes; DE OLIVEIRA, Rafael Alexandria. Notas sobre decisões estruturantes. *In*: ARENHART, Sérgio Cruz; JOBIM, Marco Félix (org.). *Processos estruturais*. Salvador: Juspodivm, 2017, p. 48-49.

DUARTE, Clarice Seixas. Inovações de método para o trabalho jurídico. A experiência do grupo de pesquisa Direitos. *In*: BUCCI, Maria Paula Dallari; DUARTE, Clarice Seixas (coord.). *Judicialização da saúde*: a visão do poder executivo. São Paulo: Saraiva, 2017.

DUCHARME, J. World Health Organization Declares COVID-19 a "Pandemic". Here's What That Means. *Time*, 2020. Disponível em: https://time.com/5791661/who-coronavirus-pandemic-declaration/. Acesso em: 15 fev. 2022.

DWECK, Esther; MORETTI, Bruno; MELO, Maria Fernanda G. Cardoso de Melo. Pandemia e desafios estruturais do CEIS: financiamento do SUS, federalismo da saúde e as relações público-privadas. *Cadernos do Desenvolvimento*, Rio de Janeiro, v. 16, n. 28, p. 239-265, jan./abr. 2021.

DYE, Thomas R. *Understanding Public Policy*. Prentice Hall: Nova Jersey, 2013.

FIGUEIREDO, Mariana Filchtiner. *Direito Fundamental à Saúde*: parâmetros para sua eficácia e efetividade. Porto Alegre: Livraria do Advogado, 2007.

GERKEN, Heather K. Federalism 3.0. *California La W Review*, v. 105, n. 1695, 2017.

GONÇALVES, André Almeida *et al*. Entre a cooperação e o negacionismo, o federalismo resiste. *In*: SCAFF, Fernando Facury; TORRES, Heleno Taveira; DERZI, Misabel Abreu Machado; BATISTA JÚNIOR, Onofre Alves (org.). *A crise do federalismo em estado de pandemia*. v. 1. Belo Horizonte, MG: Letramento; Casa do Direito, 2021.

GONÇALVES, Cláudia Maria da Costa. *Direitos Sociais*: releitura de uma Constituição Dirigente. Curitiba: Juruá, 2006.

HACHEM, Daniel Wunder. A discricionariedade administrativa entre as dimensões objetiva e subjetiva dos direitos fundamentais sociais. *Direitos Fundamentais & Justiça*, Belo Horizonte, ano 10, n. 35, p. 313-343, jul./dez. 2016.

HORTA, Raul Machado. *Direito Constitucional*. 3. ed. Belo Horizonte: Del Rey, 2002.

JOBIM, Marco Felix. *Medidas estruturantes da Suprema Corte estadunidense ao Supremo Tribunal Federal*: temas de Direito Processual Civil-5. Porto Alegre: Livraria do Advogado Editora, 2013.

JUSTEN FILHO, Marçal; GODOY, Miguel Gualano de. Supremo e contraditório: a necessária revisão do tema 424 da repercussão geral e o precedente ARE 639.228. *In*: CREMONESE, Cleverton; PESSOA, Paula (org.). MARINONI, Luiz Guilherme; SARLET, Ingo Wolfgang (coord.). *Processo Constitucional*. São Paulo: Thomson Reuters Brasil, 2019.

KELSEN, Hans. *A teoria pura do direito*. São Paulo: Martins Fontes, 2000.

LEBRÃO, Roberto Mercado. *Federalismo e políticas públicas sociais na Constituição de 1988*. 2010. 163 f. Dissertação (Mestrado em Direito) – Faculdade de Direito, Universidade de São Paulo, São Paulo, 2010. Disponível em: https://www.teses.usp.br/teses/disponiveis/2/2133/tde-14092011-090653/publico/Roberto_Lebrao_diagramacao.pdf. Acesso em: 15 maio 2022.

LIMA, Luciana Dias de. Federalismo fiscal e financiamento descentralizado do SUS: balanço de uma década expandida. *Trabalho, Educação e Saúde*, v. 6, n. 3, p. 1-26, 2008.

LIMA, L. D.; PEREIRA, A. M. M.; MACHADO, C. V. Crise, condicionantes e desafios e coordenação do Estado federativo brasileiro. *Cadernos de Saúde Pública*, Rio de Janeiro, v. 36, n. 7, 2020.

MADEIRA, Lígia Mori. Federalismo e institucionalização de políticas públicas de direitos humanos no Brasil pós-democratização. *In*: DEMARCO, Diogo Joel (org.). *Gestão pública, município e federação*. Porto Alegre: UFRGS, 2015. p. 75-106.

MADISON, James; HAMILTON, Alexander; JAY, John. *Os artigos federalistas*. Trad. Maria Luiza X. de A. Borges. Rio de Janeiro: Nova Fronteira, 1993.

MARINONI, Luiz Guilherme. *Controle de constitucionalidade e diálogo institucional*. São Paulo: Thompson Reuters Brasil, 2022, p. 279.

MASTRODI, Josué; IFANGER, Fernanda Carolina de Araújo. Sobre o Conceito de Políticas Públicas. *Revista de Direito Brasileira*, Florianópolis, v. 24, n. 9, p. 05-18, set./dez. 2019.

MATTOS, Ruben Araújo de. Princípios do Sistema Único de Saúde (SUS) e a humanização das práticas de saúde. *Interface-Comunicação, Saúde, Educação*, v. 13, p. 771-780, 2009.

MENDES, E. V. 25 anos do Sistema Único de Saúde: resultados e desafios. *Rev. Estudos Avançados*, v. 27, n. 78, 2013.

MENDES, Conrado Hubner. *Direitos fundamentais, separação de poderes e deliberação*. 2008. 224 f. Tese (Doutorado em Ciência Política). Faculdade de Filosofia, Letras e Ciências Humanas, Universidade de São Paulo, São Paulo, 2008. p. 214.

MENDES, Gilmar Ferreira. Direitos Sociais. *In:* MENDES, Gilmar Ferreira; BRANCO, Paulo Gustavo Gonet. *Curso de Direito Constitucional*. São Paulo: Saraiva Educação, 2021.

MENDES, Gilmar Ferreira; BRANCO, Paulo Gustavo Gonet. *Curso de Direito Constitucional*. 12. ed. rev. e atual. São Paulo: SaraivaJur, 2017.

MENDES, Gilmar Ferreira; STRECK, Lenio Luiz. Art. 92. *In*: CANOTILHO, J. J. *et al*. *Comentários à Constituição do Brasil*. 2. ed. São Paulo: Saraiva Educação, 2018. (Série IDF). (e-book)

MIRANDA, Jorge. *Manual de Direito Constitucional*: Direitos Fundamentais – Tomo IV. Coimbra: Coimbra Editora, 2008.

MIRANDA, Jorge. *Teoria do Estado e da Constituição*. 4. ed. Rio de Janeiro: Forense, 2015.

MIRANDA, Pontes de. *Comentários à Constituição de 1946*. v. 1. 2. ed. São Paulo: Max Limonad, 1953.

MONTEIRO NETO, Aristides (org.). Governos estaduais no federalismo brasileiro: capacidades e limitações governativas em debate. *In*: IPEA. *Texto para discussão 1894*. Brasília: Rio de Janeiro: IPEA, 2014. p. 22.

MORAES, Guilherme Peña de. Protagonismo institucional do poder judiciário no estado contemporâneo: reflexões sobre a judicialização, o ativismo judicial e a autonomia processual da justiça constitucional. *Direito em Movimento – um outro direito é possível*, [s.l.], v. 17, n. 2, p. 15-33, nov. 2019. Disponível em: https://emerj.jus.br/ojs/seer/index.php/direitoemmovimento/article/view/155. Acesso em: 15 maio 2022.

MORAIS, Carlos Blanco de. A justiça constitucional e suas relações de tensão com os demais poderes do Estado. *In*: CREMONESE, Cleverton; PESSOA, Paula (org.). MARINONI, Luiz Guilherme; SARLET, Ingo Wolfgang (coord.). *Processo Constitucional*. São Paulo: Thomson Reuters Brasil, 2019.

NOVAIS, Jorge Reis. *Direitos sociais*: teoria jurídica dos direitos sociais enquanto direitos fundamentais. 2. ed. Lisboa: Coimbra Editora, 2010.

PAIM, Jairnilson Silva. Sistema Único de Saúde (SUS) aos 30 anos. *Ciência & Saúde Coletiva*, v. 23, p. 1723-1728, 2018.

PARADA, Eugenio Lahera. Política y políticas públicas. *In*: SARAVAVIA, Enrique; FERRAREZI, Elisabete (org.). *Políticas públicas*. Brasília: ENAP, 2006.

PELAES, Iaci. A crise do federalismo brasileiro no contexto da crise sanitária do coronavírus e o direito fundamental à saúde. *In*: SCAFF, Fernando Facury; TORRES, Heleno Taveira; DERZI, Misabel Abreu Machado; BATISTA JÚNIOR, Onofre Alves (org.). *A crise do federalismo em estado de pandemia*. v. 1. Belo Horizonte: Letramento; Casa do Direito, 2021.

PEREIRA, A. K.; OLIVEIRA, M. S.; SAMPAIO, T. S. Heterogeneidades das políticas estaduais de distanciamento social diante da Covid-19: aspectos políticos e técnico-administrativos. *Revista de Administração Pública*, Rio de Janeiro, v. 54, n. 4, p. 678-696, jul./ago. 2020.

PINTO, Élida Graziane. *Financiamento dos direitos à saúde e à educação uma perspectiva constitucional*. Belo Horizonte: Fórum, 2017.

PIRES, R. R. C. Implementando desigualdades? Introdução a uma agenda de pesquisa sobre agentes estatais, representações sociais e (re)produção de desigualdades. *In*: IPEA – INSTITUTO DE PESQUISA ECONÔMICA APLICADA. *Boletim de Análise Político-Institucional*: implementação de políticas e desigualdades, Brasília: IPEA, n. 13, out. 2017. Disponível em: http://www.ipea.gov.br/portal/images/stories/PDFs/livros/livros/livro_catedras_patrono_brasil_web.pdf. Acesso em: 15 maio 2022.

QUEIROZ, Cristina. *Direitos Fundamentais Sociais*: funções, âmbito, conteúdo, questões interpretativas e problemas de justiciabilidade. Coimbra: Coimbra Editora, 2006.

RAMOS, Elival da Silva. *Ativismo judicial*: parâmetros dogmáticos. 2. ed. São Paulo: SaraivaJur, 2015.

RESIMAN, Leonardo; TONI, Jackson de. A formação do Estado brasileiro e o impacto sobre as políticas públicas. *In*: MENDES, Gilmar. PAIVA, Paula. *Políticas Públicas no Brasil*: uma abordagem institucional. 1. ed. São Paulo: Saraiva, 2017.

REVERBEL, Carlos Eduardo Dieder. O federalismo numa visão tridimensional do direito. Porto Alegre: Livraria do Advogado Editora, 2012.

RIBEIRO, José Mendes; MOREIRA, Marcelo Rasga. A crise do federalismo cooperativo nas políticas de saúde no Brasil. *Saúde em debate*, v. 40, p. 14-24, 2016.

ROSA, Júlia Gabriele Lima da; LIMA, Luciana Leite; AGUIAR. Rafael Barbosa de. *Políticas públicas*: introdução [e-book]. Porto Alegre: Jacarta, 2021.

SALDANHA, Daniel Cabaleiro. *Organização do estado brasileiro*: o modelo do federalismo oligárquico. Belo Horizonte: Letramento/Casa do Direito, 2019.

SAMPAIO JÚNIOR, José Herval. Peculiaridades da atividade jurisdicional contemporânea e o princípio da separação de poderes. *In:* TAVARES, André Ramos; LEITE, George Salomão; SARLET, Ingo Wolfgang. *Estado constitucional e organização do poder*. São Paulo: Saraiva, 2010.

SANTOS, A. O.; DELDUQUE, M. C.; ALVES, S. M. C. Os três poderes do Estado e o financiamento do SUS: o ano de 2015. *Perspectivas – Cad. Saúde Pública*, v. 32, n. 1, 2016. Disponível em: https://doi.org/10.1590/0102-311X00194815. Acesso em: 15 maio 2022.

SARLET, Ingo Wolfgang. *A eficácia dos direitos fundamentais*: uma teoria geral dos direitos fundamentais na perspectiva constitucional. 11. ed. Porto Alegre: Livraria do Advogado, 2012.

SARLET, Ingo Wolfgang. *A eficácia dos direitos fundamentais*: uma teoria geral dos direitos fundamentais na perspectiva constitucional. 12. ed. Porto Alegre: Livraria do Advogado, 2015.

SARLET, Ingo Wolfgang. Direitos Fundamentais Sociais, mínimo existencial e decisões estruturantes na jurisdição constitucional. *In*: CREMONESE, Cleverton; PESSOA, Paula (org.). MARINONI, Luiz Guilherme; SARLET, Ingo Wolfgang (coord.). *Processo Constitucional*. São Paulo: Thomson Reuters Brasil, 2019.

SARLET, Ingo Wolfgang. Os direitos fundamentais sociais na ordem constitucional brasileira. *RPGE*, Porto Alegre, v. 5, n. 55, p. 29-74, 2002.

SARLET, Ingo Wolfgang; FIGUEIREDO, Mariana Filchtiner. Art. 196 e ss. *In:* CANOTILHO, J. J. *et al. Comentários à Constituição do Brasil*. 2. ed. São Paulo: Saraiva Educação, 2018 (Série IDP) [e-book].

SARLET, Ingo Wolfgang; FIGUEIREDO, Mariana Filchtiner. O direito fundamental à proteção e promoção da saúde no Brasil: principais aspectos e problemas. *In:* RÉ, Aluísio Iunes Monti Ruggeri (org.). *Temas aprofundados da defensoria pública*. v. 1. Salvador: Juspodivm, 2014.

SARLET, Ingo Wolfgang; MITIDIERO, Daniel; MARINONI, Luiz Guilherme. *Curso de direito constitucional*. 9. ed. São Paulo: Saraiva Educação, 2020.

SARMENTO, Daniel. *Direitos fundamentais e relações privadas*. 2. ed. Rio de Janeiro: Lumen Juris, 2010.

SCAFF, Facury. Direito à saúde pública vem sendo atacado pelo Direito Financeiro. *Consultor Jurídico*, 2017. Disponível em: https://www.conjur.com.br/2017-abr-18/contas-vista-direito-saude-publica-vem-sendo-atacado-direito-financeiro. Acesso em: 1 out. 2022.

SECHI, Leonardo. *Políticas públicas*: conceitos, esquemas de análise, casos práticos. 2. ed. São Paulo: Congage Learning, 2013.

SILVA, José Afonso da. *Curso de direito constitucional positivo*. São Paulo: Malheiros, 2017.

SOUZA NETO, Cláudio Pereira de; SARMENTO, Daniel. *Direito constitucional*: teoria, história e métodos de trabalho. Belo Horizonte: Fórum, 2012.

SOUZA NETO, Cláudio Pereira de; SARMENTO, Daniel. *Direito constitucional*: teoria, história e métodos de trabalho. 2. ed. Belo Horizonte: Editora Fórum, 2017.

STRECK, Lenio Luiz. Entre o ativismo e a judicialização da política: a difícil concretização do direito fundamental a uma decisão judicial constitucionalmente adequada. *Espaço Jurídico Journal of Law [EJJL]*, Santa Catarina – UNOESC, v. 17, n. 3, dez. 2016. Disponível em: https://periodicos.unoesc.edu.br/espacojuridico/article/view/12206/pdf. Acesso em: 22 maio 2022.

TAVARES, André Ramos. *Curso de Direito Constitucional*. 11. ed. São Paulo: Saraiva, 2013.

TAVARES, André Ramos. *Curso de Direito Constitucional*. 18. ed. São Paulo: SaraivaJur, 2020.

TEIXEIRA, Carmen. Os princípios do sistema único de saúde. *Texto de apoio elaborado para subsidiar o debate nas Conferências Municipal e Estadual de Saúde*. Salvador, Bahia, 2011.

TORRES, Heleno Taveira. Constituição financeira e o federalismo financeiro cooperativo equilibrado brasileiro. *Rev. Fórum Dir. Fin. e Econômico – RFDFE*, Belo Horizonte, ano 3, n. 5, p. 25-54, mar./ago. 2014.

TORRES, Ricardo Lobo. *O direito ao mínimo existencial*. [s.l.]: Renovar, 2009.

UGÁ, M. A. D.; SANTOS, I. S. Uma análise da progressividade do financiamento do Sistema Único de Saúde (SUS). *Cadernos de Saúde Pública*, v. 22, n. 8, ago. 2006. Disponível em: https://doi.org/10.1590/S0102-311X2006000800008. Acesso em: 15 maio 2022.

VIEIRA, Oscar Vilhena. Supremocracia. *Revista de Direito GV*, São Paulo, v. 4, n. 2, p. 441-464, jul./dez. 2008.

ZAGO, Mariana Augusta dos Santos. *Federalismo no Brasil e na Alemanha*: estudo comparativo da repartição de competências e de execução. 2016. 95 f. Tese (Doutorado em Direito) – Faculdade de Direito do Largo do São Francisco, Universidade de São Paulo, 2016. Disponível em: https://teses.usp.br/teses/disponiveis/2/2134/tde-04102016-181431/publico/ZAGOFederalismonoBrasilenaAlemanha_versaoreduzida.pdf. Acesso em: 29 jul. 2020.

ZIMMERMANN, Augusto. *Teoria geral do federalismo democrático*. 2. ed. Rio de Janeiro: Lumen Juris, 2005.

Esta obra foi composta em fonte Palatino Linotype, corpo 10
e impressa em papel Chambril Avena 70g (miolo) e Supremo 250g (capa)
pela Gráfica Star7, em Betim/MG.